忍耐力

关于大脑和身体极限的科学

Endure

Mind,

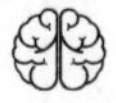

Body,

and the Curiously Elastic Limits

of Human Performance

Alex Hutchinson

[加]
亚力克斯·哈钦森 ◎著◎
曲 磊 ◎译◎

中信出版集团 | 北京

图书在版编目（CIP）数据

忍耐力：关于大脑和身体极限的科学 /（加）亚力克斯·哈钦森（Alex Hutchinson）著；曲磊译 . -- 北京：中信出版社，2022.1

书名原文：Endure：Mind, Body, and the Curiously Elastic Limits of Human Performance

ISBN 978-7-5217-3536-9

Ⅰ. ①忍… Ⅱ . ①亚… ②曲… Ⅲ . ①人体耐力 Ⅳ . ① G804.21

中国版本图书馆 CIP 数据核字（2021）第 181165 号

忍耐力——关于大脑和身体极限的科学
著者：［加］亚力克斯·哈钦森
译者：曲磊
出版发行：中信出版集团股份有限公司
（北京市朝阳区惠新东街甲 4 号富盛大厦 2 座　邮编　100029）
承印者：北京诚信伟业印刷有限公司

开本：880mm×1230mm 1/32　印张：10.75　字数：306 千字
版次：2022 年 1 月第 1 版　印次：2022 年 1 月第 1 次印刷
京权图字：01–2020–1259　书号：ISBN 978–7–5217–3536–9
定价：62.00 元

本书谨献给我的父母、莫伊拉和罗杰。
他们的求知欲、严谨的态度、
对不同观点的尊重和清晰表达的才能
都是我在写作时所追求的目标。

目录

序言

马尔科姆·格拉德威尔

所有长跑运动员在回顾自己参加的比赛时都能找出几场自己超常发挥的比赛。我自己就经历过两场这样的比赛。一次是我 13 岁读高一时参加的一场比赛。在努力训练了不到一个月后，我参加了一场在安大略省剑桥市举办的越野赛，我的对手是比我大两岁的男孩儿们。其中一人是安大略省该年龄组最优秀的长跑选手之一。即便是 40 年后的今天，我依然对那场比赛记忆犹新。比赛开始后我便紧紧跟在领跑者后面，没有被甩开。比赛全程我拼尽了全力，尽管最后没有获得冠军，但我不可思议地获得了亚军。我之所以说“不可思议”，是因为尽管我日后在高中成了一名优秀的中距离跑运动员，但那次越野赛成了我参加的所有长距离比赛中成绩最好的一次。从那以后，我在所有 1 500 米以上距离的比赛中，都没有出彩的表现。

但还有一次例外。两年前，已经 51 岁的我在新泽西州举办的一场小镇 5 000 米跑中再一次超常发挥，最终的成绩比我以大将的身份正式回归参加 5 000 米跑之后的最好成绩快了整整一分钟。在新泽西州的那个夏天，我仿佛突然变回 40 年前在剑桥市比赛的那个

13 岁的自己。对自己跑步能力的惊叹让我飘飘然。可后来呢？我再无建树。

如同一个有执念的人，尤其是像我这样对跑步有执念的人，我一直想弄清楚自己为什么在那两次比赛中能够超常发挥。因为我从十几岁起便养成对自己的跑步数据进行记录的习惯，所以我去查看了相关记录，试图从中找到线索。比如，那两次比赛前的训练能说明问题吗？我做过特别的赛前准备吗？我对那次 5 000 米比赛进行了更多的详细记录：从每一次训练到比赛当日，我的佳明运动手表记录了连续数月的相关数据，而比赛当天的记录则更为详细，包括配速、步频、分段时间等。我不止一次在准备比赛时试图复制帮助我在新泽西州小镇 5 000 米跑中创造个人最好成绩的那种赛前准备。我期待奇迹再一次发生。然而，结果却让我大失所望。我开始怀疑我失败的原因是我不知道怎样发挥出身体的耐力潜力。读到这里，你们便明白我想要说什么了：我是亚力克斯·哈钦森的《忍耐力》一书的忠实读者。

我想先简单介绍一下亚力克斯·哈钦森。我们同为加拿大人和跑者，当然，他比我更爱加拿大（他至今还住在加拿大，而我已侨居国外），并且他是一名更优秀的跑者。他曾数次邀请我和他的几位朋友于周日早上在北多伦多地区的一处公墓进行节奏跑①。在我的记忆中，我总是最后一个完成比赛，或者有时是倒数第二个完成比赛——那是因为他的一个朋友会非常贴心地降速来陪我。亚力克斯通常会在第一个转弯过后便消失得无影无踪。在这本书接下来的内容中你们会发现，亚力克斯不仅会以科学家、体育迷和敬业的人类运动表现观测者

---

① 节奏跑（tempo run），以相对较快的速度（配速比参加比赛时稍慢）跑 20~30 分钟，一般一周跑一次。——编者注

的身份，还会以一名跑者的身份来阐述人类身体耐力的奥秘。他本人也会对他自己超常发挥的比赛进行解释。

然而我必须强调，这本书的主题并不是跑步。以跑步为主题的书很多，作为一名跑者，我自己也读过不少相关主题的书。但它们无非跑者与跑者之间进行的相关讨论，比如，跑者应该是脚尖着地还是脚跟着地，或者跑者是否应当把每分钟的步频提高到 180。然而这些问题只对那些仅仅注重他们脚掌作用的跑者有意义。《忍耐力》一书给人带来的（很多）乐趣之一便是哈钦森本人令人信服地将这本书的适用面进行了拓展。该书中关于疼痛的章节里有我最喜欢的内容，其中哈钦森讲述了延斯 · 沃伊特为打破自行车“1 小时”骑行里程纪录所做的努力。众所周知，沃伊特对疼痛的忍耐力极强。但在打破该纪录后从自行车上下来的那一刻，他整个人陷入了极度的痛苦之中，用哈钦森的话来说：“他一直靠意志力强忍着的痛苦将他全面吞噬。”这虽然是一个自行车运动的例子，但哈钦森将其拓展成了一个更加深刻且更有意义的话题，那就是我们的生理和心理是如何相互影响的。对很多运动来说，不经历疼痛就不可能取得任何成就。所以我们和这种疼痛的关系是怎样的呢？我们大脑发出的抗议信号是如何与我们继续坚持的身体意志相互作用的呢？要了解这一话题，你不必是一名狂热的自行车运动员，不然，这一话题本身很可能会让你放弃成为一名自行车运动员。沃伊特本人说：“我全身上下疼极了，为了在骑行中低头以减少空气阻力，我的脖子酸痛不已。为了保持上身的骑行姿势，我的双肘痛苦不堪。长时间的剧烈呼吸让我的肺部感到灼痛。心脏持续的剧烈跳动让我出现了心绞痛。我的背部像着了火一样，我的臀部也胀痛不已。我整个人被疼痛吞噬了。”是的，光是看这一段文字描述就能让人对那种疼痛感同身受。

《忍耐力》这本书能解开运动员在比赛中超常发挥的谜团吗？从某种程度上说，答案是肯定的。我现在意识到，我的问题在于我试图用对人类耐力过于简单的理解去解释我在那些比赛中超常发挥的情况。我把跑步的时间看成我的成果。因此，我采取倒推的方法，试图找出获得这种成果的相应投入。我赛前是休息了一天，还是两天？我赛前一周的山路跑跑得有多快？我是否可以从上一次的间歇跑训练中总结出一些东西？而从带有 GPS（全球定位系统）的运动手表中获得的数据使我更加倾向于这种想法：它所记录的数据如同一幅简明的图画，向我们展示出我们日常身体运动的方式和奥秘。但我保证，在你读完这本书之后，你不会再仅仅满足于看到这么一幅简明的图画。因为还有很多奥秘是你的佳明运动手表无法解释的。幸运的是，我们还有亚力克斯·哈钦森为我们解释这些奥秘。

破 2

2017 年 5 月 6 日

历史悠久的一级方程式锦标赛比赛场地蒙扎赛道坐落于意大利米兰东北部的一处郁郁葱葱的旧时皇家公园之内。该赛道的电视转播席如同一座水泥雕砌的空中岛屿，悬浮于赛道之上。我占据着这一得天独厚的转播位置，作为评论嘉宾竭尽全力地向全世界大约 1 300 万收看视频直播的观众提供专业解说，很多观众是于午夜挣扎起床收看比赛的，但我却越来越坐立不安。[1]

在转播席下面正在进行的比赛中，选手正为实现一个目标而全力冲刺。尽管经过了数月的推测和激烈的争论，但几乎没有人认为这一目标能够实现。现役奥运会马拉松比赛冠军埃鲁德·基普乔格已经在赛道上进行了整整 1 小时 40 分钟的比赛，而他前面有一群动作整齐划一的跑者编队为其“破风”①。令人激动的是，他仍然有可能在 2

① “破风”本是自行车比赛的专业术语，指的是在高速骑行状态下，自行车手需要突破空气阻力以达到最快速度，车队中的“破风手”就起到打乱对手节奏以助本车队中“车王”获胜的作用。——编者注

小时之内完成26.2英里①的马拉松比赛。马拉松比赛的世界纪录为2小时02分57秒，且马拉松比赛纪录向来是以秒为单位进行突破的，因此对我来说，基普乔格的表现已经不能用惊讶和敬畏去形容了。虽然我身前的大屏幕还在显示基普乔格跑步的详细数据，但我的心思早已不在比赛评论上。我想溜出转播席，站在赛道边亲自感受作为观众的那种紧张气氛，聆听基普乔格跑过时的喘息声，观察他在探索人类未知极限时的双眸。

1991年，正在明尼苏达州梅奥诊所担任实习医生的亚利桑那大学前长跑运动员迈克尔·乔伊纳提出了一个大胆的思想实验。生理学家们认为，人类耐力跑的极限可以由三个参数进行量化：有氧能力，即最大摄氧量（VO_2max），相当于汽车发动机的排量；跑步效率，相当于汽车每加仑②的燃油行驶里程；乳酸阈值，即能够维持长时间行驶的发动机动力有多少。研究人员在很多优秀的跑者身上对这些参数进行了测量，而这些跑者则在这三个参数方面都取得了良好表现，并在一至两个参数上取得优异表现。乔伊纳想要弄清楚的是，如果一名跑者在人类能力范围内恰好在三个参数上都取得优异表现，那会怎样呢？他的结论是这名跑者将会以1小时57分58秒的成绩完成马拉松比赛。

然而，他的论文在《应用生理学杂志》上发表后却遭到了群嘲。[2]乔伊纳回忆说："很多人不理解我为何会得出这一结论。"[3]那时的马拉松比赛的世界纪录为2小时06分50秒，由埃塞俄比亚运动员博雷纳·登斯莫于1988年所创。没人相信马拉松比赛能在不到

① 1英里约为1.6千米。——编者注

② 1美制加仑约为3.78升。——编者注

2 小时的时间内完成。事实上，当乔伊纳在 20 世纪 80 年代中期提出他的猜想时，人们认为其过于荒谬，以至于他的论文曾被拒绝公开发表。然而乔伊纳却强调，这一看似不太可能达成的时间并不是一种预测——对于其他研究人员来说是一种挑战。从某种意义上说，他的这一结论称得上值得花费一个世纪去尝试达成的目标，因为人们可以用它来量化人类耐力的极限。这一研究本质上是为了弄清楚人类到底能够跑多快。那么，能够解释这一理论时间和实际时间之间差异的到底是什么呢？我们是要等待一名天赋异禀的跑者诞生还是等待一场参赛者表现优异的比赛来验证呢？或者是我们对耐力的理解出现了问题？

转眼间来到 1999 年，摩洛哥运动员哈利德·哈诺奇成为第一名在 2 小时 06 分以内完成马拉松比赛的人。4 年后，肯尼亚人保罗·特加特将成绩提高到 2 小时 05 分。5 年后，埃塞俄比亚健将海勒·格布雷西拉西耶将世界纪录提高到 2 小时 04 分。2011 年，乔伊纳和两名同事在《应用生理学杂志》上更新了一篇论文——《两小时的马拉松：由谁在什么时间实现？》[4]。此时他们的这一猜想不再被人们嘲笑。随后，该杂志又发表了其他研究人员对这一猜想的 38 种回应，对能够帮助实现这一猜想的各种因素进行了探讨。2014 年年末，在肯尼亚选手丹尼斯·基梅托将马拉松比赛纪录改写为 2 小时 03 分以内后不久，由英国运动科学家亚尼斯·比兹莱迪司领导的科学团队宣布马拉松比赛的时间将在 5 年内突破 2 小时大关。

然而，2 分 57 秒的时间仍旧是一个需要跨越的巨大鸿沟。2014 年，《跑者世界》杂志委托我对与能够实现在 2 小时内完成马拉松比赛相关的生理、心理和环境因素进行一次综合分析。在参阅了无数资料，咨询了包括乔伊纳在内的全世界相关专家后，我给出了一份包括表格、图谱、地图和参数在内的 10 页分析报告，以及我的结论：这一目标要到 2075 年才能实现。[5]

2016年10月，当我意外地接到《跑者世界》杂志主编戴维·维利的电话时，我又立刻想起了这一猜想。戴维告诉我，世界最大的运动品牌耐克公司正在准备公布一个"顶级秘密"项目，即计划在6个月内实现2小时内完成马拉松比赛的突破。[6]我们获邀对这一被命名为"破2"（Breaking2）的项目进行实地采访。我虽然不知道是该一笑了之还是嗤之以鼻，但却不能拒绝这一机会。我同意几周后飞往耐克公司位于俄勒冈州波特兰市比弗顿郊区的总部一瞧究竟。如果说必须有人站出来揭穿这种博人眼球的营销手法，我想我之前为《跑者世界》杂志提供的综合分析足以让我胜任这份工作。

当我在转播席的评论工作接近尾声时，基普乔格已经完成23英里的比赛。这天是2017年5月6日，距罗杰·班尼斯特实现人类历史上第一次在4分钟内完成1英里比赛的时间整整过去63年。我感到异常兴奋，恨不得马上出现在赛道旁边，但我不知道如何离开这悬在半空的转播席。我往外看了一眼，打算冒着坠落的风险直接翻越护栏。但旁边安保人员严厉的眼神打消了我的念头。于是，我起身走向了连接转播席和多层主楼的过道。主楼像是一座由无数互不联通的走廊和没有任何标识的门组成的迷宫，但我没有时间找人给我指路了。我迫不及待地飞奔了起来。

Part I

第一部分
大脑和身体

第 1 章　耐力不仅仅是自我控制

耐力是“持续抵制不断增强的停止意愿所做出的努力”。

如果你能用 60 秒的跑步去充实这稍纵即逝的一分钟，那么你将拥有整个世界……[1]

——鲁德亚德·吉卜林

1996 年 2 月在魁北克省舍布鲁克大学城一个寒冷的周六夜晚，我想起了人类耐力史上又一个伟大的未解之谜：约翰·兰迪。这位强壮的澳大利亚人是人类运动史上意志最坚强的运动员之一，也是人类历史上第二位在 4 分钟内跑完 1 英里的运动员。然而，1954 年春天，经历了年复一年的不懈努力，在计时赛出现几个世纪，以及在人类经历了数千年的进化之后，罗杰·班尼斯特却早于兰迪 46 天取得了在 4 分钟内跑完 1 英里的壮举。而兰迪那被无数海报和位于不列颠哥伦比亚省温哥华的巨大铜像展示出来的不服输的形象则拍摄于当年的夏季大英帝国运动会时期。在那次比赛中，世界上仅有的两位在 4 分钟内完成 1 英里比赛的运动员进行了第一次也是唯一一次的正面交锋。一直领跑整个比赛的兰迪在进入最后一个直道时扭头瞥向左边——而就在此时，班尼斯特在他右侧完成了超越。这次差之毫厘的失败让兰迪被一家英国报纸的头条报道形容为真正意义上的“惜败之人”。[2]

然而，兰迪的失败并不是因为他表现得不够优异。恰恰相反，他其实表现得足够优异。在打破纪录的尝试中，他曾6次在不同的比赛中跑出了4分02秒的成绩，最后他宣布：“说实话，我认为4分钟跑完1英里超出了我的能力范围。2秒钟看上去没什么，但对我来说如同要推倒一堵砖墙。”[3]然而，就在班尼斯特跑进4分钟不到两个月后，兰迪跑出了3分57秒9的成绩（官方的记录为3分58秒整，因为那时候成绩被四舍五入至最近的1/5秒），这比他之前的最好成绩整整快了4秒，且比在4分钟内完成比赛所需要的配速领先了15码①，这是一次谜一样迅速且苦乐参半的飞跃。

像很多跑者一样，我也是班尼斯特的忠实拥趸，我床旁的桌子上一直放着一本皱巴巴且内容几乎被我背过了的班尼斯特自传。但是在1996年的那个冬天，我开始越来越崇拜兰迪。从15岁起，我便开始努力争取在4分钟内跑完1 500米，当然这一距离的完赛时间比1英里跑要快大约17秒。我在高中时便跑出了4分02秒的成绩，之后便像兰迪那样遇到了瓶颈，在接下来的4年中，我一次又一次地跑出了相似的成绩。作为麦吉尔大学大三的学生，20岁的我有机会发挥自己的身体能力极限，把成绩提高一秒算一秒。我记得在从蒙特利尔开往舍布鲁克参加一场在全加拿大最慢赛道之一举行的无关痛痒的赛季初期赛的长途大巴上，我凝视着车窗外纷落的雪花思索，我梦寐以求的属于自己的兰迪式突破能否实现？

我们听到这样一则未知真假的消息，作为一个学生项目，设计舍布鲁克室内赛道的工作被交给了舍布鲁克大学工程系来完成。为了

---

① 1码约为0.91米。——编者注

计算出200米赛道的最佳角度，他们根据世界级200米短跑运动员的向心加速度体验进行了多次调整。但他们忽略了一个重要的事实，那就是一些人的比赛可能不止跑一圈。结果就是该赛道更像一个自行车比赛赛道而不是一条跑道，并且外道的坡度很陡，甚至大多数短跑选手在外道比赛时都免不了向内道摔倒。对于像我这样的中距离选手，即便是在内道也让我的脚踝感到极不舒服。超过1英里的比赛不得不在环绕跑道内侧的热身道上举行。

为了在4分钟内完成比赛，我需要对我的跑步活动进行完美的调整，即每圈的配速必须比我取得4分01秒7最好成绩时的快0.2秒。由于舍布鲁克比赛赛道较业余且比赛没有强大的竞争对手，我决定耗费最小的力气来完成比赛，以便为下周的比赛节省体力。然而在比赛之前，我看到我的队友坦布拉·邓恩在女子1 500米的比赛中全力以赴，一开始便取得了遥遥领先的优势，接着一圈接一圈地保持领先的节奏，最后一骑绝尘地完成了比赛，创造了个人的最佳成绩，并取得了参加全国大学生锦标赛的资格。突然，我觉得自己过于算计和谋求策略的做法显得有些可笑和过分。我来这儿的目的就是比赛，为什么我不能全力以赴呢？

“耐力极限”这一概念看似老生常谈，但是当真正要解释它的时候，你会发现其实并没有那么容易。如果你问我1996年是什么因素导致我无法在4分钟内完成比赛的话，我会跟你谈最大心率、肺活量、慢肌纤维、乳酸堆积和各种各样我从跑步杂志上看到的时髦词语。但是，如果仔细分析这些因素，你会发现其实它们都无法说明问题。即便你拥有低于最大值的心率，以及适度的乳酸值，且肌肉收缩功能符合要求，你也依然会遇到瓶颈。让生理学家感到沮丧的是，耐力无法令人信服地与任何单一生理变量联系起来。

问题在于耐力就像一把理想化的瑞士军刀。要完成马拉松比赛时，你离不开它；当你乘坐的长途航班的经济舱里有一群哭闹的幼儿时，你也需要它帮助你保持清醒。当然，耐力在后一种情形中的使用可以被看作一种比喻手法，但身体耐力和心理耐力的界限实际上没有那么明显。想想欧内斯特·沙克尔顿那次命途多舛的南极探险。[4]他和他的船员在探险船“持久号”于1915年撞冰搁浅后，历尽两年的磨难生存了下来。那么，是我们所说的心理耐力让他们活了下来，还是身体耐力让他们活了下来呢？你能想象二者缺一的情形吗？

我所喜欢的一个恰如其分的定义是研究人员塞缪尔·马卡拉提出的，即耐力是“持续抵制不断增强的停止意愿所做出的努力”[5]。实际上，这是马卡拉对“努力”而非耐力的描述（我会在本书第4章中进一步阐述二者的差别），这一描述反映出耐力与身体和心理两方面都有关。忽略掉本能告诉你应该怎么做（慢一点儿、向后退和放弃）的强烈意愿，以及对时间流逝的察觉，是耐力至关重要的组成部分。面无惧色地承受重击需要自我控制，而耐力则需要更为持久的属性：把手指伸到火苗里的时间要足够长，才能感受到热度；用60秒的跑步去充实那稍纵即逝的1分钟。

稍纵即逝的时间可能以秒计算，也可能以年计算。在2015年NBA（美国男子篮球职业联赛）季后赛中，勒布朗·詹姆斯最大的对手是疲劳（我并没有贬低金州勇士队后卫安德烈·伊戈达拉的意思）。詹姆斯在之前的5个赛季共出场17 860分钟，比联盟的其他任何一名球员的出场时间都多超过2 000分钟。在半决赛时，他在一场激烈的加时赛阶段令人吃惊地要求被换下场，但后来又改变了主意。在比赛还剩下12.8秒的时候，他通过跑投命中一记三分球，绝杀了比赛，随后在终场哨声响起后便瘫倒在球场上，他躺在地上的这一幕被做成了超级流行的表情包。在决赛的第四场比赛中，他在场上鲜有跑动。

在第四节颗粒无收后他承认："我太累了。"其实詹姆斯当时并不是真的累到气喘吁吁，而是每天、每周和每月积攒起来的疲劳致使他的身体耐力达到极限。[6]

而与长跑运动员的特点恰恰相反的短跑运动员也经历着相同的问题。即便是世界上最优秀的短跑运动员，也在与被 100 米世界纪录前保持者莫里斯 · 格林的教练约翰 · 史密斯委婉地称为"负加速期"的问题做斗争。[7] 尽管 100 米比赛可能在不到 10 秒钟的时间内就结束了，但是大多数运动员会在前 50 米或 60 米时达到最快速度，这一速度在短暂维持后便开始衰减。为什么尤塞恩 · 博尔特在比赛最后能将他的对手远远地甩在身后呢？因为相比于其他运动员，博尔特的最快速度衰减程度较低（或者说衰减时间出现较晚）。2009 年博尔特在柏林田径世锦赛上创造了 9.58 秒的 100 米世界纪录，比赛中他最后 20 米的用时比前 20 米的用时慢 1/500 秒，但是他仍然在比赛中保持了大幅度的领先。[8]

还是在那次世锦赛中，博尔特在 200 米的比赛中创造了 19.19 秒的世界纪录。而其中一个重要的细节是：他用了 9.92 秒完成了前 100 米的比赛——尽管比他在打破纪录的 100 米比赛中花费的时间要多，但考虑到 200 米比赛的前半程为弯道，这一成绩已经相当惊人了。而让人难以察觉的一点是，他在比赛中控制了自己的配速，有意识地分配自己的体力，以便在比赛全程保证个人的最好发挥。这也是耐力在心理和生理上密不可分的原因：无论是有意识的还是无意识的，任何时间超过大约 12 秒的比赛都要求我们在如何发力及什么时候发力的问题上做出决定。即便是在不断重复的全力举重训练中，你可能会认为短暂的 5 秒钟举重完全是肌肉力量的展现，但研究发现，我们也在控制节奏：你的"最大"力量取决于你认为你举过了多少次这种重量。[9]

配速的这种无法被忽视的重要性解释了为什么长跑运动员非常执着于他们的分段时间。小约翰·L. 帕克在他备受跑步人士热爱的《雨中的3分58秒》一书中写道："跑者是对其体力耗费非常吝啬的守财奴，他每时每刻都要弄清楚他已经耗费了多少体力，以及他剩下的体力还可以支撑他跑多远。他必须在比赛结束的那一刻才可以耗费完所有的体力。"在舍布鲁克的那次比赛中，我明白我必须以低于32秒的时长跑完长度为200米的每一圈才可以在4分钟内完成整个比赛。我花费了无数次的训练，掌握了这一准确的配速。所以，当我完成第一圈后听到计时员喊出"27秒"时，我身体一颤，着实大吃一惊。

如何掌握配速的学问其实非常复杂（我会在本书后面的章节中解释）。你不仅要依靠你的感受，还要将那种感受与你对比赛那一刻所期待的感受进行比较，才能判断出你的配速是否具有可持续性。当开始跑第二圈时，我不得不处理好两种互相冲突的因素：对配速过快的理性认知和对实际配速惊喜若狂的主观感受。我打消了让自己慢下来的顾虑，用57秒完成了两圈的比赛——并且依然感觉良好。这时我确定我跑步生涯不寻常的时刻就要到来了。

随着比赛的进行，我不再关注分段时间。我知道我的分段时间要远远少于4分钟完成比赛所需要的时间，因此它们对我来说没有参考价值了。我只是专注于向前跑，希望在我这超常发挥的状态消失之前能够完成比赛。我最终冲过终点的时间是3分52.7秒，比之前的个人最好成绩快了足足9秒钟。而那场比赛给我带来的进步超过了我5年前刚开始跑步以来取得的所有进步。比赛结束的那天晚上，我像以往及从那之后很多次那样仔细地研究了我的训练数据，但是我并没有发现任何能够预示我将取得突破的线索。我所能发现的是训练让我逐渐取得了进步。

比赛结束之后，我和帮我进行每圈计时的队友进行了交流。他的计时器测出的时间与我比赛的成绩有出入。根据他的计时，我第一圈的成绩为 30 秒，而不是 27 秒；我完成前两圈的时间为 60 秒，而不是 57 秒。或许在终点线负责每圈计时的裁判开始计时的时间晚了 3 秒；又或许这位法语裁判为了照顾我，在匆忙使用英语播报时导致了计时的几秒钟延误。不管怎么说，他让我误认为我比赛时的速度比我平时的速度要快，让我感觉极好。所以，我打破了自己赛前的预期，取得了没人能预测到的成绩。

我们经常听到人们说罗杰·班尼斯特开创了一个先河。吉米·布劳特和凯文·希曼在二人合著的 2006 年出版的关于自我激励的名为《制胜的心态》一书中，把班尼斯特 4 分钟内完成 1 英里的比赛作为自信重要性的一个重要参数。他们写道："在一年内，37 名运动员做到了这一点。一年之后，超过 300 名运动员在 4 分钟内完成了 1 英里的比赛。"同样夸张的（其实完全是虚构的）描述充斥在励志讲座和网络中：在班尼斯特的带领下，其他人突然突破了他们的心理障碍，释放了他们真正的潜能。

随着大家对马拉松"破 2"的期待热情高涨，这一论调经常被提及，以作为验证新的挑战主要来自心理层面的依据。[10] 然而，对此论调持怀疑态度的人士则坚信信念与成绩无关——人类目前的身体构造是无法进行长距离快速奔跑的。双方的争论如同 60 年前的争论一样，引发了一次万众瞩目的实际测试，用来验证科学家们如今所推崇的关于人类耐力和极限的理论。但要想获得有意义的结论，关键在于获得可靠的数据。首先，兰迪是班尼斯特改写历史之后一年时间内唯一一名加入"破 4 俱乐部"的运动员，而第二年又有 4 名运动员加入了"破 4 俱乐部"。直到 20 多年后的 1979 年，西班牙巨星何塞·路易斯·冈萨雷斯才成为第 300 名在 4 分钟之内跑完 1 英里的运动员。

而对于兰迪在多次比赛中遭遇瓶颈之后突然取得突破，仅仅依靠心理比身体重要的解释是远远不够的。他6次功亏一篑的尝试全是在澳大利亚举办的不知名的比赛中完成的，这些比赛的对抗性很低，且天气情况也不尽如人意。最后，他长途跋涉移师欧洲，因为那里有让他跑起来更快的赛道，且高手如云。1954年春天，在抵达欧洲三天后，兰迪发现班尼斯特率先跑进了4分钟。在赫尔辛基举办的比赛中，兰迪第一次有了领跑者，这位当地的领跑者用较快的速度为兰迪的前一圈半进行领跑。更重要的是，他遇到了真正的对手，即班尼斯特改写历史的那次比赛的领跑者克里斯·查特威。查特威在比赛中紧紧咬住兰迪，直到最后一圈跑完一半时才被甩开。所以，我们不难相信，如果世界上没有罗杰·班尼斯特，改写历史的那个人将会是兰迪。

当然，我不能完全否定心理的作用——在我取得个人突破后所发生的事情极大地巩固了我的这一看法。在舍布鲁克的那次比赛之后的一次长跑比赛中，我跑出了3分49秒的成绩。而在随后的一次比赛中，我取得了令我自己既感到疑惑又感到欣喜的3分44秒的成绩，并取得了参加当年夏季奥运会选拔赛的资格。这三次比赛让我实现了个人的飞跃。1996年夏季奥运会选拔赛的电视转播至今仍可以在优兔（YouTube）上找到。当时摄像师在1 500米比赛的起点处对运动员进行拍摄，我旁边站的是当时加拿大纪录的保持者格雷厄姆·胡德。你可以看出我当时一脸不安。我茫然地望向四周，仿佛仍然在做梦。

在接下来的十年里，我花费了无数时间寻求进一步的突破，然而成绩不出意料地喜忧参半。明白（或者相信）你最终的耐力极限只存在于你的头脑之中并不会在激烈的比赛中让这些极限消失。这也并不意味着你能简单地决定对这些极限做出改变。事实上，令我沮丧和疑惑的是，这些年来，我的大脑在帮助和阻碍我进步上发挥着近乎相同的作用。美国奥运会长跑运动员伊恩·多布森在试图努力理解他自己起起伏伏的成绩时说："这应该像数学那样有规律可循，然而事实并非如此。"[11]我本人也在尝试找出那条公式，以让我一劳永逸地计算出我的耐力极限所在。我想如果我知道我的身体到底能够允许我跑多快，我就可以毫无遗憾地离开体育界了。

28 岁那年，在离 2004 年奥运会选拔赛还有三个月时，我的骶骨不幸出现了应力性骨折。在彻底恢复后，我决定继续前进。我选择上学攻读新闻学学位，毕业后我在渥太华的一家报社做了一名普通的记者。但是我发现自己仍然对那个尚未解决的问题感到痴迷。为什么那个问题不像数学问题那样呢？究竟是什么让我在"破 4"的突破上如此困难呢？在我取得"破 4"的成绩后又出现了哪些变化呢？带着这些疑问，我离开了报社，开始成为耐力运动专项自由撰稿人——我不关心谁赢谁输，我关心背后的原因是什么。我查阅了大量的科学文献，发现关于这些问题的讨论其实一直在进行，而且十分激烈（有时充满了恶意）。

生理学家在 20 世纪几乎把所有时间都用在一个史诗级的问题上，即我们的身体是如何疲惫的。他们切断青蛙的后腿，并将被切断的肌肉通电直到肌肉不再抽搐；他们携带沉重的实验设备到偏僻的安第斯山脉探险；征召数千名志愿者在跑步机上、加热室内进行疲劳测试，以及服用你能想象到的药品进行相关实验。他们最后尝试用耐力机械论的（几乎算是有规律可循的）观点来描绘人类的极限：如同油门上放了一块砖的汽车，除非燃油耗光或者散热器失灵，否则它会一直前进。

然而这并不是问题的全部答案。随着大脑测试和控制的复杂技术取得突破，研究人员最终能够了解，当我们的身体接近极限时，我们的神经元和突触到底发生了什么。他们发现，无论我们是感到酷热还是寒冷，饥饿还是口渴，或者是肌肉因为乳酸堆积而感到酸痛，在很多情况下起关键作用的是大脑如何去处理这些求救信号。随着对大脑作用不断取得新的认知，人们也开始了新的，有时也令人担忧的尝试。红牛公司在位于加利福尼亚州圣莫尼卡的总部进行了经颅直流电刺激实验，即通过电极用电流刺激优秀的铁人三项和自行车运动员的大脑以提高其成绩。英国军方资助了基于电脑的大脑训练实验计划，用以提高军人的耐力，获得了令人惊讶的成果。即便是潜意识的信息也会增加或损害你的耐力：与一张以 16 毫秒呈现的愁苦脸相比，一张以同一时长呈现的笑脸会让自行车运动员的成绩提高 12%。

过去十年间，我拜访了位于欧洲、南非、澳大利亚和整个北美的许多实验室，同数百名与我一样痴迷于揭开人类耐力奥秘的科学家、教练和运动员进行交谈。我从一开始就感觉大脑在这方面的作用比我们平时的认知要大得多。研究证明了这一点，但远非那些励志书中大脑决定一切的论述所形容的那样。相反，从根本上说，大脑和身体的关系密不可分，要了解在某一特殊情况下什么决定了你身体的耐力极限，你就必须同时考虑大脑和身体的因素。在后文中我会讲述科学家们正在从事的相关研究，在我看来，他们所取得的令人惊讶的研究成果只是我们对人类身体耐力极限研究的开端而已。

第 2 章　人体是一部机器

关于乳酸、氧气和最大摄氧量。

历经 56 天艰苦卓绝的雪地跋涉，亨利·沃斯利低头看了看他 GPS 的数值后停了下来，他面露微笑地说："就是这里了。"然后，他将滑雪杖插进被风吹得很紧实的积雪中，并自豪地宣布："我们成功了。"[1] 这一天是 2009 年 1 月 9 日，距离英国探险家欧内斯特·沙克尔顿代表英国国王爱德华七世将英国国旗插到这一南极大陆的同一地点，即南纬 88° 23' 和东经 162°，已经过去整整 100 年。1909 年，该地点成为人类有史以来所到达的地球最南端，但距离南极还有 112 英里。[2] 沃斯利是从英国特种空勤团退伍的一名老兵，他一直很崇拜沙克尔顿。透过他的护目镜，我们能看到他激动地流下了释怀和高兴的泪水，这是这位硬汉在 10 岁之后第一次流泪。（后来他解释道："我糟糕的身体状况让我看上去更加虚弱。"）随后，他和同伴威尔·高和亨利·亚当斯支起帐篷开始生火烧水。当时外面的温度为零下 31 华氏度①。

---

① 华氏度 = 32 + 1.8× 摄氏度，摄氏度 =（华氏度 − 32）÷1.8。——编者注

对于沙克尔顿来说，南纬88° 23'代表着一种苦涩的失落。6年前，他曾是罗伯特·福尔肯·斯科特率领的“发现号”探险队中一个三人小队的成员之一，该小队创造了最南到达南纬 82° 17' 的纪录。然而当时斯科特认为沙克尔顿虚弱的身体会拖累其他成员，因此将其遣送回家，这对他来说是一种耻辱。沙克尔顿随后又参加了 1908—1909 年的极地探险，渴望通过比斯科特率先到达南极来证明自己。然而他的私人陆上探险队从一开始便陷入了麻烦。在行进了 6 周之后，当他们名为“索克斯”的第四匹也是最后一匹矮种马掉进比尔德莫尔冰川的裂缝中时，他们的口粮早已出现短缺，且完成目标的希望也越来越渺茫。然而，沙克尔顿决定继续前行，直到他们无法前进为止。最后，在 1909 年 1 月 9 日，他不得不承认这是一次必然的失败。他在日记中写道：“我们已经尽了自己最大的努力，但最终决定返回。尽管有遗憾，可我们已经尽了全力。”

一个世纪后，在沃斯利看来，那一刻却让沙克尔顿变成了一位名副其实的领袖。他说：“做出返回的那个决定是探险史上最为伟大的决定之一。”[3] 沃斯利是沙克尔顿“持久号”探险船船长的后代，高是沙克尔顿没有血缘关系的侄孙，而亚当斯则是沙克尔顿 1909 年探险队第二指挥官的曾孙。三人决定在不依靠外界帮助的条件下重走 820 英里长的探险路线来纪念他们的祖先。他们将走完到达南极所剩下的那 112 英里，来实现他们祖先的未竟之志。在到达南极之后，他们会乘坐“双水獭式”飞机返回。而沙克尔顿在完成 820 英里的探险路程后不得不步行从原路返回基地——像大多数大探险时代的回程一样，那仍是一场与死神进行殊死搏斗的旅途。

阻碍沙克尔顿的因素有哪些呢？这些因素可不仅仅是极端的寒

冷。他和他的队员身处高于海平面10 000英尺①的海拔高度，这意味着他们每次吸入带冰碴儿的空气的氧气含量只是身体正常需氧量的2/3。随着他们的马匹在旅程初期相继死亡，他们靠人力拖拽的负重为500磅②的雪橇给他们的肌肉带来了持续的负担。对现代极地探险者的研究表明，他们当时每天会消耗6 000~10 000卡路里的热量[4]，而他们每天的口粮只能提供该数值一半的补充。他们在为期4个月的艰苦探险中总共消耗了大约100万卡路里的热量，这一数值相当于斯科特1911—1912年探险队所消耗的全部卡路里总和。南非科学家蒂姆·诺克斯认为，这两次探险是“有史以来人类最伟大的持久性身体耐力表现”。

沙克尔顿对这些因素的了解很有限。当然，他知道他和他的队员需要摄入食物，尽管后来人们对人类身体内部的工作原理有了足够的了解，但当时他们对相关知识知之甚少。在沙克尔顿的“猎人号”探险船于1907年8月离开怀特岛前往南极探险的数月前，剑桥大学的研究人员发表了一篇关于乳酸的研究文章[5]，之后的运动员对这一肌肉耐力的头号敌人则再熟悉不过了。尽管在此后的一个世纪里，人们对乳酸的现代化理解发生了巨大的变化（对初学者来说，身体里产生的实际上是乳酸盐，即一种带负电荷的离子，而不是乳酸）[6]，但这篇文章标志着对人类耐力的研究进入了一个崭新的时代——因为如果知道一部机器是如何运转的，你便能计算出它的工作极限值。

19世纪的瑞典化学家永斯·雅各布·贝采利乌斯是现代化学元素符号［比如我们耳熟能详的H_2O（一氧化二氢，即水）和CO_2（二氧

① 1英尺约为0.3米。——编者注

② 1磅约为0.45千克。——编者注

化碳)] 的首倡者，同时他在 1807 年成为第一位发现肌肉疲劳与变质牛奶中包含的一种物质有关联的化学家。贝采利乌斯注意到被捕获的雄鹿的肌肉中似乎含有大量的这种“乳”酸，而这种酸的浓度取决于雄鹿在死前的疲劳程度。[7]（而直到近一个世纪后，贝采利乌斯的化学同行才发现了这种“酸”的真实身份。我们现在知道从身体里提取出来的来自肌肉和血液的乳酸盐在和质子结合后会产生乳酸。这也是贝采利乌斯和他的继任者们测出的物质，所以他们相信是乳酸而不是乳酸盐造成了人们的疲劳。而本书剩下的章节，除了涉及历史的情况，我们将使用“乳酸盐”一词。）[8]

由于当时人们不怎么了解肌肉是如何工作的，人们不知道雄鹿的肌肉中含有的乳酸水平能说明什么。贝采利乌斯当时则信奉“活力论”[9]，认为给予生物力量的活力存在于普通化学研究领域之外。但是“活力论”逐渐被“机械论”取代，后者认为人类身体从根本上说就好比一部构造复杂的机器，其基本运转原理与钟摆和蒸汽机相同。人们在 19 世纪进行的一系列让后人感到粗糙甚至滑稽的实验开始揭示是什么在推动这部人体机器的运转。比如，1865 年两位德国科学家在攀登伯恩阿尔卑斯山海拔为 8 000 英尺的弗尔峰时收集了自己的尿液，然后对其氮含量进行了测量，从而得出结论：蛋白质不是提供长时间运动所需能量的唯一物质。随着相关发现的不断累积，他们提出了曾被嘲讽为旁门左道的观点，即归根结底，人类身体极限是一个可以用化学和数学解释的简单问题。[10]

如今的运动员可以在训练时通过快速穿刺来测试体内的乳酸盐浓度（现在一些公司声称它们的身体粘贴片通过汗液分析便可以测出实时的乳酸盐浓度）。[11] 然而对于早期的研究者来说，能够证明乳酸的存在是一项艰巨的挑战。贝采利乌斯在其 1808 年出版的著作《动物化学讲稿》中用了整整 6 页写道：他将切碎的鲜肉放在一个结实的亚麻袋子中进行挤压，然后将挤压出的液体进行加热蒸发，随后做各种化学反应实验，直到沉淀析出溶解的铅和酒精，剩下了“黏稠的黄褐色浆状物，最后得到了像清漆一样的物质，其特征与乳酸无异”。

但随后相同步骤的实验得出的结果不一致让所有人感到迷惑。1907 年，剑桥大学的生理学家弗雷德里克·霍普金斯和沃尔特·弗莱彻开始着手研究这一问题。二人在他们论文的序言中这样写道：“令人感到汗颜的是，如同一位观察人士所提出的那样，任何关于肌肉中乳酸形成的重要认知都相互矛盾。”霍普金斯是一位严谨的实验者，他因作为维生素的共同发现者而获得了诺贝尔奖。弗莱彻同时是一位成绩斐然的跑者，他是 19 世纪 90 年代第一批在时钟还未敲完 12 下便跑完剑桥大学三一学院距离为 320 米的环校园跑的学生之一[12]，这一著名的挑战在电影《烈火战车》中有所展现（尽管据称弗莱彻当时抄了近路）。

霍普金斯和弗莱彻在完成他们想要进行的测试后会立即将他们测试所用的肌肉放到冰冷的酒精中。这一关键做法确保了肌肉中的乳酸含量在随后的处理阶段保持相对稳定。而在处理阶段，他们使用研钵和研杵将肌肉捣碎并测量其酸度。通过采纳这一新的精准方法，二人把 10~15 对青蛙腿通过锌钩穿成一长排进行肌肉疲劳研究实验。他们将一端通电后，所有的青蛙腿会立即收缩；在进行了两小时的间歇性收缩后，这些肌肉便呈现出完全的疲惫状态，变得一动也不动了。

实验结果一目了然：疲惫肌肉的乳酸浓度是非疲惫肌肉的三倍，这似乎验证了贝采利乌斯的猜测，即乳酸是疲惫的副产品，或者可能是导致疲惫的原因。实验还获得了另外一个新发现：当疲惫的青蛙的肌肉在有氧环境下存放时，其乳酸浓度会降低，但是当进行无氧处理时，其乳酸浓度则会增加。最终，这一关于肌肉疲劳的现代化观点被人们认可和接受——从这一刻开始，相关的新发现便快速地涌现出来。

氧气的重要性于次年由伦敦皇家医学院的心理学家伦纳德·希尔在《英国医学杂志》上发表的文章证实。[13] 他在跑者、游泳运动员、体力劳动者及马匹身上进行了氧气测试，取得了令人惊异的结果。测试中，一位马拉松运动员在供氧充足的情况下把 3/4 英里比赛的个人最好成绩提高了 38 秒。一匹拉煤的马在供氧充足的情况下仅需 2 分 08 秒便可爬上原来需要耗时 3 分 30 秒的陡坡，且在爬上坡顶后不会气喘吁吁。

希尔的一位同事甚至还陪同长距离游泳运动员杰贝兹·沃尔夫进行成为第二个横渡英吉利海峡的人的尝试。在游了 13 个多小时后，这位运动员便想放弃。然而在通过一根长橡皮管进行氧气补充后，他立刻恢复了体力。希尔写道："于是他们继续划船，跟随挑战者前进，而在这之前，他和船只能随着潮水漂流。"（尽管沃尔夫从头到脚都涂抹了威士忌和松节油，并且头部还专门抹了橄榄油，但是由于水中温度太低，他在距法国海岸还有 1/4 英里远的地方无奈地被拖上了船。他一共进行了 22 次横渡英吉利海峡的尝试，但都无功而返。[14]）

随着肌肉收缩的秘密逐渐被揭开，一个明显的问题摆在了人们面前：肌肉的极限是什么？19 世纪的学者们围绕着某种"自然规律"决定了每个人身体潜在的最大能力的观点进行了辩论。苏格兰医学家托马斯·克劳斯顿在 1883 年指出："每个生命体从出生那一刻起就在成长和发育方面有一定的极限，任何外力都无法帮助它们突破这一限度。铁匠的胳膊不能变得无限粗大。板球运动员的反应速度再快也有极限。"[15] 但是这一极限是什么呢？剑桥学者弗莱彻和阿奇博尔德·维维安·希尔（他讨厌自己的名字，所以大家都称他为 A. V.[16]）在 20 世纪 20 年代第一次对人类的最大耐力极限进行了令人信服的测试。

你或许认为测试人类身体最大极限的最佳方式显而易见，那就是通过比赛进行测试。但是我们要知道，比赛成绩极大地受限于各种因素，比如配速。或许你是世界上耐力最强的人，但是如果你极度自信而在比赛一开始就全力冲刺（或者缩手缩脚，总是慢吞吞地起步），那么你的比赛成绩将永远无法准确地反映出你的身体能力。

相反，你可以使用测试疲劳时间的方法来规避这些不确定因素。比如，按照一定的速度，你在跑步机上能够跑多久？或者你在健身车上能进行多久的恒定能量输出？实际上，很多耐力研究正在采用这一测试方法。但是这一方法本身也有一些缺点。最重要的是，这一方法取决于你想达到自己极限的动力有多大。同时也取决于你前一晚的睡眠质量、测试前的饮食、运动鞋的舒适程度，以及其他一些可能的干扰和激励因素。此外，这种方法测试的是你在当天的极限，而不是你最终的身体极限。

1923 年，希尔和他的同事哈特利·勒普顿在曼彻斯特大学发表了他们最初称为“最大氧气获取”（the maximal oxygen intake）的研究的系列论文中的第一篇，而“最大氧气获取”这一术语的科学简写也就是今日人们熟知的 VO_2max，即最大摄氧量。[17]（现代科学家也称之为“最大耗氧量”，因为这一方法测量的是人体肌肉的最大氧气消耗量，而非人体最大的吸氧量。）希尔本人在前一年已经因为详细测量出肌肉收缩所产生热量的肌肉生理学研究而获得了诺贝尔奖。同时，他本人也是一名狂热的跑者——下面章节介绍的很多生理学家都有跑步的爱好。在进行氧气消耗实验方面，希尔自己则成了最好的研究对象。在其于 1923 年发表的论文中，35 岁的希尔写道，他“每天早饭前会进行大约 1 英里的普通慢跑训练”。同时他还热衷于进行赛道跑和越野跑比赛，“说实话，正是我在田径赛中付出的努力和经历的失败，以及有时感受到的身体僵硬和疲劳，让我提出了今天想要找到答案的这些问题”。[18]

希尔和同事们在希尔家的后院中长度为 85 米的草坪跑道（标准跑道的长度为 400 米）上进行了连续跑步测试。[19] 同时，他们背着与测试他们氧气消耗量的呼吸装置相连的储气囊。他们的速度越快，所消耗的氧气量越大——在一定范围内是这样的。根据他们的报告，氧气摄入量最终会“达到最大值，此后便不再上升”[20]。而关键是，他们仍然可以提高跑步速度，但他们的摄氧量不再增加。此时的摄氧量就是所谓的最大摄氧量，这是衡量耐力水平的真正且客观的标准，这一标准理论上不受跑步动机、天气、月相或其他任何可能的因素干扰。希尔认为最大摄氧量反映出心脏和人体循环系统的最终极限——这一可以测量的恒量似乎能够显示出运动员体内“发动机”的最大功率。

取得这一突破后，希尔便有了可以测量任何距离的跑者理论上的最佳表现的手法。在低速时，你主要处于有氧运动状态，氧气主要用于以最高效率将储存的食物能量转换成肌肉可以使用的能量。此时你的最大摄氧量反映的是你的有氧极限。在高速时，你双腿需要能量的速度超过了有氧代谢提供能量的速度，所以你需要依靠效率更高的无氧能量源。问题如同霍普金斯和弗莱彻在 1907 年所展示的那样，肌肉的无氧收缩会产生乳酸。希尔认为肌肉能忍耐高乳酸值的能力——也就是所谓的无氧能力——是耐力的另外一个决定性因素，在 10 分钟以内的比赛中尤其如此。

希尔 20 多岁时，其 1/4 英里跑的最好成绩为 53 秒；半英里跑的成绩为 2 分 03 秒，1 英里跑的成绩为 4 分 45 秒，而 2 英里跑的成绩为 10 分 30 秒——尽管希尔本人谦虚地强调自己并不属于“一流跑者”，但这些成绩在那个年代已经相当不错了。（更确切地讲，为了符合当时的科学做法，这些成绩被标明来自一个代号为“H.”的跑者，当然，其年龄和成绩恰好与希尔的相同。）在希尔家后院进行的疲劳测试表明，希尔的最大摄氧量为每分钟 4 升氧气，而他的乳酸耐受性允许他额外获得大约 10 升的“氧债”①。希尔通过这些数据，以及对其跑步效率的测试，可以描绘出精准预测其个人最好成绩的曲线图。

希尔热衷于分享这些研究成果。他在其于 1926 年发表在《科学美国人》杂志上的《运动员的科学研究》一文中写道：“我们的身体如同一部机器，其能量消耗可以被准确地测量出来。”他发表了对跑步、游泳、骑自行车、划船和滑冰从 100 码到 100 英里比赛世界纪录的分析。[21] 对于短距离冲刺来说，世界纪录的曲线图明显地受到“肌肉黏滞性”的影响，这是希尔在康奈尔大学经过一段时间的肌肉黏滞性研究得出的结论。当时，他将一条磁化了的钝钢锯片贴在一名短跑选手的胸前，然后让其跑过一组电磁线圈来完成测试——这是早期进行精准计时的流行做法。对于长距离跑来说，乳酸值和最大摄氧量如同预测的那样决定了世界纪录的成绩。

然而，最长距离的比赛仍然存在不解之谜。根据希尔的计算，如果你的速度足够慢，那么你的心脏和肺应该能够输送足够的氧气，来保证你的肌肉处于充分有氧状态。换句话说，你可以找到一种使你无限维持下去的稳定配速。但是，比赛数据展现出了一种稳定的速度衰减：100 英里比赛的速度纪录远远低于 50 英里比赛的速度纪录，而50英里比赛的速度纪录也低于25英里比赛的速度纪录。希尔承认，“仅仅考虑摄氧量和‘氧债’不足以解释持续的速度衰减曲线”。他用铅笔描绘出一条近乎水平的虚线来代表他所认为的最长距离比赛的速度纪录，并认为比赛距离越长速度纪录越低的主要原因是“最优秀的运动员参加比赛的距离不超过 10 英里”。

---

① 氧债是运动一分钟所需氧气量和实际供氧量之差，是评定一个人无氧耐力的重要指标。——译者注

2009 年，当亨利·沃斯利和他的同伴最终到达南极时，他们已经拖拽着最初重达 300 磅的物品在雪地上行走了 920 英里。在整个探险的最后一周，沃斯利认为他几乎不会再犯错了。48 岁的他比亚当斯和高年长了整整 10 岁，在每天行进的最后时刻，他都要吃力地跟上队友。新年来临的那一天，他们距离目的地还有 125 英里，沃斯利拒绝了亚当斯提出的为他分担一些负重的好意。相反，他丢弃了自己的一些能量补给——这是为了减轻 18 磅负重的一次冒险之举。他后来回忆说："很快我就发现后来的每一小时对我来说都是一种痛苦，我也开始意识到我身体的虚弱状况。"他最后抵达营地的时间比同伴晚了 10~15 分钟。

在他们即将到达南极的最后一个夜晚，沃斯利独自来到帐篷外散步，这是他此次探险中每天在钻进睡袋睡觉之前必做的事。在每天的这一时刻，有时他会回顾他们穿越的那些参差不齐的冰川和还未征服的远山。其余时间，他只是在"神游"。而在此次探险的最后一夜，他看到了神奇的极地暮光：如同钻石一样的太阳被炽热的白光包围，两旁出现了大小相等的幻日，幻日是太阳光由空气中棱柱状的冰晶雾折射所产生的光学现象。这是此次探险旅程中出现的第一次完整的幻日现象。当然，沃斯利告诉自己，这是一个征兆——预示着南极最终向他敞开了怀抱。

第二天的旅程异常轻松，因为他们距离这次史诗级旅程的终点——温暖的阿蒙森—斯科特南极站只有短短 5 英里。当他们抵达终点后，沃斯利长舒一口气，内心充满了成就感。然而，他和南极的故事还远没有结束。沃斯利在英国陆军部服役了 30 年，其中，作为相当于美国海豹突击队或者三角洲特种部队的英国特种空勤团的精英成员，他在巴尔干和阿富汗地区执行过任务。他骑过哈雷摩托，教过犯人做针线活儿，并在波斯尼亚遭遇过投掷石块的暴徒。[22] 然而，这次南极之旅让他彻底臣服：耗尽了所有的补给品，让他对自己的身体极限有了进一步的认识。为了挑战自己的耐力极限，他最终又开始了一次惊人的挑战之旅。他已完全被南极吸引。

2011 年年末，沃斯利在罗伯特·福尔肯·斯科特和罗尔德·阿蒙森完成南极探险 100 周年时，决定效仿他们开展自己的征服南极之旅。阿蒙森的探险队用了 52 条狗拉着雪橇沿着东线挺进南极，而这 52 条狗最后被当作了探险队的补给食物，帮助他们在 1911 年 12 月 14 日成功抵达南极。而斯科特的探险队则沿着沙克尔顿开辟的较长的路线一路上磕磕绊绊，他们的机械雪橇出现了故障，他们的矮种马无法适应冰雪和寒冷天气，结果他们在 34 天后终于到达南极时发现了阿蒙森的帐篷及一封写满客套话的信："你们可能是在我们之后第一批到达这里的人，我请求你们将这封信带给挪威国王哈康七世。如果帐篷里的物品对你们有用，请随便使用。外面的雪橇你们可能用得上。我祝你们回程一路平安。"[23] 阿蒙森的回程波澜不惊，而斯科特的回程可以用悲惨交加来形容。他们遭遇了恶劣的天气、糟糕的运气、问题不断的设备，以及对探险队所需热量计算上的失误，这些问题让斯科特和他的探险队员们最终魂断南极。[24] 饥饿和冻伤在风雪交加的天气把他们困在帐篷里整整 10 天，将他们推向了死亡的边缘，而此时，他们距离食品补给站还有最后的 11 英里。

一个世纪后，沃斯利率领一支由 6 名军人组成的探险队，沿着阿蒙森走过的路线到达了南极，这也使他成为第一个沿两条经典线路完成南极探险的人。然而他的故事并没有结束。2015 年，他又进行了一次南极探险来纪念英国皇家南极探险队南极探险 100 周年，这也是沙克尔顿进行的最为著名（难度最高）的探险之旅。

1909 年，沙克尔顿在还未到达南极时下令返回的英明决断无疑挽救了他和其队员的生命，但那次探险本身也充满了危险。沙克尔顿下令让他们的船按兵不动地等到 3 月 1 日。他自己和另外一人于 2 月 28 日晚些时候到达了附近的一个观测点，并点燃了一间木质的气象观测站来给他们的船只做指引和发送求救信号。在这次脱险后，随着阿蒙森在 1911 年炫耀成为到达南极的第一人，沙克尔顿决定不再进行南极大陆的探险活动。但是，像沃斯利一样，他无法摆脱南极对他的吸引力。

沙克尔顿的新计划则是完成人类历史上首次横穿南极大陆的壮举，起点是南美洲附近的威德尔海，终点是新西兰附近的罗斯海。但是在他们前往起点的途中，他的“持久号”探险船被威德尔海的冰块困住，这迫使他们不得不在冰冷的海域上度过了 1915 年的冬天。最终“持久号”探险船被浮冰破坏，探险队员们迫不得已开始了被称为“现代奇迹”的冒险之旅。而这一奇迹最为宏伟的功绩当数沙克尔顿带领探险队乘坐无遮挡的救生艇横跨了地球上最险恶的长达 800 英里的海域，最后他们到达了崎岖的南乔治亚岛。在岛上的一个小捕鲸站内，他们发出了求救信号。而这一壮举背后的领航员便是弗兰克 · 沃斯利，他是亨利 · 沃斯利的长辈，正是他使得亨利 · 沃斯利着迷于探险。尽管这次探险并没有完成任何一个预先设定的目标，但是这一长达三年的奇迹为大探险时代增添了一缕最引人注目的亮光。珠穆朗玛峰的征服者埃德蒙 · 希拉里称其为“探险史上最伟大的生存故事”，而这次探险同样也为沙克尔顿带来了安全将其队员带回的美誉。（事实上，有三名队员在半路丧生，他们的补给品则被留在了此次探险原计划的终点站，供之后的人使用。）

沃斯利又一次下定决心完成他偶像的未竟之事。但这次探险将与以往不同。沃斯利之前的两次极地探险实际上只完成了真正距离的一半路程，因为在前两次探险的回程中，他们均是乘坐飞机飞回了国内。而完成全程极地探险并不只是简单的里程增加和拖拽重量加重这么简单。对于他本人来说，在探险过程中更难的事情是要搞清楚坚持不懈与鲁莽轻率的区别：1909 年，沙克尔顿没有抵达南极而中途返回，因为他担心他和他的队员无法安全回家。1912 年，斯科特决定继续前进，并最终付出了生命。这一次，沃斯利决心要完成全部的 1 100 英里的南极大陆穿越之旅——并且要独自一人完成，不靠外人，不靠设备辅助，完全靠自己拖拽装备完成此次穿越。11 月 13 日，他从距离南极洲海岸 100 英里的伯克纳岛的南端正式出发，拖拽着重达 330 磅的装备穿越了冰冻的海面。

那天晚上，在沃斯利上传到网上的音频日记中（在此次穿越的整个过程中，他一直坚持上传日记），他描述了他在之前的探险中就已经再熟悉不过的声响："滑雪杖插入雪中的吱吱声，雪橇每一次起伏后砸到地面的砰砰声，还有滑雪板与雪面摩擦的沙沙声……当我停下来的时候，万籁俱寂。"

A. V. 希尔刚开始尝试计算人类能力表现的极限值时遭遇了困惑。1924 年，他到费城的富兰克林学院进行了题为"肌肉原理"的演讲。他后来回忆道："演讲的最后，一位老先生义愤填膺地问我，我所描述的那些研究在我眼里究竟有什么作用。"希尔本来想解释研究运动员可能会得出的一些有实际价值的成果，但后来决定还是坦诚相见，他说："说实话，我们做这一研究不是为了有什么实际用处，而是因为它有趣。"[25] 于是，第二天报纸的头条新闻的题目就是"科学家研究它是因为它有趣"。

事实上，希尔的研究在实际和商业上的价值从一开始便不言而喻。他的最大摄氧量研究是由英国工业疲劳研究委员会资助的，该机构同时雇用了希尔的两位合著者。[26] 在发挥工人最大生产力方面，有什么方法能比计算出工人的身体极限，然后想办法提高这种极限更好的呢？世界上其他的实验室很快也开始追求这一研究目标。比如，哈佛大学疲劳实验室于1927年成立，其研究重点为“工业卫生”，目的是通过研究疲劳的成因和表现“找到二者之间的关联性及其对工作的影响”。[27] 哈佛大学疲劳实验室对一些创造纪录的运动员进行了一些著名和开创性的研究，但是该实验室位于哈佛大学商学院地下室的位置暴露了其主要任务为研究如何提高工人的生产力。

哈佛大学疲劳实验室主任戴维·布鲁斯·迪尔称其受到希尔的研究的启发[28]，他认为弄清楚顶级运动员的耐力的过人之处有助于了解其他人的耐力极限。1930年《哈佛深红报》上发表的《哈佛大学疲劳实验室发现了克拉伦斯·德马的耐力的秘密》一文，阐述了对24名志愿者在跑步机上跑步20分钟后进行的血液化学成分分析测试的情况。测试最后发现，7次波士顿马拉松冠军得主德马的身体几乎没有产生乳酸——根据迪尔当时的观点，乳酸“能渗透进血液，产生或者帮助产生疲劳”。在后来的研究中，迪尔和其同事测试了哈佛大学橄榄球队队员们的日常饮食在比赛前、比赛中及比赛后对其血糖水平的影响。[29] 他们还分别对1英里跑和2英里跑的世界纪录保持者葛林·康汉宁和唐·拉希进行了研究，并在名为《人类能力新纪录》一文中描述了二者惊人的氧气处理能力。[30]

这些对跑步运动员或者橄榄球运动员的耐力的研究真的能应用于对工人的耐力的研究吗？迪尔和他的同事认为没问题。他们在像德马这样能以惊人的速度长时间奔跑却毫无疲惫表现的运动员的生物化学“稳定状态”，与在苛刻条件下长时间工作但生产力丝毫不受影响的训练有素的工人的能力之间，找到了明显的关联。

当时，劳动专家围绕工人疲劳的两种矛盾观点展开了争论。根据麻省理工学院历史学家罗宾·舍夫勒的描述[31]，弗雷德里克·温斯洛·泰勒等效率大师认为真正限制工人生产力的是效率低下和缺乏意志——其实他们的耐力如同乘坐飞机的孩童的精力一样充沛。而劳动改革家则坚持认为人体如同一部机器，必须得到休息（比如说享受周末）才能保证工作的进行。而哈佛大学疲劳实验室的实验结果则表达了一个较为中立的观点，它承认了疲劳的生理性事实，但又认为如果工人们能够保持“物理化学”平衡，就可以避免疲劳，而这种平衡就相当于德马能够在跑步中不形成过多乳酸堆积。

迪尔在各种极端的环境下对这些观点进行了测试，他分别对在海拔 20 000 英尺处于缺氧状态和在巴拿马运河区酷热的雨林中作业的智利矿工进行了研究。其最著名的测试莫过于和同事一起对在经济大萧条时期修建胡佛水坝的建筑工人进行的研究——当时美国雇用了数千名建筑工人在莫哈维沙漠完成了这一具有划时代意义的工程建设。在水坝修建的第一年，即 1931 年，有 13 名工人死于热衰竭（中暑）。[32] 迪尔和其同事于 1932 年到达施工现场，他们对工人在酷热环境中连续劳作 8 小时之前和之后的身体状况进行了测试，发现他们体内的钠和其他电解质已经被消耗殆尽——这与保持人体的物理化学平衡状态相去甚远。而解决方法就是：迪尔的一名同事告诉驻场医生修改一下餐厅里的医生建议，在多喝水的建议后面加上在食物中添加足够的盐。从此至工程完成的 4 年时间里，再无工人因热衰竭而死亡。这一方法被广泛流传，让人们明白了盐在对抗热衰竭和缺水症状中的重要性——即便如此，迪尔在数年后依然坚持认为，对这一改进最起作用的还是从 1931 年至 1932 年将工人从闷热的谷底帐篷中迁移至平原上带有空调的宿舍中的做法。

如果之前人们对希尔提出的“人体机器”的观点还存有疑虑的话，那么，1939 年爆发的第二次世界大战则帮助人们消除了这些疑虑。随着盟军士兵、水手和飞行员征战于世界各地，美国哈佛大学的科学家和其他国家的科学家研究了高温、湿度、脱水、饥饿、海拔和其他应激原对这些军人表现的影响，并寻找在这些条件下增强他们耐力的可靠方法。为了评估身体出现的细微变化，研究人员需要一个客观的测量耐力的方法，而希尔提出的最大摄氧量概念恰好满足了这一需求。

这些战时研究中最臭名昭著的当数明尼苏达大学生理卫生实验室所做的研究，其研究对象包含了 36 名认为战争是罪恶的而拒绝服兵役但自愿参加这一残酷实验的志愿者。这一被称为“明尼苏达饥饿研究”的实验由著名营养师安塞尔·凯斯领导，安塞尔开发了专供美国军人食用的应急口粮 K 口粮（K-ration），并提出膳食脂肪与心脏病之间存在关联。该实验让志愿者们在 6 个月内处于“半饥饿状态”，每天吃两餐，共包含 1 570 卡路里的热量，同时每周要工作 15 小时并行走 22 英里。[33]

在之前的最大摄氧量研究中，科学家们相信他们能很容易地要求他们的测试对象跑到筋疲力尽，以得出最大耐力值。但是，测试对象如果经历了由数月的饥饿所带来的身体和心理上的双重折磨，就会如同凯斯的同事亨利·朗斯特里特·泰勒在日记中写的那样：“我们有充分的理由不相信实验对象愿意在测试中拼尽全力从而得出最大摄氧量。”[34] 泰勒和另外两位科学家着手制定了一份测试协议，“剔除了人为的动机、技巧等制约因素”，以便能够客观地测量出最大耐力值。他们使用跑步机进行测试，逐步加大跑步机的坡度，并严格控制热身时间和室内温度。通过这种方法，即便是在一年后对测试对象进行反复测试，所得的结果依旧很稳定：无论测试对象当天的心情如何，是否在测试中竭尽全力，其最大摄氧量都会被准确地反映出来。泰勒在 1955 年发表了这份测试协议，标志着真正测试最大摄氧量时代的到来。

20 世纪 60 年代，人们对科学的耐力测试的逐渐信任引发了一种微妙的转变：科学家们不再对优秀的运动员进行测试以了解他们的生理机能状况，相反，他们运用生理机能测试来预测谁会成为优秀的运动员。南非研究者西里尔·温德姆认为："运动员要达到参加奥运会决赛的水平，至少要达到一定的生理机能水准。"[35] 他认为不应该盲目地将南非跑步选手送往世界各地承受比赛的失利，而应首先在实验室对他们进行测试，以便"总结出谁才是具备足够实力能与其他国家运动员竞争的南非最顶尖的跑步选手"。

从某种程度上说，此时将人体比作机器的观点的发展已经超出了希尔最初的设想。他高兴地承认："当然，研究运动员远比单纯的化学研究要复杂得多。"[36] 他重视"心理"因素的重要性，认为"决心、经验等因素能够使一个人'拼尽全力'，让自己比别人更加疲劳"。[37] 但是人们抛弃看似抽象的事物转而研究可以量化的事物的动力十分强劲。科学家们通过将一些生理特征，比如省劲儿和"分段利用"，与最大摄氧量相结合，逐渐调整了耐力模式——相当于测试一辆车时，除了其本身的马力，还要考虑其燃油经济性和油箱大小。

正是在这一背景下，迈克尔·乔伊纳于 1991 年提出了现在被人津津乐道的关于尽可能快的马拉松的思想实验。20 世纪 70 年代，乔伊纳是一名并不安分的亚利桑那大学的学生，曾经濒临辍学的边缘。[38] 他身高 6 英尺 5 英寸①，其身体耐力可以帮他以 2 小时 25 分的成绩完成马拉松比赛，他一度想成为一名优秀的消防员。然而在一次 10 000 米比赛中，他被一位来自该校运动与体育科学实验室的研究生打败。在那场比赛后，那名研究生说服乔伊纳成为该实验室正在进行的一项实验的实验对象，而这一经典实验揭示了乳酸阈值，即我们保持血乳酸水平不急剧增加时所能跑出的最快速度，能够准确地预测出选手的马拉松成绩。一切准备就绪后，乔伊纳很快便加入了该实验，

① 1 英寸等于 2.54 厘米。——编者注

并为之后其从未想象过的新职业打下了初步基础，让他最终成了梅奥诊所的一名医生兼研究者，现在他是世界上人类能力极限领域最为知名的专家之一。

对乳酸阈值的初次研究让乔伊纳了解了人体生理机能的预测能力。通过晦涩的实验室测试便能挑选出冠军，或者大致预测出长跑运动员的比赛名次，实在是一种令人感兴趣的研究前景。十年后，乔伊纳将这一理论推到了其逻辑极限，他根据这一理论得出的马拉松完赛的最快时间可以具体到 1 小时 57 分 58 秒。这一时间让人觉得荒谬和好笑——甚至有些挑衅的意味。即便是创造这一成绩所需要的人类基因，也是极其罕见的，乔伊纳在其论文的结尾写道："或者说我们对人类能力的决定因素的认知还不够完整。"

到了第 56 天，亨利·沃斯利单人穿越南极的挑战所需的巨大体力终于给他造成了影响。他早上醒来时感觉身体比在此次挑战开始以来的任何时候都要虚弱，前一天晚上肚子不舒服让他几乎一夜未眠。尽管他仍旧像往常一样继续前行，但在一小时之后他便放弃了努力，开始休息。他在语音日记中说道："有时候你必须听从身体的命令。"

然而，他此时距离目的地还有 200 多英里，且行程已经落后于原定的计划。所以，这天夜里他收起帐篷，顶着极地的太阳在离午夜还有 10 分钟时继续了他的行程。他艰难地到达了此次探险的最高点，一座有着泰坦冰穹（Titan Dome）之称的海拔高度在 10 000 英尺的巨大冰脊。稀薄的空气迫使他不停地休息，风中如沙粒般的雪粒让他无法拉动雪橇前行，致使他的行程整整晚了数小时。到下午 4 点钟时，他在 16 个小时的时间里只前进了 16 英里，并且他再度耗尽体力。他原本希望从南纬 89°（离南极最近的地点）进入南纬 88°，然而在离目的地还有 1 英里的地方，他被迫停了下来。他解释道："我已经没有体力，筋疲力尽了。”

第二天，即1月9日，是沙克尔顿1909年在南极探险时决定返程的那一天。沙克尔顿在回到英格兰时对他的妻子说：“做一头活着的驴好过做一头死去的狮子，对吧？”沃斯利在距离沙克尔顿返程点还有34英里的地方停下休整，为了怀念这一天，他抽了一根雪茄，并露出略显“残缺”的笑容——几天前一根冻住的能量棒让他失去了一颗门牙。他喝了一小口帝王皇家布莱克苏格兰威士忌，他从穿越探险一开始便将这瓶酒带在身上。

与沙克尔顿相比，沃斯利的探险装备要强大得多，而他最强大的装备或许就是他携带在背包中的铱星卫星电话了。这一装备可以让他随时呼叫空中支援。然而这一优势也变成了对他的诅咒。由于无法预测回程的状况，沙克尔顿在计算自己体力极限时迫不得已总是会给自己留有余地。而沃斯利由于可以随时获得援助，他总是将自己逼到极限——通过每天在雪中前进12、14甚至16个小时耗尽自己的体力；对自己越来越虚弱的身体和50磅的体重损失丝毫不放在心上；即便在情况糟糕的时候，他也依然毫不退缩。

最后，他终于意识到他无法按时到达原计划的迎接点。他曾经连续数天尝试每天行进16个小时来赶上计划，但是松软的积雪、雪盲①症状及恶化的身体条件最终让他无法实现原定的目标。他曾做出妥协，只抵达距离稍近的沙克尔顿冰川即可，但仍然失败了。1月21日，在他探险的第70天，他最终拨出了求救电话。沃斯利在其语音日记中说道：“我的偶像欧内斯特·沙克尔顿于1909年1月9日早上在距离南极还有97海里②的路程时宣布他已经尽力。今天，我不得

① 雪盲是紫外线对眼角膜和结膜上皮造成损害引起的炎症。其症状有怕光、流泪和睁不开眼，发病期间会有视物模糊的情况。——编者注

② 1海里约为1.85千米。——编者注

不悲伤地宣布我也已经尽力。我的本次探险就此结束。我已经超过了预定时间，耗尽了体力，我甚至无法再使用滑雪板。”

第二天，在经过 6 个小时的飞行后，他被送回南极探险后勤保障机构所在的联合冰川基地，之后又被飞机送到智利蓬塔阿雷纳斯的一家医院接受体力衰竭和脱水治疗。尽管沃斯利的探险结局有些令人沮丧，但是他像沙克尔顿一样成功地从南极探险中活着回来了。然而，在医院里，他的情况急转直下：沃斯利被诊断出患有细菌性腹膜炎——一种腹腔内感染，并被紧急送往手术室。1 月 24 日，亨利·沃斯利因大面积器官衰竭去世，享年 55 岁，留下了妻子和两个年幼的孩子。

当雪崩夺走一名滑雪者的生命，当鲨鱼吞噬一名冲浪者，当一阵突如其来的强风让高空滑翔运动员折翼，这些悲剧不过是我们眼里的新闻。同这些极限运动员的死亡一样，沃斯利的悲剧也在全世界被报道和讨论。然而这一悲剧又有其不同之处。并不是雪崩、饥饿的猛兽或者高速运动造成了这场悲剧。[39] 沃斯利没有被冻死，他也没有迷路，甚至他还剩下了足够的食物。尽管我们不知道他到底是如何超越身体极限的，但从根本上讲，沃斯利似乎是自愿进行这一极限探险的，而这一罕见壮举也为他的离世增添了一份让人感到沉痛的魅力。英国《卫报》曾这样反问道：“在探索人类身体耐力极限的追求中，沃斯利难道没意识到他已经超越了自己的极限吗？”[40]

从某种程度上说，沃斯利的死看起来是对人类耐力量化观点的一种证明。希尔在 1927 年预测说：“人体机器的运转原理不过是化学或物理原理的一种。它终究会由物理和化学理论进行阐述。”[41] 无论多大的机器，其负荷能力总会有上限。沃斯利独自穿越南极的尝试其实就是在完成超越其身体极限的任务，其展现出来的最大身体极限是任何精神力量和执着都无法改变的。

但是如果这一理论是正确的，那么为什么因耐力极限而致死的例子非常罕见呢？为什么奥运会马拉松运动员、穿越英吉利海峡的游泳运动员和阿巴拉契亚小径的登山者没有出现经常死亡的现象呢？南非博士蒂姆·诺克斯在准备其1996年于美国运动医学会年会上发表的他人生中最重要也最著名的演讲时提出了这一问题，他后来回忆说："我认为我们要冷静一下。运动真正让人感兴趣的不是人们死于中暑，或当人们攀登珠穆朗玛峰时有一两名登山者不幸离世等现象，而是大多数人进行极限运动后并没有死亡——这才是更加令人感兴趣的现象。"[42]

第3章　大脑的控制力

大脑是耐力极限的真正制定者和施加者。

为了赶上渡轮，戴安·范·黛伦需要在8小时左右的时间里行进36英里。[1]对于这名老练的超级长跑运动员来说，这本不是什么问题，但是热带风暴“贝里尔”肆虐过后留下的糟糕路面、暴雨和狂风，加上耗费19天穿越北卡罗来纳州的山海步道900英里的路程所造成的疲惫，以及长满水疱的双脚，给她带来了不小的麻烦。更糟糕的是，黑夜中从范·黛伦右边传来的“愤怒且凶恶”的咆哮让她感到害怕。她向她的向导——经营着一家当地户外运动公司的查克·米尔萨普喊道：“那是什么声音？”向导安慰她说那只是一架飞机而已，但是安全起见，他们决定将两个人拴在一起走过一座被大风吹得左右摇摆的桥。

然而范·黛伦眼下最重要的事情是努力创造1 000英里徒步穿越的新纪录：如果他们错过了这班下午一点钟从雪松岛开往奥克拉科克的渡轮，那么24天3小时50分钟完成徒步穿越的目标将无法实现。这位现年52岁来自科罗拉多州的女人已经经受住各种耐力极限挑战的折磨。为了赢得育空极地极限长跑比赛，她曾拖拽45磅的雪橇行走 430 英里，穿越冰冻的苔原（取得了第二名的成绩——此外没有其他女选手完成该次比赛）；她参加了梅奥诊所为研究人类极限而举办的攀登海拔 22 838 英尺高的阿空加瓜山[①]的探险活动；曾多次在世界各地的 100 英里及以上距离的艰苦比赛中夺得头筹。要想赶上渡轮，她必须拖着疲惫的双腿把自己的速度提上来。连续三个星期以来，她几乎每天从清晨跑到第二天清晨，每天晚上只睡 1~3 个小时。她很少停下来让乐斯菲斯[②]公司赞助的保障团队用胶带对其长满水疱的双脚进行包扎处理，并将食物喂进其嘴里。

幸运的是，范·黛伦有一项优势——或者说，她的一次特殊经历似乎能帮助她突破其他本有可能成为超级马拉松选手的人难以突破的身体极限。37 岁时，她接受了一项原本可做可不做的大脑手术，切除了大脑颞叶皮层中一个高尔夫球般大小的肿瘤，而这一肿瘤正是数年时间内她的癫痫一周发作 2~3 次的罪魁祸首。尽管手术成功地为她消除了癫痫症状，但同时也给她造成了神经性缺陷障碍：使她的记忆力下降，方向感变差，并很难辨认时间。《跑者世界》杂志 2011 年的一篇文章称她为“迷失号快车”，并写道：“她在比赛中必须跑上几百英里，但通常她对自己跑过的距离并没有概念。”你可能会认为这是一种严重残疾——然而她的职业跑步生涯却是在那次手术之后才正式开始的。换句话说，要弄清楚她的超常表现，我们首先要了解她的大脑构造。

关于大脑在人体耐力中发挥的作用的问题或许是运动科学中最具争议的话题了。其焦点并不在于是否有人认为大脑在人体耐力的表

---

① 阿空加瓜山，地处阿根廷门多萨省西北端，为南美洲最高峰，也是亚洲之外最高的山峰。——编者注

② 乐斯菲斯，美国著名户外品牌。——编者注

现上无关紧要。回到 A. V. 希尔和其他科学家提出的“人体机器”的观点，所有人都明白比赛不总是由速度说了算——尤其是为了速度而做出错误的策略决定、配速糟糕或者缺乏坚持到底的意愿时。按照他们的观点，身体设定了耐力极限，而大脑决定了我们如何接近身体的耐力极限。然而，从 20 世纪 90 年代末起，来自南非的医生和科学家蒂姆·诺克斯开始提出，这一观点无法从根本上说明问题——他认为大脑实际上是我们在长距离比赛中所遭遇的看似由身体决定的耐力极限的真正制定者和施加者。他的观点产生了重大影响并让人震惊，且这一观点的正确程度或错误程度成了以后 20 年运动生理学领域最容易引发争议的导火线。

诺克斯关于这一争议话题所持有的特殊论调是由其性格——他本质上是一名喜欢挑战权威的人，并与其他科学家进行了长达 40 年的持续争论——及其理念共同造成的。诺克斯的朋友，同时也是威斯康星大学拉克罗斯分校人类能力实验室主任和美国运动医学会前任主席的卡尔·福斯特说：“蒂姆最大的敌人可能就是他自己。他个性很强，他的理念的确很棒，也很有创新性，但是他从不用‘我发现了能解释这一问题的更好方法’的表达方式，相反，他会说‘别人的观点都是错的’。”（诺克斯自己一向否认他会说别人的观点都是错的这样的话。他在一封邮件里特意澄清道：“当然，我相信他们的观点都是错误的，但是我不会对他们直接说出来。相反，我会提出我认为正确的观点。”）但不管怎样，福斯特承认，如果想要挑战一个世纪积累起来的教科书的内容，或许像蒂姆这样激进的做法是很有必要的。

诺克斯最初是开普敦大学的一名大学生赛艇运动员，但是他的人生轨迹在 20 世纪 70 年代的一天早上被改变了。[2] 那天早上的赛艇训练由于强风而被取消，他的队友都返回了家，但他决定留下来，并绕附近的一处湖泊跑步。40 分钟后，他被一种极度的兴奋感征服——这是出现在跑者身上经典但难以描述的快感。正是这一奇特的大脑化学反应，使得诺克斯很快便被跑步这一运动迷住，并最终将自己的职业兴趣由临床医学转向了跑步研究。后来，他完成了 70 多次马拉松和超级马拉松比赛，包括完成了 7 次南非著名的长度为 56 英里的战友马拉松比赛。

与此同时，诺克斯早在实验室里就已开始表现出福斯特所称的“挑战传统”的强烈兴趣。在 1976 年纽约马拉松比赛之前举办的盛大运动学专家大集会上，由于当时是第一次跑步热的风靡时期，大多数学者展示报告的主题都是跑步所带来的难以置信的健康益处。而诺克斯正好与别人背道而驰，他展示出一位有经验的马拉松运动员被心脏病困扰的案例，这无疑是给当时流行的所谓马拉松运动员不会出现动脉阻塞观点的当头棒喝。[3] 1981 年，他又举了一名 46 岁的女运动员埃莉诺 · 萨德勒在战友马拉松比赛中倒在赛道上，并被诊断出因饮水过多而非饮水过少出现低钠血症的事例。[4] 过了 20 年，并出现了诸多死亡事件后，科学界才最终承认运动中饮水过多存在风险。[5]

同年，诺克斯与同事们在开普敦大学生理学系的地下室里成立了专门的运动科学实验室，设备只有一部单人健身自行车和一个快要报废的跑步机。他和同事们开始对运动员进行最大摄氧量测试，他说：“在 1981 年，要想成为一名运动科学家，拥有一部能测试最大摄氧量的机器是必要条件。”但是，诺克斯很快便对使用 A. V. 希尔经典测试方法所得出的结论感到不满。在实验室成立早期的一天，他对田径明星里基 · 鲁宾逊和战友马拉松比赛冠军伊萨维尔 · 罗奇-凯莉进行了间隔少于 1 小时的测试——尽管他们的速度不同，但是他们具有相同的最大摄氧量。因此，诺克斯得出结论：“很显然，最大摄氧量的测试方法并没有什么用处，因为根据测试结果，我们无法看出耗时 4 分钟完成 1 英里跑的男子选手比耗时 5 分钟完成 1 英里跑的女子选手强在哪里。”

在接下来的10年里，诺克斯开始寻找能够预测和测量耐力的更好方法，以及能够解释像鲁宾逊和罗奇-凯莉那样跑到精疲力竭时才从跑步机上下来的运动员所表现出的明显的耐力极限。希尔和他的继任者们只关注了氧气的作用：当你达到耐力极限时，你的心脏便无法再向肌肉输送氧气，或者你的肌肉无法再从血液中汲取氧气。诺克斯于20世纪80年代末首次提出的替代最大摄氧量理论的观点认为，人体的耐力极限可能由肌肉纤维的收缩能力决定，但这一观点后来被推翻了。[6]

20世纪90年代，诺克斯已经成为国际上著名的跑步大师，这与他出版的至今仍有影响力的通俗科普读物《跑步知识》不无关系。这本长达944页的鸿篇巨制于1985年首次出版。[7]1996年，他获得了运动生理学领域的最高荣誉之一：获邀在美国运动医学会年会上进行约瑟夫·B. 沃尔夫纪念演讲。[8]当然，他决定向人们传达的内容是，他们一贯坚持的旧有理论的那座“丑陋无比且摇摇欲坠的大厦”无法得到“经验科学”的支持，而这样的措辞也符合他的秉性。在准备演讲稿时，他从像亨利·沃斯利那样的疲劳致死的罕见案例中顿悟。无论我们的耐力极限是什么，总有一种东西必然会阻止我们超越这一极限。他认为阻碍我们的这种东西便是我们的大脑。

大脑研究的历史从某种程度上说就是一部不幸伤病的记录史。比如1848年，25岁的建筑工人菲尼亚斯·盖奇正在参与修筑一条新铁路，一枚突然爆炸的哑炮将一根43英寸长的铁棍从他的脸颊刺入，从其头骨上方刺出。虽然他能活下来已经是个奇迹，然而更令人震惊的是，这次受伤让他的性格发生了巨大的变化。由于大脑前庭受到损伤，这位曾经礼貌且能干的男人变成了一位粗暴且不值得信任的人：

医生对他的朋友说，盖奇“已经不是原来的那个盖奇了”。[9] 从那以后，我们通过观察大脑不同部位受到损伤后出现的显著变化对大脑如何工作进行了大量的了解——这些奇怪且多令人悲伤的变化被已故神经学家奥利弗·萨克斯细致且体贴地记录下来。

对戴安·范·黛伦来说，第一次癫痫发作发生在她只有 16 个月大的时候，她由于那次癫痫发作时间较长而被送往医院治疗。在医院中被冰块包裹的她抽搐了将近一个小时，然而这件事并未给她留下什么后遗症。长大后的范·黛伦成了一名网球明星，并结婚生子。在 29 岁时她怀上了自己的第三个孩子，然而癫痫再次发作，并在接下来的几年时间里越发严重。在与科罗拉多大学的医生商量后，她决定切除大脑的部分右颞叶，即引发癫痫发作的部分。手术进行得很顺利，癫痫症状也随之消除——然而手术也留下了后遗症。

范·黛伦在接受手术前就发现跑步具有治疗功能。当她感受到“预兆”——能够使她预知癫痫发作的特殊感觉——她便开始到户外跑步，时长有时长达数小时，这通常会帮她抵御癫痫。在接受手术后，她依然坚持跑步，并开始在她位于丹佛南部的住处周边进行距离更远的越野跑。很快，她的跑步距离足以让其他的优秀选手望而却步。2002 年她参加了自己人生中的第一场超级马拉松比赛，一场只有一个对手的距离为 50 英里的越野赛。完成 50 英里比赛后，她又将目标瞄向了 100 英里，即需要耗时数天的育空极地极限长跑比赛。最终，她于 2012 年参加了耗时三周的北卡罗来纳州山海步道越野赛。

在努力打破比赛纪录的最后时刻，范·黛伦的双脚已经伤痕累累，因此她每天不得不靠爬行维持进程。随着她所熟悉的内啡肽麻醉作用的出现，她便可以站立起来将身体的重心移向双脚，然后便开始飞奔起来，一英里一英里地追赶时间。在越野赛第 20 天的中午 12:20，她和向导米尔萨普距离对打破纪录起关键作用的那班下午 1

点开往奥克拉科克的渡轮码头还有4英里，所以他们不得不加快速度。最后，他们赶在渡轮驶离前的数分钟到达了码头，渡轮司机解开了先前困扰他们的神秘“飞机”发出的声响之谜，他感叹道：“那是飓风发出的声音，你们一定是穿越了那些飓风。”两天后，范·黛伦爬上了赛马岭州立公园的一座高85英尺的沙丘，创造了22天5小时3分钟完成该越野赛的纪录。她告诉身边的保障人员说：“这是我这辈子跑过的最艰难的比赛了。”[10]

在《跑者世界》杂志的那篇文章中，在丹佛克雷格医院为范·黛伦做过治疗的神经心理学家唐·格伯认为，脑部手术可能是让她变成一名优秀跑者的原因。他说：“由于黛伦大脑的那一特殊部位受到了损伤，她大脑对疼痛的反应与你我的不同。”

范·黛伦自己却不同意这一观点。她在随后的一篇文章中称：“他们都说：‘啊，太好了，你感觉不到疼痛。’什么？我感觉不到疼痛？我能感觉到疼痛。我只是扛过去了而已。”的确，在北卡罗来纳的那次比赛中，她明显感受到了疼痛。[11]

然而，人们很难不这么认为，即范·黛伦对长距离耐力挑战的感受和大多数人的不一样。由于无法看懂地图或者不能确定自己在比赛中的位置，她不必担心前面所面临的挑战。由于短时记忆力较差，她对已经耗费的体力没有概念。她曾开玩笑说：“我如果在外面跑了整整两周，但是有人告诉我这是比赛的第一天，我的反应会是‘好的，咱们开始比赛吧’。”[12]除了专注于一步步向前跑这一眼前任务，她别无选择。对时间概念的模糊让她不受如何进行配速这一认知挑战的束缚——这一挑战可能对别人来说无异于枷锁。她完全就像龟兔赛跑中的兔子——抛开《伊索寓言》的道德寓意不谈，这为她带来了优势。

要获得对大脑和肌肉之间较量最直观的感受，没有比站在战友马拉松比赛终点更好的观察位置了。在那里，计时器会慢慢指向比赛的 12 小时关门时间。这一赛事是世界上规模最大、历史最悠久且最具影响力的超级马拉松赛事（任何距离超过 26.2 英里的标准马拉松赛都是超级马拉松赛）。[13] 当运动员们跑进海滨城市德班的板球体育场时，他们已经在南非烈日的烘烤下跑过了 56 英里崎岖不平的路程，其中包括让他们股四头肌酸痛的下坡路程，以及让他们肺部灼痛的上坡路程（在奇数年份里，这一赛程路线的起点和终点正好相反，终点设在内陆城市彼得马里茨堡）。

2010 年，我与其他数千名观众一起在该体育场为比赛最后几秒钟进行倒计时，赛事总监在终点就位，背对着即将完成比赛的运动员，而赛事发令官的发令枪则指向天空。为了获得完赛证明并得到诱人的完赛奖牌，选手们必须在象征 12 小时关门时间结束的枪响之前冲过终点。有望完成比赛的选手们会唤起最后的拼搏意志，拖动早已疲惫不堪的双腿进行最后的疯狂冲刺。在枪声响起的那一刻，一名跑者踉跄地冲过终点，时间显示为 11 小时 59 分 59 秒；而他身后几步开外的另一名运动员则撞到了由身材结实的赛事执法官们携手组成的关闭终点拱门的人墙，现场响起一片嘲讽失败者的呼呼塞拉的响声。

《户外》杂志曾派我到南非写一篇关于蒂姆·诺克斯提出的关于大脑角色的反传统观点的文章。而激发我写作灵感的则是美国跑步选手乔希·科克斯，他刚在一场 5 万米的比赛中创造了 2 小时 47 分 17 秒的美国最好成绩。我认为，如果他能够完成比赛，他（和当时也在德班观赛的诺克斯）将会对他所突破的身体极限的本质有更深刻的认识——而如果他失败了，那么我会得到更好的写作素材。比赛的前一天，我们相约出来喝咖啡，科克斯像预言家一样对我说："像这种比赛最不会缺席的就是疼痛。你只能迎接它——说'来啦，我的朋友'。"但是科克斯的希望在比赛刚进行几英里后便破灭了，反复发作的胃痉挛和腹泻让他不得不缓慢地步行前进。我知道马拉松选手可能经常遭遇这种失败，这绝对不是我希望在文章中呈现的关于身体极限的故事（最终该故事胎死腹中）。

然而这次比赛却给了我一个完美的借口去拜访一家现代运动生理学研究机构：第二天我便飞到了南非的另一端，花了一个星期参观了诺克斯位于开普敦大学的实验室。60 岁的诺克斯两鬓斑白，从表达怀疑到高兴时始终会露出他那招牌式的露齿微笑，并在强调自己的观点时习惯性地加上全能的语气词"是"。在他位于四楼的办公室，我可以看到桌山标志性的山脊线，具有博物馆展品收藏价值的体育纪念品——镶框的剪报、签名橄榄球球衣、老旧的鬼塚虎跑鞋等等——挂满了墙壁并填满了一个长长的纪念品陈列柜。我第一天到达时，我们几乎走了四个小时（当我建议我们吃饭时，他略带歉意地对我说："我中午一般很少吃饭，但如果你想吃的话没问题。"），听他回忆"中枢管理机制"理论的起源。

诺克斯在 1996 年美国运动医学会年会的主旨发言中指出，A. V. 希尔的最大摄氧量概念有重大缺陷：身体疲劳并不是心脏无法向肌肉输送足够氧气的结果。相反，他认为心脏本身，或者大脑本身，也可能缺少氧气，并引发严重的后果。他拿出了南非马拉松运动员乔西亚·特赫瓦内在 1996 年奥运会马拉松比赛夺冠后与银牌选手李凤柱绕赛道慢跑的照片，乔西亚以 3 秒的优势在那场比赛中夺冠。诺克斯指着李凤柱说："你们注意到他还活着没？这意味着什么？这意味着他本可以跑得更快。"

但是，如果希尔的氧气理论是错误的话，那么正确的理论应该是什么呢？诺克斯认为大脑肯定在其中发挥了作用。他在 1998 年的一篇论文中借鉴了 A. V. 希尔于 70 年前使用的术语，提出了"中枢管理"这一术语。[14] 但是他的理论还缺少实质性内容。在接下来的十年中，诺克斯与开普敦大学的艾伦·圣克莱尔·吉布森[15]、澳大利亚查尔斯特大学的弗兰克·马里诺[16]，以及他实验室里的学生和博士后合作，逐渐为这一理论丰富了两个关键的支撑性内容。第一，我们在运动中遇到的体力极限并不是肌肉疲劳的结果，这些极限由大脑率先施加于我们，以防止我们出现真正的精疲力竭。第二，大脑施加这些体力极限是通过控制在一定吃力水平下参与的肌肉数量来实现的（我们会在本书第 6 章详细阐述这一细节）。

第一个概念——被诺克斯和其同事称为"预期调节"——有些复杂，所以我们应当仔细阐述它。在诺克斯之前的很长时间里，研究者们信奉的理论认为，大脑能够感知到身体某个部位发出的求救信号，所以等这些求救信号超过一定界限时，大脑就会出面发挥阻止作用。在酷热中运动便是一个经典的例子：如果你在高温室内的跑步机上跑到精疲力竭，你的大脑就会在你的核心温度达到 104 华氏度这一门槛时向肌肉发出停止命令。[17] 诺克斯将这一理论进行了拓展，他认为在现实情况下，比如在酷热中进行 10 000 米跑，大脑在你的核心温度达到 104 华氏度这一门槛很早之前就在发挥作用。你身体的核心温度达到 104 华氏度然后轰然倒下的情况不会发生；你会降低速度，保持某一配速以避免核心温度超过 104 华氏度。

最具争议的观点是，这种配速本能并不是完全自主的：早在你出现真正的生理应激之前，你的大脑就会强迫你降速。在由诺克斯的学生罗斯·塔克主导的实验中，自行车运动员在核心温度刚开始升高时便开始降低速度——关键的一点是，受大脑控制而发挥作用的肌肉数量在这一变化最开始的几分钟内也会减少。[18] 然后，这些自行车运动员便有意识地努力提速（如同报告中所描述的吃力水平那样），但是他们腿部进行收缩的肌肉纤维很少，这正是内在的中枢管理预警功能发挥作用的结果。关于大脑作用的传统观点与拓展之后的观点的不同之处，塔克在我在开普敦访问时告诉我说："用灯光做比喻，传统学者关注的是开灯和关灯的问题，而我们研究的是亮度调控的问题。"

这一激烈的争论很容易让人感到晕头转向。在我访问期间，我花费了数小时与许多学生、博士后和诺克斯的同事交谈，了解到各种各样支持他们有关耐力大脑中心论的证据。比如，历史上很早就出现的那些奇特现象：人们在高海拔地区出现运动疲劳时身体所产生的乳酸盐的数值非常低，而这与希尔的理论预测恰恰相反。[19] 研究者们也不断获得新发现：当你在嘴里含一口碳水化合物饮料，然后将其吐出，你的大脑会被你欺骗，由此让你的瞬间能力得到提升[20]；马拉松运动员在极度脱水的状态下依旧能够创造新的世界纪录[21]；像泰诺林等刺激大脑的药物可以在不对肌肉或心脏产生任何作用的情况下增强身体耐力[22]。

当我询问诺克斯能够支持其理论的最有说服力的一条证据是什么时，他不假思索地告诉我："比赛的最后冲刺。"为什么参加战友超级马拉松比赛的选手们在跑过了艰难的 56 英里后，依然可以完成最后的终点冲刺，从而使得自己在 12 小时内完成比赛呢？传统的生理学认为，在整个比赛过程中，随着肌肉纤维的疲劳损耗和能量储备的消耗，运动员们会变得越来越疲劳。然而，当终点赫然立于眼前时，他们却能够完成最后的加速。显然，在之前的比赛路程中，他们的肌肉还是能够帮助他们加速的，但为什么这一情况没有出现呢？诺克斯说："这表明我们对疲劳的理解完全错了。"一定是大脑在之前的奋力奔跑中对运动员进行了阻挠，而在运动员接近终点，且身体衰竭的危险过去后，大脑又允许肌肉进行加速。

我总是试图基于证据而非道听途说来客观地评价科学理论。但在这一问题上，我同意诺克斯的观点。关于他说的这一现象，我不仅熟悉，而且从某种程度上说是我遇到的最大难题。在我 25 岁左右时，在被伤病困扰数年之后，我开始由 1 500 米转向 5 000 米的比赛。但是每次我进行长距离跑步时，我的配速在比赛的后期下降得很快——使得我在最后一圈时不得不拼命追赶，这让所有人（包括我自己在内）感到十分诧异，为什么我的速度会如此之慢？起初，我把原因归结为经验不足，随后又认为是我的比赛专注力不够。尽管这两种原因或多或少都存在，但是我总觉得有更深层次的原因导致了这一问题。

2003 年在加利福尼亚州的帕洛阿托，在我即将跑出个人最快 5 000 米成绩的那个完美傍晚，我决定采取一种新的心理策略：我会假装在跑 4 000 米的比赛，不去担心我最后 1 000 米的速度是否会很慢。我计划跑每千米的时间为 2 分 45 秒，所以我前三个 1 000 米的时间分别为 2 分 45 秒、2 分 45 秒和 2 分 47 秒。而到了第四个 1 000 米时，我开始发力，全力奔跑——但是我逐渐被大部队甩开了。我第四个 1 000 米的成绩为令人沮丧的 2 分 53 秒。这已经是我当时能跑出的最快成绩了，当我进入最后的 1 000 米时，我的配速已经掉得很厉害了。我高估了自己的实力，于是造成了这个结果。

在大多数跑步比赛中，比赛官员们会在最后一圈 400 米时摇铃提醒你。这好比一种很有帮助的巴甫洛夫暗示，告诉你，你的痛苦即将结束。在斯坦福大学体育场赛道上的那天晚上，当最后一圈铃声响起时，我的大腿又一次感受到了那种奇特又熟悉的变化。我在最后一圈用时大约 57 秒时超过了 10 位竞争者，这最后 400 米的速度比我整个比赛的平均速度快了整整 10 秒。我最后 1 000 米的耗时为 2 分 42 秒，这成为我比赛中的最快 1 000 米成绩——尽管我在还剩一圈时才进行全力冲刺。有一点我必须要强调，我是在比赛的倒数第二圈时才开始拼尽全力的。我的一位观看了比赛的朋友问我，我之所以在比赛后期把速度降低以便能在最后时刻全力冲刺是不是为了引起她的注意。我说当然不是。但是我无法解释其原因，因为我自己也不清楚到底发生了什么。

实际上这种现象不光发生在我一个人身上。诺克斯向我展示了他与塔克和迈克尔·兰伯特在 2006 年发表的一篇文章，该文章分析了现代史上男子 800 米、1 英里、5 000 米和 10 000 米比赛中几乎所有打破世界纪录的运动员的配速模式。[23] 在后三种较长距离的比赛中，他们的配速模式呈现出惊人的一致性：起跑时速度较快，然后这些创造新纪录的运动员便会维持一种稳定的速度，一直到比赛的最后时刻。在比赛最后时刻，尽管他们展示出了个人的最快速度，且他们缺氧的肌肉受到导致疲劳的代谢物的包围，但是他们依然能够加速。20 世纪 20 年代初，在 5 000 米和 10 000 米的 66 场打破世界纪录的比赛中，最后 1 000 米的速度要么是比赛中最快的速度，要么是第二快的速度（低于最开始 1 000 米的速度），只有一场比赛例外。过去我把我不平均的配速归因于个人能力的不足，然而，这些运动员可是历史上处于身体巅峰状态的最优秀运动员，这说明这一配速模式并不是什么失误，而是一种有意为之的选择。

实际上，根据英国埃塞克斯大学的研究者多米尼克·米克尔莱特的观点，配速是运动员本能和个人选择的共同结果。米克尔莱特与一般学者的经历不同，他在高中毕业后便直接在英国皇家海军中服役，当了 7 年的核潜艇潜水员，退役后在伦敦做了 9 年的警察，之后才开始研究体育和运动心理学。他在部队接受潜水员培训时便开始对配速产生兴趣。当时他和其他受训者一起在英国南部海岸的霍西岛进行训练，训练的内容为在水下游泳横渡一个长度为 1 200 米的咸水湖而不能耗光氧气罐中的氧气。他回忆说："如果你因犯规而被逮到了，他们会用船桨敲你的后脑勺，或者会给你扣上水下恐惧症的帽子。"[24]

所以，为了完成训练，显然你要仔细地考虑如何消耗你的能量和氧气，即你要尽可能地节省。

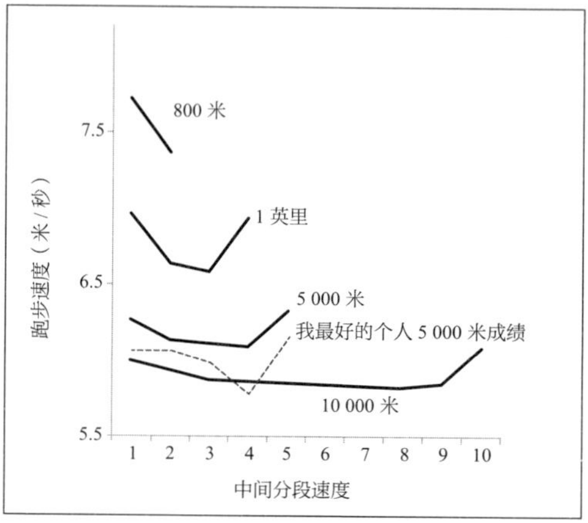

图 3–1　1912 年以来的 134 次创造世界纪录的比赛中的平均配速模式

注：2006 年发表在《国际运动生理学与运动表现期刊》上的一篇文章指出，打破世界纪录的长距离比赛的配速模式呈现出惊人的一致性，都包含着最后时刻的加速。而在距离较短的 800 米比赛中很少出现最后时刻的加速，这一点我们会在本书第 6 章进行探讨。

2012 年，米克尔莱特对年纪在 5~14 岁的 100 名在校儿童进行了一组测试，来评估他们的认知发展，以便将他们对应地分配到瑞士心理学家让 · 皮亚杰所提出的四种发展阶段之一中去；之后他又让这些儿童进行了 4 分钟的跑步比赛。处于较低认知发展阶段的两个组别中年纪较小的儿童在比赛一开始就拼尽全力，并很快筋疲力尽。相反，处于较高认知发展阶段的孩子则采取了与那些知名的世界纪录保持者相似的 U 形跑步策略：起步很快，随后便逐渐减速，最后再进行快速冲刺。换句话说，在 11 或 12 岁的时候，我们的大脑便已经学会预测我们未来的能量需求，并命令身体进行能量储存——米克尔莱特认为这是人类早期进化时形成的保持寻找食物和保存能量之间微妙平衡能力的体现。[25]

并不是所有人都认可诺克斯的观点，即像最后冲刺等配速模式揭示了中枢管理理论的工作方式。比如，在比赛最后，你之所以能够加速，是因为你利用了宝贵但额度有限的无氧能量储备，这种高爆发可以支撑你进行不超过一分钟的短暂冲刺。然而，还有其他的线索表明，最后冲刺不仅仅属于生理表现。

2014 年，来自南加利福尼亚大学、加利福尼亚大学伯克利分校和芝加哥大学的经济学家们研究了 40 年里全世界超过 900 万名马拉松选手的比赛完赛时间。[26] 这些完赛时间的分布看起来像有尖峰叠加的经典钟形曲线。在每个重要的时间界限（比如 3 小时、4 小时和 5 小时）内完赛的选手人数要超过你的预想，而超过该时间界限的完赛选手人数要低于你的预想。以半小时为间隔会出现相似但稍小的尖峰，而以 10 分钟增量为间隔，尖峰则不明显。马拉松比赛有残酷的新陈代谢需求，即你身体现成的能量储备会不可避免地被消耗殆尽，这意味着大多数人在比赛最后时刻的速度会变得缓慢。但是，如果有恰当的动机，某些人可以在最后阶段进行加速——而只有大脑能够对抽象的动机做出回应，比如力争在 4 小时内完成 26.2 英里的比赛。

这些数据中包含一个更加让人好奇的细节：运动员速度越快，他们越不太可能在比赛的最后关头发起冲刺。那些接近 3 小时完赛的运动员中有 30% 的人能够在比赛的最后 1.4 英里发起冲刺；试图在 4 小时内完赛的运动员中有 35% 的人能够发起最后的冲刺；而试图在 5 小时内完赛的运动员中有超过 40% 的人能够发起最后冲刺。对这一现象的一个可能的解释是，在运动员长时间的训练过程中，那些更加努力的运动员逐渐调整了他们的中枢管理设置，他们学会在比赛中尽可能全力以赴，毫无保留。或许这是另外一种较为缓慢的方法，来获得帮助戴安·范·黛伦在比赛中接近她体力极限的那种一直全力奔跑的能力。我曾尝试哄骗自己忘掉自己 5 000 米比赛中的最后 1 000 米的路程；而范·黛伦那让人喜忧参半的天赋则可以使她不需要尝试便能忘记。

中枢管理理论从一开始就饱受争议。在 1996 年发表完演讲后，诺克斯回忆道："人们变得特别生气。"他的言论引发了无休止的争论与反驳，即便是 20 年后这些争辩还在持续。诺克斯于 2008 年在《英国运动医学杂志》上发表的文章声称，信奉最大摄氧量的生理学家们"创立了一套愚蠢的人类运动表现模式"[27]。著名的多伦多大学名誉教授罗伊·谢帕德于 2009 年在该杂志上发表了一篇名为《难道不该抛弃"中枢管理理论"吗？》的反驳文章。在二者随后的交锋中，谢帕德说："按照我北美同事的说法，中枢管理理论的支持者们现在要么拿出真凭实据，要么就请闭嘴吧。"[28]

然而，在诺克斯于 2014 年从开普敦大学退休后，关于他的争议甚嚣尘上。在他关于水合作用的《耐力运动中补水过多的危害》一书中，他指责包括其前同事和合作者在内的世界上大多数知名水合作用的研究者向运动饮料制造商的商业利益屈服。他现在支持低碳水、高脂肪的饮食对健康和运动表现有帮助的观点，这使他摒弃了他在《跑步知识》中的关于营养和碳水化合物摄入的观点。此外，他在推特上建议哺乳期女性应当用低碳水、高脂肪的饮食代替用母乳喂养婴儿的做法把他送上了威胁吊销其医生资质的纪律听证会。[29]

随着这些额外的争议变得风起云涌，中枢管理理论本身在一定程度上淡出了人们的视线。诺克斯的老对手——老一代的生理学家退休在即，他们将永远不会被诺克斯说服。美国运动生理学家协会的创始人之一罗伯特·罗伯格斯在谈到诺克斯的影响时说道："包括我自己在内的大多数年轻一代的运动生理学家都意识到诺克斯提出的一些与传统理论相左的观点是正确的。”大脑是否在决定人类耐力极限方面发挥作用已不再是一个问题，人们争论的焦点在于大脑在其中发挥了多大的作用。

而平息这一争议的一种方法就是在剧烈的运动中窥察大脑内部的状况——然而迄今为止，这是一项不可能完成的任务。考虑到现在大脑成像技术的发展，这一任务目前很难完成。功能性磁共振成像技术可以帮助研究者们以高度的空间精准性观察流向大脑不同区域的血液发生的变化，但是这一技术无法捕捉到在1~2秒内发生的血液变化。同时，你必须让实验对象在强力磁铁形成的空间中完全静止不动——而这对于运动研究来说是一个具有重大挑战的障碍。我在开普敦访问期间，诺克斯向我展示了由巴西研究人员开发的一种鲁布·戈德堡式装置的使用视频，视频中实验对象通过一个10英尺长的传动轴脚蹬一部架设在实验室外部的自行车（金属物品无法与用于核磁共振成像的磁铁放在同一个房间内），而实验对象本身则仰卧在圆柱形的磁铁内，同时他们的头部被垫子紧紧包裹，以保持完全稳定。该实验的最初研究成果发表于2015年，它并不是基于实验对象运动至疲劳状态下得到的，且其得到的大脑活动图像也不清晰。[30]

另外一些研究人员也尝试通过脑电图法，即用安装在头部的电极网来捕捉大脑的脑电活动。[31]脑电图法的优势在于它能够真正地测量出实时的变化，而缺点是它极易受到身体或头部运动的干扰——比如眨眼睛或转动眼球便可能影响测试结果。但通过这一方法，研究人员已经对与疲劳有关的部分大脑区域有了一定的认识（我们将会在本书第12章中对此进行详述），它甚至被用来识别有望进行电刺激的区域，以增强耐力。

但是这些方法不太可能真正地揭示中枢管理的奥秘。塔克告诉我：“关于中枢管理的一个大问题就是它最初被描述成某一个具体的点，仿佛是大脑中进行相关管理的某一个组织，而人们都想要看到这一组织。”但耐力绝不是大脑中某个具体的组织发挥作用那么简单。按照塔克的观点，它是一种几乎涉及大脑的每一片区域的复杂行为，这就使得证明中枢管理成立（或不成立）变成一个异常艰难的抽象挑战。

从根本上说，证明中枢管理存在的最具说服力的途径可能也是人们第一次听说这一理论时脑海中出现的第一个且最显而易见的问题，那就是：你能改变它的设置吗？你能从那些受大脑保护的紧急能量储备中至少获得一些能量吗？毫无疑问，有些运动员可以比其他人获得更多的这种紧急储备能量，而那些携带最多紧急储备能量来完成比赛的选手极度渴望能够更多地利用这些紧急储备能量。但是，这是一个大脑减少参与肌肉数量的下意识决定的结果，还是一种挑战传统观点的耐力大脑中心论所认为的那样，只是简单的一个个人主观意愿的问题呢？

第 4 章　心理疲劳与主动放弃

心理疲劳会增加我们的吃力感并减少我们的耐力。

自马可·波罗时代以来，沿丝绸之路的旅行从未变得容易——塞缪尔·马卡拉于 2013 年完成的从伦敦到北京长达 13 000 英里的摩托骑行之旅也不例外。与马可·波罗不同的是，马卡拉一路上并没有遇到龙或犬脸人身的怪物，但是他和他的伙伴们花了 17 个小时乘坐一艘苏联时期锈迹斑斑的渡轮横跨里海；在土库曼斯坦、乌兹别克斯坦、塔吉克斯坦和吉尔吉斯斯坦遭遇了崎岖不平的道路和不近人情的官僚作风（他打趣地把这四国称为“斯坦国”）；在海拔 16 700 英尺高的青藏高原松软的沙土和泥泞的小路上困难蠕行了整整两周；在他们穿越中国最后的旅程中，他们不得不在受季风影响而被大水漫过的道路上艰难跋涉。糟糕的是，他在乌兹别克斯坦扭伤了一只脚的脚踝，并在离开珠穆朗玛峰大本营的路上摔断了一根肋骨，这使得他在中亚崎岖颠簸的旅程更加痛苦不堪。

从某种意义上说，所有这些压力都是骑行计划的一部分。正是这些不可避免的压力使得来自英国肯特大学耐力研究小组的马卡拉加入了这次由知名摩托车探险公司格罗巴斯特（GlobeBuster）组织的长达 80 天的骑行之旅。在马卡拉的宝马水鸟三黑特别版摩托车的后座上有他的“驮箱实验室”，里面塞满了便携式科学设备，用来每天测量旅途对骑手们心理和身体所造成的影响，而马卡拉自己和另外 13 名骑手便是实验对象：他们使用可吞咽温度计药片来测试身体的核心温度，运用便携式生理信号测试系统来记录心跳和呼吸频率，依靠戴在手指上的血氧定量计来测试血液中的氧气饱和程度，借助握力测试仪来测试肌肉的疲劳程度，采用便携式反应时间测试装置来测试认知疲劳程度，等等。

马卡拉在青少年时期就养成了摩托骑行的爱好。他成长于意大利北部地区，在 14 岁时便完成了人生的第一次长途骑行：从位于米兰郊区的家乡独自骑行了 100 多英里前往靠近瑞士边界的马焦雷湖去看望他的女朋友。他将一张地图贴在了他那辆由意大利梵蒂克公司生产的“骑士”牌排量为 50 毫升的越野摩托车的油箱上，由于年龄小无法上高速，他只好沿着乡村道路骑到目的地。同时，他对无动力摩托车也很感兴趣，并且对长期以来存在的人体耐力之谜也相当着迷。他的专业是运动生理学，早期曾在研究机构马佩体育服务（Mapei Sport Service）担任顾问，该机构为 20 世纪 90 年代和 21 世纪初的一支世界顶级公路自行车队提供先进的技术支持；他还在山地自行车和足球方面发表过论文。同世界其他生理学家一样，他也致力于想方设法提高人体耐力极限的研究。

马卡拉的母亲——他曾半开玩笑地说母亲在意大利男人的生命中扮演着重要的角色——在他职业生涯的改变中发挥着重要的作用。2001 年，他的母亲被诊断出患有血栓性血小板减少性紫癜，这是一种罕见的自身免疫性疾病，会引发全身微细血管内小血凝块的形成。在一次发病后，他的母亲患上了肾病，不得不接受 7 年的透析治疗，并最终换肾。让马卡拉感到疑惑不解的是他母亲和其他有相同症状的病人所忍受的极度疲惫所呈现出来的表面上的主观性，即疲惫程度起伏迅速且无法确定是由身体原因引起的。这让人想起了慢性疲劳综合征等类似让人感到困惑的病症。疲惫的感觉就是让人觉得虚弱，但是按照运动生理学家们从不考虑大脑因素的观点，这一症状似乎无法进行治疗。

这一困惑让马卡拉将目光转向了大脑——为了着手研究大脑，他决定对大脑专家已经认知的领域进行更多的了解。2006 年，他从任教的威尔士班戈大学进行学术休假，随后参加了该校心理系的课程。在接下来的数年时间里，他综合运动生理学、动机心理学和认知神经科学的知识，提出了关于人体耐力的新的"心理生物"理论。在他看来，人们加速、减速或者停止的决定总是自愿做出的，人们并非由于肌肉疲劳而被迫做出决定。换句话说，疲劳的根源在于大脑——这对于摩托车手和马拉松运动员来说都是同样重要的一种深刻见解。在马卡拉丝绸之路的骑行之旅中，他收集了摩托车队队员的精神和身体状况的相关数据，这也是在为他自己的理论收集证据，他认为大脑和肌肉的关系密不可分——这也属于一种耐力大脑中心论，虽然与蒂姆·诺克斯的中枢管理理论相似，但二者又有若干的关键不同之处。

2011 年，我驱车 120 英里从我当时的住地悉尼穿越澳大利亚的蓝山，赶往一个人口稀少的内陆城市巴瑟斯特，这座城市建立于古老的淘金热时期。[1] 当地查尔斯特大学的校园正在举办一场名为"疲劳的未来：定义问题"的国际会议——会议的名字表明了对至今仍困扰耐力研究领域的最基本概念的争论和困惑。一位参会者表示："每次我说'疲劳'一词时，我都会把它放在引号里，因为我实在不清楚它意味着什么。"来自世界各地的科学家在这里提出他们的观点，并花时间讨论解决他们的分歧。而我来参会的主要原因是本次会议的一位特邀演讲嘉宾——塞缪尔·马卡拉。

早在两年前马卡拉就凭借挑战传统观点的心理疲劳研究，不仅在学术界，而且通过《纽约时报》在普通大众之中引起了轰动。[2] 他组织了 16 名志愿者在一部固定自行车上完成一组疲劳时间测试。在其中一个骑行测试进行之前，该组的测试对象会被要求先完成 90 分钟让人产生心理疲劳的电脑任务，包括先观看屏幕闪烁的一系列字母，然后快速敲击相应的字母按键。尽管这不是什么困难的任务，但是要求测试对象精神高度集中——长达 90 分钟的任务足以让他们产生心理疲劳。在另外一个骑行测试进行之前，这一组的测试对象会花同样的 90 分钟观看平淡无奇的纪录片，包括《世界经典火车——威尼斯辛普伦东方快车》和《法拉利的历史——权威的故事》，这些都是被精挑细选出来的"情感中立"的纪录片。

不同的立场导致对测试结果的看法不一样，因此，这些结果或是完全可以预测到的，或根据传统生理学观点，是完全不能被理解的。在完成令人产生心理疲劳的电脑任务之后，该组测试对象在骑行测试中比另外一组测试对象的疲劳时间提前了 15.1%，平均疲劳时间为 10 分 40 秒，而另外一组为 12 分 34 秒。这种结果并不是由可以测量的生理疲劳导致的：两组测试者的心率、血压、氧气消耗、乳酸盐水平和其他的代谢测量结果都是一样的。而骑行测试前的心理问卷调查表明两组测试者的动机水平也相同——表现优异者将获得 50 英镑的奖励。双方的唯一不同是，在骑行测试的最开始，心理疲劳的测试者们就表现出更高的疲劳感。当大脑疲惫时，他们进行自行车蹬骑会感觉更加吃力。

马卡拉采用了柏格度量表来测量疲劳感，该度量表的命名是为了纪念在 20 世纪 60 年代第一次采用此种方法的瑞典心理学家古纳·柏格。尽管该度量表有很多版本，但柏格最初的版本分为 6（“毫不费力”）到 20（倒数第二等级 19 代表非常非常吃力）等不同等级，而该数值乘以 10 则代表了其对应的大致心率。比如，该度量表的 13 到 14 等级对大多数人来说意味着“有些劳累”，而对应的心率则为每分钟 130~140。柏格认为，该度量表远不是作为研究人员心率测试仪没电时的替代品那么简单。他写道：“在我看来，疲劳感是衡量身体疲劳程度的最佳手段。”因为它能够综合肌肉和关节、心血管和呼吸系统、中枢神经系统的各种信息。[3]

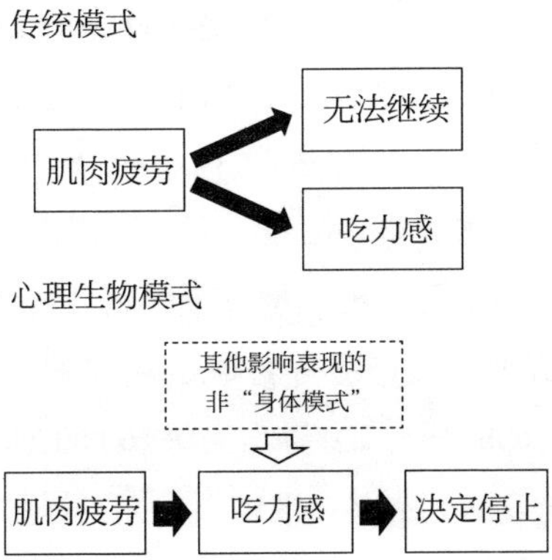

图 4–1　疲劳的传统模式和心理生物模式

注：按照传统“人体机器”的耐力观点（上），肌肉疲劳直接导致你降低速度或停止；吃力感仅仅是偶然产物。按照塞缪尔·马卡拉的心理生物模式（下），吃力是连接身体疲劳和表现的桥梁——这意味着任何能改变你吃力感的事物（潜意识信息、心理疲劳等）都会改变你的耐力，这与你的肌肉状况没有任何关系。

在巴瑟斯特会议的发言中，马卡拉将这一论据进一步完善。他认为，疲劳感——本书中我们称为“吃力感”——不仅代表了你身体其他部分的状况，而且是最终的裁决者，是唯一起作用的因素。如果你感觉不吃力，你可以跑得很快；如果你感觉特别吃力，你便会停下。这听起来有些显而易见，甚至属于赘述，但这是意义深远的道理——因为我们将会发现，我们有很多在不改变我们肌肉的情况下来改变我们吃力感及我们明显的身体极限的方法。最佳的例子就是：心理疲劳会增加我们的吃力感（按照马卡拉的观点，在柏格度量表上增加 1~2 个等级）并减少我们的耐力。因此，当自行车运动员的疲劳感接近最高等级 20 时，他们总是决定放弃；而当处于心理疲劳状态时，他们则会很快接近这一最高等级。

套用“阴阳”理论，如果吃力属于马卡拉心理生物模式的“阴”，那么动机则属于“阳”。我们并不总是愿意逼迫自己达到吃力的最高等级 20，这也是运动员很少会在训练中打破世界纪录或者创造个人最好成绩的原因。在马卡拉的讲话中，他参考了 1986 年法国研究人员米歇尔·卡巴纳克的实验，给出了已成为现代经典的一个展示。[4] 卡巴纳克要求测试者们尽可能久地靠墙静蹲，每静蹲 20 秒可以获得不同数额法郎的奖励。当志愿者们每静蹲 20 秒获得 0.2 法郎的奖励时，他们平均静蹲的时间为 2 分钟；当每 20 秒的奖励变为 7.8 法郎时，志愿者们静蹲的持续时间会神奇地加倍。如果是肌肉疲劳决定静蹲时间的话，那么肌肉如何知道奖励数额变大了呢?

马卡拉自己依靠一组优秀橄榄球运动员通过自行车蹬骑进行的疲劳时间测试展示了相似的大脑控制肌肉的这一事实。[5] 参加测试的橄榄球运动员可获得现金奖励，以确保他们蹬骑到疲惫。他们进行了大约 10 分钟的蹬骑，平均目标功率为 242 瓦，这一数值相当于他们峰值功率的 80%。在他们停止蹬骑后的 3~4 秒钟，他们又被要求进行 5 秒钟的快速蹬骑，用以测试他们在这一时间段能够产生多少能量。令人感到迷惑不解的是，尽管他们声称自己无法再产生 242 瓦的能量，他们却在 5 秒钟的快速蹬骑中平均产生了 731 瓦的能量。这就验证了上文提到的他们停止蹬骑并不是因为他们的肌肉无法产生被要求的能量；相反，研究人员认为，是他们对吃力的感知发挥了作用。

在巴瑟斯特的运动心理学会议上，马卡拉热情洋溢地阐述着自己的见解。在一群大多数身着运动服装的退役运动员中显得格外与众不同的他身着未扎进裤腰的衬衣，下巴胡子拉碴，他随意地谈论着自己打算在此次会议后沿澳大利亚大洋路进行摩托骑行的计划。随后他展示出最近的一篇论文中包含的一张描述耐力疲惫传统模式的复杂幻灯片——一张包含 44 个不同文字框的流程图，包含从心率到“线粒体密度 / 酶活力”等的不同内容。然后，他将这张流程图与广义相对论和量子力学的方程式进行了比较。[6] 他解释说：“物理学家们用两个理论就解释了全宇宙，尽管他们对此并不高兴。而耐力表现虽然很复杂，但是绝对没有整个宇宙复杂。”

马卡拉认为，这一简单的新理论就是，任何能够改变你大脑中“吃力刻度盘”的事物都可以对你能够跑多远或跑多快造成影响。所有常见的身体提示——脱水、肌肉疲劳和心跳加快——都能够影响吃力程度。运动员们会对他们的身体进行训练以适应这些身体提示，经过一段时间，维持某一速度跑步的吃力感就会降低。但是一些不明显的因素，比如心理疲劳，也能够影响跑步的吃力程度——比如，维持数小时的马拉松配速会让大脑变得相当疲惫。马卡拉在会议上根据这一现象提出了一个激进的观点：如果你能够训练大脑使之更加适应心理疲劳，那么，如同身体一样，大脑将会变得更加适应马拉松配速，使得维持这一任务变得更加容易。他说：“我能够洞悉表面上看起来很疯狂的事物。如果我告诉你，好的，我会让你坐在电脑前通过键盘操作而提高你的耐力表现，你会认为我疯了。但是，如果某一任务能够使你疲劳，而你会长时间系统地重复该任务，那么你将会适应该任务并表现得更好。这就是身体训练的基础。所以，我的推理很简单：

我们能够利用心理疲劳取得（与身体训练）相同的效果。”

由于这听起来是一个令人意想不到的大胆预测，我在马卡拉发言后的会议休息间隙截住了他来获取更多的信息。他正在设计一个测试“大脑耐力训练”——数周从事令人心理疲惫的电脑任务——是否能够在不改变身体训练的前提下让人们跑得更快的实验。我恳求他告诉我更多细节，并提出我是否可以尝试一下这些任务的要求。他耐心地回答了我的问题，然后警告我说：“参与这些心理疲惫研究的人在测试最后都会痛恨研究人员，因为这些测试真的令人痛苦。”

1889 年 6 月，随着都灵大学的学期渐近尾声，生理学家安吉罗·莫索在其他教授举行他们的年终口语考试之前和之后对他们进行了一系列实验。[7] 他将两千克的重物系到一根绳上，并要求教授们每隔两秒钟通过弯曲中指来举起和放下该重物，然后通过电流刺激来迫使其中指收缩继续这一任务。教授们在对他们的学生进行了三个半小时的提问后，其中指的收缩次数要明显少于考试举行之前——这清晰地表明，“智力劳动”降低了他们的肌肉耐力。

莫索得出的结论于 1891 年被收集于一份名为《疲劳》的有影响力的文本中，这也是人们第一次对心理疲劳所产生的身体影响进行科学展示。如同后来的疲劳研究学者 A. V. 希尔和戴维·布鲁斯·迪尔一样，莫索的研究动力来自对工业中工作条件的担心。莫索自己也属于工薪阶层，他的父亲是一名贫穷的木匠。而硫黄矿场和西西里岛农场中的工作条件，尤其是童工的工作条件非常差，“甚至比奴隶的劳作条件和地牢的环境都差”。他认为，就像心理疲劳能够削减体力一样，身体疲劳也会阻碍工作时间过长的童工的心理发育，这就是为什么“那些幸存下来的童工变得穷凶极恶、道德败坏和残酷无情”。通过对疲劳影响的缜密测量，他希望推动立法来保护这些弱势群体——比如，限制 9~11 岁的童工每个工作日的工作时间最多为 8 小时。

与 120 年后马卡拉的研究结果不同的是，莫索的心理疲劳研究在当时并没有特别令人震惊。他在“人体机器”的观点还未确立之前就提出了自己的研究结论，所以他认为意志力和肌肉力量对身体表现的作用同样重要的结论看起来很自然。随着时间的推移，莫索的观点被大部分人遗忘，并且关于大脑在耐力中所扮演角色问题的讨论也从运动心理学教科书中被移除。[8] 而研究该问题的火炬则被传递到了从 19 世纪末期开始将研究重心转移至运动领域的心理学家的手中。[9]

印第安纳大学心理学家诺曼·特利普里特在 1898 年的一项研究中探讨了自行车运动员在与他人一起骑行时的速度要快于独自骑行时的速度这一现象，这一研究通常被看作运动心理学作为一门独立学科登上历史舞台的标志。[10] 除了提出降低风阻的空气动力学——特利普里特对“吸力理论”和“保护理论”的总结——他还运用包括“大脑忧虑”在内的心理学解释来研究大脑和肌肉的联系，并认为重负荷运动会使血液“中毒”，这会“使大脑麻木并减弱它对肌肉的指挥能力和刺激能力”。他甚至认为跟骑在另外一名自行车手身后的选手会受到在他前面转动的车轮的影响，使其“肌肉兴奋”，从而提高骑行能力。然而运动心理学领域一开始并没有出现迅猛发展：美国第一所专门用于运动心理学研究的实验室于 1925 年成立于伊利诺伊大学，但由于缺乏关注和资金被迫于 1932 年关闭。但是到 20 世纪下半叶，运动心理学已经作为一门正式的二级学科被建立起来，并拥有了关于大脑在耐力中作用的完整独立的知识体系。

20 世纪 90 年代，我还是一名大学生，我们的田径队不以为然地参加了一位运动心理学家给我们介绍的一系列帮助提高成绩的方法的小组讨论，这些方法包括可视化方法、放松法等。我们记住了为阻止在比赛中可能出现的消极想法而开展自我鼓励的 5 个步骤：认识

（Recognize）、拒绝（Refuse）、放松（Relax）、重塑（Reframe）和继续（Resume）。这是当运动员在长时间艰苦跑步训练中配速下降严重时，我们可以对他们大喊的口号。我们当时将这些方法当作笑话来看。没人会在实际中认真尝试这些方法——因为我们知道胜利就是将大多数氧气输送给最适合的肌肉的直接结果。

身为运动心理学家的马卡拉希望利用他在职业生涯中期的学术休假中所从事的心理学研究来解决心理学和运动心理学之间的分歧。他认为，能够真正被广泛接受的耐力理论应该可以用同一理论框架来解释，精神和身体因素——比如自我鼓励和运动饮料——如何影响身体的表现。在他提出的心理生物模式中，传统的运动心理学方法和实际的生理学结果之间的联系突然显得很有道理。毕竟，对吃力的感知——马卡拉心中耐力的真正掌控者——从根本上说属于心理学概念。

比如，在由曼海姆大学和伊利诺伊大学的心理学家们于 1988 年所做的著名实验中，志愿者被要求用牙齿咬住一支钢笔，就像狗咬住一根骨头那样，这一动作会使用到控制微笑的肌肉群；或者被要求用嘴唇夹住钢笔，仿佛他们在吸一根吸管一样，这一动作会使用到皱眉的肌肉群。然后，他们被要求评价卡通片《在远处》的搞笑程度，评分等级为 1~10 分。果然，那些评价该片搞笑程度更高的志愿者是那些保持（某种程度）微笑的志愿者，他们给出的搞笑程度分数比另外一组志愿者的高出约 1 分。这就阐释了被人熟知的最早由查尔斯·达尔文提出的“面部反馈”假设：如同情感能够引发身体反应一样，身体反应也能够扩大甚至引发相应的情感。相关实验还将这一发现应用到诸多相关的心理状态中：比如微笑能够使你高兴，同时它能加强安全感，以及加强更深层次的认知舒适度；而后者是与吃力紧密联系的概念。[11]

这也适用于运动时的吃力情况吗？马卡拉使用肌电图记录了测试对象在举起重物时腿部肌肉或骑行时面部肌肉的活动情况，发现测试对象所报告的吃力感和皱眉肌肉活动情况之间在剧烈运动时存在强烈的联系。[12] 随后中国台湾的研究人员所从事的一项研究也发现，负责咬紧牙关的肌肉与吃力情况之间存在联系。[13] 因此，教练们长期以来在指导运动员时一直告诉他们“放松面部”或者“放松下巴”并不是偶然之举。面部放松理论最著名的支持者之一就是传奇短跑教练巴德·温特，他在第二次世界大战训练飞行员时精进了他的相关理念。[14] 1959 年，他指着一名飞奔而过的运动员，对一名采访其训练的《体育画报》记者说：“看他的下嘴唇，如果他的下嘴唇处于放松状态，并在跑步时上下抖动，那么他的上半身便处于放松状态。”然后温特亲自演示了跑步时最佳的面部表情。他弹了下自己处于放松状态的下嘴唇说：“就像这样，脸部必须放松。”

正如马卡拉的一次著名实验表明的那样，事实上，微笑和其他面部表情能够造成更不易被察觉的影响。在他与班戈大学的同事安东尼·布兰奇菲尔德和詹姆斯·哈迪一起进行的实验中，他们雇用了 13 位测试者，按照事先规定好的速度测试他们能在一部固定自行车上蹬骑多长时间。尽管这种测试疲劳时间的方法是测试体力极限的被广为认可的做法，但是这次实验也包含了一些隐藏的心理内容。在测试者们蹬骑时，他们前方的屏幕会以难以察觉的 16 毫秒的时间间隔播放笑脸或哭脸，这种时间间隔比一般人眨眼的时间要快 10~20 倍。面对哭脸的测试者们平均蹬骑的时间为 22 分钟。而那些面对笑脸的测试者平均蹬骑时间要长 3 分钟，并且在相应的时间节点上的吃力程度更低。即便是无意识地看到一张笑脸，也会减轻你在进行蹬骑自行车等运动时的吃力感。[15]

有了这些测试结果，认为运动心理学也能影响人们吃力感的观点看上去就不再那么牵强了。为了证明这一观点，马卡拉和他的同事们进行了一个简单的自我鼓励干预测试——这正是我和我的队友们在20年前嘲讽的方法。[16] 他们找到了24位志愿者来完成自行车蹬骑疲劳测试，然后简单地培训了其中一半的志愿者，教会他们在两星期之后的另外一次测试中如何进行自我鼓励的方法。这些使用自我鼓励方法的志愿者在测试前就学会了使用某些鼓励语（比如"感觉不错"），在测试中或训练中又学会使用另外一些鼓励语（比如"坚持下去"），他们在训练中反复练习使用这些鼓励语，以找出哪些可以让他们感觉舒服和有效。果不其然，在第二次测试中，进行自我鼓励的志愿者的骑行时间比没有进行自我鼓励的志愿者的长了18%，且前者的吃力感在整个测试过程中上升得很缓慢。如同微笑或皱眉一样，你脑海中的话语也具备影响它们被认为能够影响的那些感觉的能力。

随着马卡拉和他的骑行同伴们穿越欧洲和中亚，他们的身体素质也变得越来越好：体重减轻，握力增加，且有氧耐力增强。但是他们也变得越来越疲劳。在每天骑行开始和结束的时候，马卡拉都会对队员们进行思维警觉性测试，队员们会根据一系列不规则的灯光闪烁来快速按下一台小型手握测试仪上的按钮以测试他们的反应时间。平均来说，他们的反应时间从早上的300毫秒会增加到经过9个小时及以上骑行之后的350毫秒——如果你在山路上经常通过视线被遮挡的弯路或者躲避在路上散步的山羊，那么这种反应时间大幅增加的现象便会出现。在他们穿越青藏高原时，这种反应时间的增幅最大，那里稀薄的空气让队员们的心理疲劳更加严重：平均每天骑行结束时所测的反应时间为450毫秒。

幸运的是，马卡拉自己有一个有效的应对方法。他摩托车的驮箱中存放着一些军用能量口香糖，这种口香糖中含有能被口腔内壁迅速吸收的 100 毫克咖啡因。而马卡拉携带的这些口香糖中一半含有咖啡因，另一半则为不含咖啡因的替代品。每天午饭过后，马卡拉会咀嚼 6 块口香糖，由于事先做了准备和伪装，马卡拉自己也不清楚每天咀嚼的口香糖中是否含有咖啡因。当他在骑行之旅结束后整理数据时发现了令人惊诧的结果：在咀嚼含有咖啡因的口香糖的日子里，他每天开始和结束时测试的反应速度下降的现象完全消失了。

咖啡因使人振奋的功能严格意义上说已不算一个秘密——不用说咖啡了，咖啡因药片已经成为运动员中最广为使用的合法运动补充剂。但是马卡拉得到的结果说明一切都归结于对疲劳的感知。[17] 关于咖啡因如何增强力量和耐力的问题存在着几种解释。一些人认为，咖啡因会直接加强肌肉收缩；还有人认为，咖啡因会强化脂肪氧化来提供额外的代谢能量。对马卡拉而言，最有说服力的解释就是咖啡因能够关闭大脑中腺苷存在的接收器，而腺苷是一种与心理疲劳息息相关的“神经调节物质”分子。换句话说，抑制了心理疲劳，就能够降低你的疲劳感，使你能够更彻底和更持久地运动。

马卡拉认为对摩托车骑行的要求看上去可能与一般的耐力测试相去甚远，然而这些要求可能与对士兵们的要求非常相似。在这两种情况下，你必须保持高度且持续数小时的精神集中，同时身着沉重和透气性差的装备从事中等强度的活动。对二者而言，微小的疏忽就可能造成致命的后果。从咖啡因口香糖到“大脑疲劳测试”，马卡拉研究的大部分资金来自英国国防部，后者对对抗精神和身体疲劳的方法很感兴趣。

与对探险摩托车手和士兵所要求的持续注意力紧密相连的另外一个认知过程叫作“反应抑制”，即能够有意识地克制冲动的能力。这是斯坦福大学心理学家沃尔特·米歇尔在 20 世纪 60 年代末从事的著名的“棉花糖测试”中测试的技能之一。[18] 在该实验中，学龄前儿童面临两种选择，一种是可以马上得到一块棉花糖，另一种是等待 15 分钟之后可以得到两块棉花糖。之后，经过数十年的跟踪记录，研究人员发现，那些选择第二种方案的儿童以后的考试成绩更好，受教育程度更高，并有较低的体重指数。另外一些研究也证明，低反应抑制与一些包含离婚甚至吸毒在内的高风险结果存在联系。

没人核实过在实验中那些赢得两块棉花糖的孩子是否更有可能成为耐力运动员冠军——他们应该没有问题。对于摩托车手和士兵们来说，抑制冲动很重要，因为他们必须克制走神的冲动，而这一问题对于马拉松运动员和其他耐力运动员来说也是一个相同的挑战。我们想一下：如果你将手指放进蜡烛的火焰中，你本能的反应是在手指感受到灼热之前将其收回来。在耐力运动中接近自己体力极限的精髓就是要学会克制这种本能，这样你就能将手指放到离火苗更近一点儿的地方——然后保持不动，持续时间不是几秒，而是几分钟，甚至数小时。

马卡拉和他的同事们在 2014 年的一次实验中对这一想法进行了测试，他们采取被称为“斯特鲁普任务”的方法让测试对象的反应抑制难度大增。[19] 这一实验的内容为：电脑屏幕上会出现以各种颜色显示的词语，测试主体必须根据词语的颜色按下相应的按键。而比较难的是，词语本身的意思也与颜色有关：你可能看到用蓝色显示的“绿色”一词，你不得不抑制住你按下绿色而非蓝色按键的最初冲动。在这一研究中，测试主体会完成两遍任务：一遍是词语和颜色不符，这就要求进行反应抑制；另一遍是词语和颜色相符，以用于做比较。在这两种情况下，执行完 30 分钟的该认知任务后，测试主体们被要求在跑步机上以最快的速度完成 5 000 米跑。

测试结果很清晰。即便是测试主体并没有意识到出现了心理疲劳，在完成需要反应抑制的那组测试后，他们后来 5 000 米跑步的初始速度还是慢一些，且在整个跑步过程中的吃力感要高一些，完成时间要慢 6%。这表明反应抑制绝对是影响耐力的一个重要心理因素——且这种反应抑制相当于一种有限的资源，你如果消耗过多的话，它就会出现短缺。将手指伸向火焰（或者集中注意力完成复杂的电脑任务）都会产生心理上的吃力感，这种吃力感和我们跑步时产生的吃力感一样是真实存在的。

长期以来，人们一致认为最优秀的运动员一定是大脑发达且肌肉强健的。而反应抑制为我们提供了测试这一观点的方法，这也是堪培拉大学和澳大利亚体育学院的研究人员和马卡拉合作进行测试的原因。他们找到了 11 位优秀的专业自行车手，将他们与 9 位受过训练的业余自行车手进行比较。所有志愿者都要完成两组 20 分钟的骑行测试，一组是在完成耗尽他们反应抑制能力的 30 分钟的斯特鲁普任务后骑行，为了做比较，另一组是在盯看 10 分钟的白色背景屏幕上的黑色十字架之后骑行。

他们得到的第一个有趣的结论是，那些职业运动员在斯特鲁普任务中的表现更加出色，他们在 30 分钟的任务中平均完成了 705 个正确反应，而业余运动员则仅给出了 576 个正确反应。换句话说，在那些能够将专业运动员与普通大众区分开来的可测量特点的名单上——除了心脏的大小、为肌肉提供养分的毛细血管数量、乳酸阈值等——我们还可以加上反应抑制能力这一条。[20]

他们得到的第二个有趣的结论是关于这些自行车运动员在完成需要反应抑制的斯特鲁普任务后在计时赛中的表现。业余选手们的心理由于被该任务弄得疲惫不堪，他们之后的骑行速度比第二次的表现要慢 4.4%。而职业选手们的速度则没有降低。他们能够抵抗住心理疲劳造成的影响，至少 30 分钟的斯特鲁普任务造成的心理疲劳无法影响他们，他们在完成该任务之后的骑行速度与平时并无二致。

有两种方式可以解释这些发现。其一，这些职业选手天生就有超强的反应抑制能力和抵抗心理疲劳的能力，这也是他们能够成为优秀运动员的原因之一。其二，经年累月的训练帮助了他们的大脑抵抗心理疲劳，这一点与其身体能抵抗身体疲劳同理。那么，哪种方式能真正说明问题呢？我倾向于两种方式都有道理，一些现存的证据支持这样一种观点，即这些能力既是先天的，又可以在后天通过训练来提高。然而这又提出了一个真正有意义的问题：加强心理耐力的最好方法是什么？马卡拉在 2011 年巴瑟斯特会议上提出了自己的观点，即像斯特鲁普任务那样特殊定制化的不断重复的认知挑战，能够完成"大脑耐力训练"，给运动员提供帮助。我在本书第 11 章会提到我曾访问肯特大学的一个大脑训练营，然后我连续 12 周一边尝试一种心理耐力训练方法，一边准备一场马拉松比赛。马卡拉在军方的资助下也进行了一系列有关该种方法的测试——初步结果表明他会得出一些重要结论。

本章提到的研究清楚地表明我们无法在不考虑大脑和吃力感的情况下去谈论人体耐力极限。但是这些研究也不一定表明马卡拉的心理生物理论是正确的。实际上，不是所有人都认为马卡拉的理论属于创新。2010 年，当我询问蒂姆·诺克斯对马卡拉理论的意见时，他不屑地称其与自己的中枢管理理论并无太大区别，他说："我们二人的理论的唯一区别是，他有意地提出，所有都是被有意识地控制的。"

有意识和无意识之间的区别成为两种理论支持者之间激烈争吵的关键点，但是二者的差异并不像它们看上去的那么大。马卡拉的确认为加速、减速或者停止的决定总是有意识或自主为之的。但是他同时也承认，这些"决定"也可以由高度的吃力感强加于你。重要的是，很多你无法察觉到的因素也可以影响这些决定，关于这一点，马卡拉在自己的实验中用那些不易被察觉的图片证实过。另外，诺克斯和他的同事们对吃力、动机、有意识的决定等因素的重要性并不怀疑。当你进行马拉松比赛时，并不是中枢管理机制阻止你在前 100 米进行全力冲刺（这一事实已被很多一开始便全力冲刺但后来为此付出代价的热情的马拉松选手展示）。

但是诺克斯的理论和马卡拉的理论的确存在某些根本性差异，这些差异在身体真正精疲力竭时最为明显——而这是一种大多数人很少会遇到的情况。想象一下，人们去健身房跑步时将跑步机的速度调成每小时 10 英里，并决定尽自己的最大努力去跑。对大多数人而言，做出停下来的决定完全是自愿的，这就是吃力感超出了他们愿意承受的范围的简单例子。但是，如果你正在完成奥运会马拉松比赛的最后一英里，而且你旁边是和你竞争金牌的对手，那么我们很难接受第一位放弃比赛的选手是因为过于吃力或者坚持下去的动机不够强烈这样的说法。诺克斯会认为，在这种情况下，运动员的大脑会替代他的有意识的意愿，减少肌肉运动，以避免给重要的身体器官造成伤害——尽管这一过程并不只是无意识的，但是它与运动员有意识的决定相矛盾。对于每个认真比赛的运动员来说，后一种解释听起来更合理。

当然，另外一种情况则是你付出了最大努力且受到巨大动机的驱使将自己逼到了通常我们所理解的身体极限——如同 A. V. 希尔在一个世纪前认为的那样，让你在奥运会比赛最后的一英里路程上折戟沉沙的是肌肉疲惫或者身体达到了供氧极限。当我 2009 年第一次开始策划写本书的时候，我写作的重心是蒂姆·诺克斯，以及他的观点是如何颠覆传统的耐力身体中心论观点的。后来，我发现了马卡拉的研究，并意识到在不考虑心理学的前提下，任何对耐力的解释都是不完整的。于是，我又进一步展开了相关研究，并认识了一些既不赞同诺克斯的观点又不赞成马卡拉的观点的心理学家，这些人依旧相信人类耐力是由心脏、肺和肌肉决定的，这些人中就包括埃克塞特大学的心理学家安德鲁·琼斯，他帮助女子马拉松运动员保拉·拉德克利夫打破了马拉松世界纪录，其领导的“破 2”实验室的数据表明埃鲁德·基普乔格能够在 2 小时内跑完马拉松。同时我发现，这些研究者也有强大的证据来支撑他们的观点。

那么到底谁才是正确的呢？简单地说，科学家们现在正在对此进行激烈而又有些残酷的争论，目前尚无定论。在我看来，这些争论持续的时间越长，就越让人感兴趣。如同上文在跑步机上跑步和奥运会比赛对比所展示的那样，答案因具体情况而异。在本书的第二部分，我们会探讨一些包括疼痛、氧气、高温、口渴和能量如何在不同的情况下决定你身体极限的因素。我们会遇到一些符合诺克斯观点的情况，比如，即便你没有将运动饮料喝下，它也能加强你的耐力。我们也会探讨一位惊慌失措的母亲是否能够将一辆压在她孩子身上的汽车抬起来的事例。我们会看到当脊椎注射暂时去除大脑对身体极限的束缚，允许运动员将其肌肉功能发挥到极限时会发生什么——这一梦想大多会造成噩梦般的影响。

破 2

2016 年 11 月 30 日

一名流浪汉正躺在一栋建筑的门口睡觉，他将破旧的棕色睡袋的拉链一直拉到鼻子处来抵御寒风。他的头边整整齐齐地放着与他身份不相符的一双崭新的配着荧黄色鞋带的色彩鲜艳的耐克训练鞋。我告诉自己，这就是波特兰的特色。我折身慢跑回位于几个街区之外的市中心酒店，冲了个澡，然后与戴维·维利一起前往耐克总部干净整洁的超级训练营，去一睹耐克公司究竟是如何计划提前半个世纪取得我所预测的马拉松比赛成绩的。

我们很快就意识到耐克公司的这一“破 2”项目并不仅仅是其营销部门的心血来潮。我们通过安检进入了耐克运动研究实验室——我们的陪同人员迫不及待地告诉我们，今天到场的绝大多数耐克员工都无权进入该实验室——在走廊的尽头，我们看到了一幅有两条塑胶跑道那么宽的巨大壁画。上面用记分牌上的像素字体呈现出“1：59：59”。大约 20 位工作人员花了接近两年的时间来为该项目做准备，而耐克公司不愿意透露该项目的总花费，但可以肯定的是，该项目的总花费即便没有达到数千万美元，也有数百万美元。[1]

那么，支撑这一“破 2”计划的科学依据是什么呢？凡是人们能想到的方法，他们都愿意去尝试。在后面进行的一系列一直持续到傍晚的会议上，我们听耐克公司顶级生理学家、生物力学家和产品设计师们阐述了如何尽自己最大的努力利用疲惫不堪的肌肉继续跑额外的哪怕几英寸的距离。一些疯狂的想法或许出于仁慈的考虑被事先剔除了——包括让运动员的胳膊紧紧贴在身体两侧，以便在跑步中节省无谓的运动和能量消耗。对使用特制弹力悬带的优秀跑步运动员马特·特根坎普的测试展示出了显著的效率提升。但该实验室主任马修·纳斯告诉我们：“马特不愿意使用悬带，因为它看起来像《活宝三人组》某一集里的道具。”同时，鞋类团队正在思考设计轻便的“马拉松钉鞋”，包括一双为了减轻重量而将鞋后跟完全去掉的钉鞋。但是这种理念产生了一个后果，那就是任何穿了这双鞋的运动员都会对它极其厌恶。

最后，专家们集中列举出了 5 个关键方面：挑选出最优秀的运动员，优化跑步路线和环境，进行最科学的训练，进行最正确的能量和水分补充，以及装备最先进的跑鞋和运动服。他们对这 5 个方面一一进行了阐述以告诉我们，他们将如何把丹尼斯·基梅托所创造的 2 小时 02 分 57 秒的马拉松成绩提高。在某些情况下，他们所做的改进的确微妙至极。摒弃松垮的运动服而穿紧身运动服，在运动上衣上增加带纹理的凹痕，以及在小腿上贴上符合空气动力学的胶带。对马拉松运动员服饰的改进可能会让运动员在整个马拉松比赛中的成绩提高“1~60 秒”。服饰生理学家丹·贾德尔森告诉我：“即便只提高 1 秒，那也将是非常有意义的事情。如果我们什么都不做，而运动员却跑出了 2 小时 00 分 01 秒的成绩，那我们会非常懊悔。”

而我所获知的最大改进则来源于两个方面。第一，他们研制出了一双新跑鞋，该鞋的鞋底厚度超出了人们的想象，并配有由高级的泡沫制成的缓冲垫，这双鞋成了有史以来重量最轻、弹力最好的跑鞋。鞋底还嵌有一个带弧度的碳纤维板，用以增加鞋底的硬度，避免过多的能量流失，防止运动员像踩在棉花上一样跑步。在科罗拉多大学悄悄进行的户外测试表明，该鞋能将运动员的跑步效率平均提高4%[2]——这一惊人的提高足以让该鞋在公开发布时引起激烈的争论。人们不相信这种提高的真实性，或者如果他们相信，他们也会认为这种跑鞋应该被禁止使用。但是就目前而言，该鞋并没有违反任何现存的规则——而我自己也第一次开始认真地思考，耐克公司的这一项目真有获得成功的可能性。

第二大显著的提高便是在降低风阻方面。我在 2014 年的分析中指出，即便是在完全无风的天气，克服空气阻力也会使全程马拉松比赛的成绩提高 100 秒。[3] 这虽然看起来有些牵强，但你要知道，马拉松运动员要维持的配速为每英里 4 分 35 秒，对我们大多数人而言，这一速度相当于一直在冲刺。20 世纪 70 年代的研究就已经表明，直接跟在一名运动员身后跑步，能够减少大部分风阻的影响，但是在实际情况中，我们很难紧紧地跟在一个人身后以消除风阻。[4] 要保持在 2 小时内完成马拉松比赛的配速，你需要一名领跑者，最好是几名领跑者——其本身也得具备在 2 小时内跑完马拉松的实力，因为世界纪录的规定不允许有新的领跑者在比赛途中加入领跑队伍。而耐克公司的方案是：放弃取得让官方承认比赛成绩的这一想法，这样就可以准备一大队领跑者在比赛中互相轮换进行领跑，以便帮助被选中的那个运动员完成比赛。

当然，如果被选中的运动员本身不具备跑出接近世界纪录成绩的水平，那么上述努力都将白费。所以，耐克公司的“破 2”团队与包括安德鲁·琼斯在内的外部专家级顾问一起花了 18 个月，将世界上最高水平的马拉松运动员带到了耐克实验室进行测试，测试的内容包括三个关键参数——最大摄氧量、跑步经济性和乳酸阈值，这也是迈克尔·乔伊纳在 1991 年强调的三个参数。

琼斯是一位注重衣着且彬彬有礼的威尔士人，他最被人熟知的成就可能就是与伟大的马拉松运动员保拉·拉德克利夫的合作了，当时拉德克利夫还只是个青少年，而琼斯则是一位研究生。2002 年，当拉德克利夫在准备她的第一场马拉松比赛时，琼斯鼓励她朝着 2 小时 18 分的成绩努力——这是一个大胆的目标，要知道当时的世界纪录是 2 小时 18 分 47 秒。后来她在伦敦跑出了 2 小时 18 分 56 秒的成绩；同年晚些时候，在参加芝加哥举行的马拉松比赛前，琼斯预测她能跑进 2 小时 17 分，结果她跑了 2 小时 17 分 18 秒。转过年的春天，她的实验室给出的数据表明她能跑进 2 小时 16 分——结果她在伦敦跑出了 2 小时 15 分 25 秒的成绩，这至今仍是女子马拉松比赛的世界纪录。A. V. 希尔一定会为此感到骄傲。

琼斯与拉德克利夫的合作给了他——我在俄勒冈州的比佛顿聆听了他的讲座之后也给了我——用跑步机来预测看似不可能的结果的信心。但是他们也强调了其他的一些必须要考虑的无形因素。比如，琼斯说："她的'拼命三郎'的精神是出乎意料的。"除了跑步机测试、赛道跑步测试和对运动员比赛史的详细分析，耐克的"破 2"团队也进行了更多的对运动员内在本能的评估。他们考虑了运动员的气势、应对挑战的反应、其他有助于目标完成或失败的态度和想法等因素。

他们挑选的三位马拉松选手都抵达了比佛顿等待进一步测试和参加为准备"破 2"项目而进行的相关训练。对这三位选手的选择既让人感到平常又让人感到意外。32 岁的埃鲁德·基普乔格是现役奥运会马拉松冠军，也是人类历史上速度第三快的马拉松运动员，目前被公认为是最出色的马拉松选手。34 岁的厄立特里亚运动员泽森内·塔德塞是世界半程马拉松（后文简称“半马”）纪录的保持者，早期的一份研究将其看作实验室测试出来的效率最高的运动员之一。26 岁的埃塞俄比亚选手勒利萨·德西萨是两届波士顿马拉松比赛冠军，被认为是适应激烈比赛的顽强选手。

在接下来的几天内，我们观察了科学家团队对这些运动员的测试。他们每个人都身着短裤和背心，单独在一间温度设定在 50 华氏度的低温房间内进行跑步测试，8 个无线温度计被粘贴在他们身体的不同部位，以测试他们对真正比赛那天的低温的反应情况。每位选手都尝试了新版跑鞋的不同版本，而科学家们则借此测试他们的跑步效率，并针对不同的运动员设计出不同硬度的碳纤维鞋底板。当基普乔格在跑步机上夸张地做出用脚尖站立的动作时，一位科学家团队成员则绕到跑步机后面，以便在必要的时候亲自观测。这是基普乔格第二次在跑步机上跑步（第一次是在内部选拔赛上），看到他笨拙的样子很容易让人联想到小鹿斑比在冰面上摇摇晃晃的场景。琼斯后来透露说，基普乔格的实验室数据非常平庸，可能是因为他不习惯在跑步机上跑步。但考虑到他是奥运会马拉松冠军，所以他们决定忽略基普乔格的实验室数据。

由于语言不通，我们很难明白塔德塞和德西萨的真实想法。通过翻译，他们坦诚地回答了所有问题，但是到最后我们真正感受到的是，他们一致认为 2 小时跑完马拉松比赛非常难，但是在耐克公司的帮助下（或许是重赏之下，必有勇夫），他们愿意去尝试。而英语流利的基普乔格则给人完全不同的感觉。尽管他说话轻言轻语，使你不得不前倾身子去仔细聆听，但是他的话语、举止，以及我和戴维后来一致同意的他身上所散发出来的气场，展示出一种真诚而又冷静的自信。这是奥运会金牌带来的自信吗？或者这是你想完成一个目标前首先必须具备的条件?

在波特兰度过一周之后，这三名运动员各自返回了他们在肯尼亚、厄立特里亚和埃塞俄比亚的家。像当今世界上绝大多数优秀的长跑运动员一样，他们三位出生和成长于海拔在 6 000 英尺以上的东非大裂谷的东非高原上，并在那里进行训练。由于这些高原上稀薄的空气中含氧量低，在那里跑步异常困难，这使得人体发生了变化，比如身体里的血红细胞数量增加，这样就可以为肌肉输送更多的氧气。实际上，任何出生于这种环境的人都具备一些节氧的特点，比如他们一生都会拥有较大的肺活量。莎拉尼·弗拉纳甘是美国历史上速度第二快的女子马拉松运动员，她出生于科罗拉多州海拔 5 430 英尺的博尔德县；赖恩·霍尔是美国本土出生的速度最快的男子马拉松选手，他成长于海拔高度为 6 752 英尺的大熊湖地区。[5]

1 月末，耐克公司的一支 12 人团队开始了一次为期两周的旅程，去实地拜访分别在各自家乡训练的基普乔格、塔德塞和德西萨。与耐克公司运用高科技寻求这一微妙的成绩提高形成强烈反差的是非洲马拉松冠军简单的生活和艰苦的训练条件。当我抵达肯尼亚，我与“破 2”团队外聘科学顾问菲利普·斯科巴通了电话，他告诉我：“看到奥运冠军在训练结束之后还要亲自用水桶从井里打水真让人感到难为情。”

该团队这次行程的部分目标是与运动员们建立互信，但是也包含进行科学测试的目的。首席心理学家布雷特·科比和他的团队发明了一种简易的可携带风速计，用来帮助运动员找到跟在其他运动员身后能够最大限度地减少风阻的准确位置。他们还携带了一个用来测量腿部肌肉碳水化合物存储量的便携式超声仪，并在运动员跑步前后进行测试，以便了解这些能量的消耗速度。他们还让运动员们在以 2 小时跑完马拉松比赛的配速训练中佩戴肌肉氧化作用传感器。琼斯告诉我说，数据表明，基普乔格——如同一个世纪前哈佛大学疲劳实验室对克拉伦斯·德马的测试——在这种配速下表现出了持续的“稳定生理机能”。

本次行程的一个重要的目的就是弄清楚运动员们在比赛中需要喝什么及喝多少。与在大城市举办的马拉松比赛每 5 000 米设置一个饮料台的标准做法[6]不同的是，“破 2”团队打算骑自行车跟在运动员们身后——他们预计这样做可以在每瓶饮料的递送环节上节省 7 秒钟——且让运动员每 3 000 米进行一次能量补充。这样做可以保证运动员们每小时进行 60~90 克碳水化合物的补充。从量上讲，这远远超过运动员们以前比赛中的能量补充量。做到这一点并不容易，因为这意味着在整个比赛中，运动员们要吃下相当于整整 4 杯意大利面的碳水化合物，所以他们需要不断练习这种能量补充方式。在一次 22 英里的训练中，跟在德西萨身后的科学家们定时对他进行能量补充。在第二天的报告会上，德西萨说，他感觉在整个比赛中进行了“太多”的能量补充——但实际上，在提供给他的 1 500 毫升的能量饮料中，他只喝掉了 400 毫升。

在本次行程快要结束的时候，整个团队表现出了谨慎的乐观态度，这是因为他们在逐步解决各种生理障碍——肌肉、氧气、高温、口渴和能量，这些障碍会阻碍选手们在 2 小时内完成马拉松比赛。同时，在基普乔格看来，一个更加不易被察觉的变化正在悄然上演。当我电话采访正在卡普塔加特镇附近的训练基地训练的基普乔格时，我询问了他在准备这一具有划时代意义的伟大比赛时采取了什么不同的做法。毕竟他此前最近的比赛是以 59 分 44 秒的成绩在印度的德里完成了半马比赛，很快，他将以同样的配速完成 2 倍距离的比赛。他告诉我，身体训练并没有什么变化，然而他强调说：“但是我的心态完全不同了。”对他而言，挑战主要来自心理，他对他尝试 2 小时内跑完马拉松比赛的怀疑已接踵而至，而他认为这是人们缺乏想象的表现而已。当我问他其他的肯尼亚选手对此有什么看法时，他说：“大多数人相信，他们在离开这个世界之前都不会看到有人在 2 小时内完成马拉松比赛，但是我会证明他们错了。”

然而，要实现这一目标并不仅仅是克服生理极限和展示心理力量。对基普乔格而言，完成这一目标意味着他必须承受极大的痛苦。

Part II

第二部分
耐力的制约因素

第5章　疼痛

疼痛是一种具有主观性且受环境影响的现象。

2014 年，在穿越（英国）约克郡崎岖荒野的环法自行车赛的出发阶段，延斯 · 沃伊特就开始加速蹬骑。这位 42 岁的德国老将是此次环法比赛中年龄最大的选手。此次比赛是他第 17 次参加环法自行车赛，追平了之前运动员的参赛次数纪录。但是在他看来，参加这次比赛可不仅仅是为了作秀。他和另外两名选手很快便从大部队中脱颖而出，在当天比赛的第一个爬坡路段就将大部队远远甩在身后。当距离终点还有 100 多英里的时候，对这三位领先的选手来说，他们已经很难继续保持领先的位置——但是沃伊特展现出来的勇猛和罕见的冲刺表现使他从一名平凡的自行车运动员变成了自行车运动迷心中的偶像。[1]

第一个爬坡路段的最高点上演了这样一幕：当另外两名领先的骑手很轻松地领先了他几个自行车长度的距离并朝着最佳爬坡王的奖励飞奔而去时，沃伊特意识到如果现在不发力，在接下来的爬坡路段中或终点处，他将无法超越他们。而这时沃伊特车队的总监通过无线电告诉他让他降速以保持体力。沃伊特赛后回忆道："我说，这绝对不行，相反，我要加速！如果想获得爬坡王领骑衫，我现在就必须加速。”于是，他拼尽全力提速，在进入下一个爬坡路段前将其他两名选手甩在了身后，并且——尽管他最终被大部队追上——获得了象征着爬坡王的圆点领骑衫和该赛段的“敢斗奖”。这是沃伊特表现最佳的一次比赛，他在赛后丹麦电视台记者问他是如何克服身体疲惫完成极具特色的突围时说出了那句经典的名言：“腿你给点儿力！”(“Shut up , legs!”)

尽管伟大的自行车选手通常都因其生理极限或优雅的骑行姿态被人们铭记，但是沃伊特在其 18 年的职业生涯中让人们难以忘怀的一大特点就是他出色的耐力。《自行车周刊》这样评价道：“公开承认疼痛是一种需要与之斗争、将其抑制并最终克服的心理状态，或许是他获得自行车车迷的尊敬并将其称为车手中的硬汉的原因之一。”[2] 沃伊特自己则认为他能够做到这一点与他年轻时通过了德意志民主共和国那些高级体育学院严格训练的经历密不可分，他在名为《腿你给点儿力！》的自传中这样写道：“这些年来我一直相信我学会了如何将我的疼痛阈值设定得比别人高，且比大部分人要高出 10%~20%。我不知道你们是否有办法用科学方法证明这一点，但是我始终相信我有这一能力。”

在人们的印象中（以及按照词典的意思理解），耐力和忍耐力是交织在一起且密不可分的。德国乌尔姆大学医学院专门研究运动员疼痛的专家沃尔夫冈·弗罗因德那句“没有疼痛，哪来收获”的观点已经成为很多体育运动的座右铭，当然，二者在技巧体育中的关系还有待进一步探讨。比如，他认为阿根廷天才足球明星迭戈·马拉多纳“至少让人们感觉到一名天才足球运动员在场上无任何疼痛可言”。对于自行车选手和其他耐力运动员来说，疼痛不可避免，你如何处理这种疼痛与你的赛场表现息息相关。横跨欧洲竞走赛是一场规模宏大的疼痛盛宴，运动员们需要花上至少 64 天的时间完成距离长达 2 789 英里的比赛，且中间没有休息日。2013 年，弗罗因德发表了对参加该赛事的超级耐力运动员们疼痛忍受情况的引人注目的测试结果。[3] 在他的测试中，他要求参加该赛事的 11 名运动员将双手浸泡在冰水中 3 分钟；最后，这些运动员平均报告的疼痛指数为 6，10 为最高等级。相反，另外一组非运动员测试者平均只坚持了 96 秒，他们报告的疼痛指数为 10；而他们中只有 3 位完成了该测试。

这些发现支撑了一种观点，即在其他因素相同的情况下，金牌属于那些愿意比别人忍受更多疼痛的运动员。弗罗因德并不是唯一发现那些训练有素的运动员能够忍受更多疼痛的人；其他研究人员也发现有规律的身体训练，尤其是那些包含艰难的高强度运动的训练，可以帮助增强疼痛忍耐能力。然而，肌肉的状况和你的心理感受之间的关系并没有你想象中的那么直接。麦吉尔大学疼痛遗传学实验室主任杰夫瑞·摩泽尔博士认为“疼痛并不是一件单纯的事情”。它也可以是像视觉和触觉那样的感觉，也可以是像愤怒或悲伤那样的情感，还可以是像饥饿那样的“驱力状态”。对于运动员来说，疼痛的作用取决于这些不同形式在具体状况下的综合结果。有时候疼痛能够让运动员们停止，有时候疼痛又可以驱使运动员们表现更佳。

沃伊特大部分职业生涯都是在为他的领袖队友们取得更好的成绩而作嫁衣裳——比如 2000 年奥运会上与杨·乌尔里奇的配合，在其他大环赛上与伊万·巴索、安迪·施莱克等人的配合。自行车比赛是一种需要团队高度配合的赛事，空气动力学和地形的重大影响意味着骑行位置是最重要的因素，而比赛时间的意义则不大。但是其中存在一个重大的例外情况——在排除上述无关的细节后，简单地问：你在 60 分钟内能够骑多远？为了证明这一能力，你愿意承受多少疼痛呢？在 2014 年其职业生涯的最后一个赛季，沃伊特觉得是时候尝试挑战一下他的这一能力了。而测试这一60分钟骑行能力的尝试在业内被称为“1小时赛”。沃伊特解释说：“1小时赛的魅力在于它的简单性。一辆车、一名运动员和一套比赛服足矣。不需要战术安排，不需要队友配合，也无终点的时间奖励。1小时赛就是测试你能够承受多少疼痛的比赛！这是揭示真相的时刻。”[4]

1小时赛的第一个官方纪录为3.5325万米（不足22英里），这是1893年在巴黎著名的野牛自行车馆创造的，而该赛道的命名源自野牛比尔的马戏团曾在此处表演。[5]该纪录的创造者为当时盛气凌人的记者兼乐队指挥亨利·德格朗日，他在10年后创办了环法自行车赛。在接下来的数年内，挑战1小时赛成了要成为一名传奇自行车运动员的一种仪式，并因此诞生了许多著名的故事：在第一次世界大战前，两名法国人先后在三年的时间内5次打破了1小时赛的纪录，以至于后来这俩人在破纪录时总是小心翼翼，以避免成绩太高，让后人无法望其项背并获得奖金；在战火纷飞的第二次世界大战期间，意大利著名自行车运动员福斯托·科皮于1942年在米兰创造了新的纪录；而1967年雅克·安克蒂尔创造的新纪录并没有被官方承认，原因是他赛后被要求提供尿样，用以进行兴奋剂检测——由于这在当时属于一项检测创新——而他愤怒地拒绝了这一要求。

而所有纪录中最被广为认可的则出现于1小时赛竞争最为激烈的1972年，这一纪录由被广大自行车迷称为最伟大的自行车运动员的比利时人艾迪·默克斯创造，这一纪录也为那一年的激烈竞争画上了圆满的句号。[6]默克斯是在10月末空气稀薄的墨西哥城创造这一纪录的，那次比赛是他当年的第139场比赛。而他赢得了此前的51场比赛，其中包括赢得环法自行车赛和环意自行车赛的冠军头衔。而在环法自行车赛期间出现的车痤疮让他从自己忙碌的赛程表中剔除了一些比赛，使得他有时间为打破 1 小时赛的纪录做准备。

默克斯认为，如果他能骑着他特制的场地自行车直接到达位于山顶的那座自行车馆，那么他就有可能顺便打破一些短距离自行车比赛的纪录。当他的朋友警告他说这意味着在比赛一开始他就必须达到极快的速度时，他回答说："没问题，我必须在开始的几千米就拼尽全力。"在因为大雨而耽搁了几天之后，比赛开始了。默克斯出发的速度非常快，他在 1 000 米和 5 000 米处的时间都达到了世界顶尖水平，并创造了 10 000 米和 20 000 米的新世界纪录——此时，距他最后完成比赛还不到一半的路程。当然，随着默克斯疲劳程度的加剧，他的圈速明显下降，他开始在自行车上不断地蠕动。他 1 小时赛的最终成绩为 49 431 米（不到 31 英里），这一成绩比此前由丹麦人奥利·瑞特创造的世界纪录多了大约 800 米。当默克斯从自行车上下来时，他完全累坏了。自行车比赛记者迈克尔·哈钦森写道："他几乎不能动弹，也不能开口说话。最后他勉强说了几个词，大致的意思是他感觉糟糕极了。没有经历过这种比赛的人是无法了解这种感受的。"

在观看了默克斯比赛的录像后，人们会清楚地发现他的疼痛绝对是发自内心的。但是他所承受的疼痛比瑞特的多吗？——或者比 80 年前的德格朗日的疼痛多吗？或者比在 1 小时赛中骑出 42 879 米并专门写了关于 2015 年 1 小时赛专栏文章的英国记者兼自行车迷西蒙·厄斯本承受的疼痛多吗（厄斯本将赛后的疼痛描述成"生不如死"，那种疼痛让他在数天内感觉老了 30 岁）？或者比大街上任何愿意尽自己最大努力骑行 1 小时的普通人所承受的疼痛多吗？就像很多民间智慧一样，关于这种现象，至少说明了一定的事实。[7]

最先研究运动员疼痛感知的研究人员包括苏格兰斯特灵大学的心理学家卡雷尔·吉斯波斯。他（与一名研究生一起）于 1981 年在《英国医学杂志》上发表了一篇著名的实验文章。在他的实验中，他从苏格兰国家队中选出了30名优秀的游泳运动员来参加一系列疼痛测试，并将测试结果与另外30名俱乐部游泳运动员和26名非运动员进行的相同测试结果进行了比较。测试内容包括用止血带阻断被测试者胳膊的血液循环，并要求他们做每秒一次的手掌握拳和松开的收缩动作。实验规定的“疼痛阈值”是测试者感到疼痛而不是仅仅不舒服时的收缩次数；而“疼痛忍耐力”被量化为测试者放弃前的收缩次数。[8]

第一个发现是，这三组测试者的疼痛阈值大致相同，大约为50次收缩。如同默克斯展示出来的那样，顶级运动员对疼痛并不免疫，他们与其他人一样能够感受到疼痛。但是在疼痛忍耐力上，三组测试者的差异却相当明显。国家游泳队的队员们在放弃前的平均收缩次数为132次，俱乐部游泳队员为89次，而非运动员只有70次。吉斯波斯认为，这些差异一定是由训练中系统性地承受高强度和间歇性疼痛产生的——或者是通过控制内啡肽等大脑化学物质实现的，或者仅仅是通过生理应对机制的作用实现的。他幽默地写道：“那些斗志昂扬的运动员对疼痛令人诧异地感到满足。”

随后的大部分研究也证实了这些发现：运动员，尤其是耐力运动员，对忍受疼痛表现出了持续的意愿。如同沃尔夫冈·弗罗因德对跨欧洲竞走赛的运动员们的研究，这些发现提出了一个因果难辨的问题：那些优秀的运动员是学会了忍受疼痛，还是他们天生高度的疼痛忍耐力使他们成了优秀的运动员？尽管真相就存在于二者之间，但是吉斯波斯的研究结果中一个让人感到好奇的解释则指向了前者。他在一年中的三个阶段分别对那些优秀的游泳运动员进行了重新测试，结果发现疼痛忍耐力分值最高的时段是在6月，彼时正是这些游泳运动员比赛的高峰时期；最低分值出现在10月，即季后赛结束之后；而中游分值则出现在他们进行常规训练的3月。

这些季节性的波动表明，疼痛忍耐力与你正在接受的训练有关——这也是牛津布鲁克斯大学的研究人员马丁·莫里斯和托马斯·欧里瑞在2017年的一项研究中证实的结论。[9] 他们在研究中使用了与吉斯波斯相同的疼痛测试方法——在阻断胳膊血液循环的情况下进行手掌握拳和松开的收缩次数测试。该测试是在持续6个星期的训练期之前、中间和之后分别进行的，测试者们或进行中等强度的持续蹬骑运动，或进行高强度的间歇性训练。两种方式在运动量上大致相同，且通过对最大摄氧量和乳酸阈值的测量，两组测试者的体能最后都得到了相同程度的提高。

但是这两组测试者之间存在着两个关键性差异。首先，接受高强度训练的测试者的疼痛忍耐力提高了41%，而那些接受中等强度训练的测试者的疼痛忍耐力则没有发生任何变化。这表明体能提高并不会相应地增加疼痛忍耐力。提高体能的方式很重要：你必须学会忍受疼痛。其次，尽管两组测试者的体能得到了相同程度的提高，但是通过一系列不同强度的疲劳时间测试可以看出，接受高强度训练的测试者在竞赛表现上取得了更大的进步。在一次测试中，接受高强度训练的测试者的骑行时间提高了148%，而接受中等强度训练的测试者的骑行时间只提高了38%。有意思的是，在疲劳时间测试中，个人成绩的提高与个人疼痛忍耐力的提高息息相关，这意味着，那些从阻断胳膊血液循环测试（又叫止血带测试）中学会忍受更多疼痛的自行车运动员正是那些在比赛中骑行速度更快的运动员。

这是一个具有重大意义的发现：训练忍受疼痛可以帮助在止血带测试中获得更大的忍耐力，而这一更大的忍耐力又可以预测运动员能够在比赛中获得的更好成绩。当然，很多运动员自己能学会利用这种联系。比如，铁人三项运动员杰西·托马斯学会了利用深层组织按摩作为训练疼痛忍耐力的方式。他说：“当我疼得不得了的时候，我不会去止痛，而是学会去接受这种疼痛，并尽量去感受它。”[10] 莫里斯和欧里瑞的研究要想被充分肯定，就必须对不同条件下的其他测试者进行反复测试。但至少这一研究表明，对业余运动员来说，疼痛忍耐是一个可以训练的特长及耐力的制约因素。它对未来的研究人员提出了一个意义重大的问题：你能通过训练更强的疼痛忍耐力或止痛来跑得更快吗？

自行车 1 小时赛的魅力部分来自比赛本身的简单性。但即便是简单的理念也能被让人窒息的官僚规定和看似武断的命令层层包裹。在空气动力学的进步被应用在自行车制造及骑手坐姿上，使得 1 小时赛的纪录提高 10%，并使得该赛事纪录达到 56 千米之后，国际自行车联盟（UCI）决定出手干预。2000 年，它取消了之前所有的比赛纪录，宣布恢复艾迪·默克斯为该项比赛纪录的保持者，并决定将来任何挑战这一纪录的选手必须使用默克斯当年使用的古董自行车，即拥有金属辐条和圆柱形车架的自行车。

这些古怪的新规定之一便是只有一人被允许在赛道上给寻求打破纪录的运动员提供反馈。而另外一个古怪的规定则是包括腕表在内的任何现代化计时设备都不被允许在比赛中使用。这两条没有写进任何官方文件的要求于 2003 年被国际自行车联盟的一位官员在毫无征兆的情况下告知了马上要进行 1 小时赛挑战的自行车运动记者兼冠军计时赛选手迈克尔·哈钦森。他也不被允许携带心率监测器，甚至赛道上不允许摆放数字计圈器——而后者是哈钦森在比赛开始以后才发现的，这意味着他无法知道他骑了多远及多长时间，也无法知道他应该怎样调整体力。由于这些意外障碍的阻拦，他在骑了 40 分钟之后便宣告放弃挑战。

各种各样的规则在十年的时间里让人们失去打破 1 小时赛的兴

趣。直到 2014 年国际自行车联盟再次将规则放宽。而这一幸运的时机让 43 岁的沃伊特将试图打破 1 小时赛纪录的比赛作为其退役前最后一场比赛的愿望成为可能，尽管此时他的黄金时代已过去数年。他可以使用现代化的计时赛自行车来打破过去的纪录，到 2014 年，该纪录只比默克斯 1972 年创造的纪录多几百米。但是大多数对外部反馈限制的规则——比如只允许一名反馈者出现在赛道上、不允许选手使用电子能量输出测试仪、不允许使用心率监测器等规则——依然有效。要知道，即便是瞥一眼场地上的记分牌也会让选手失去符合空气动力学的最佳位置。这样的话，理想的骑行好比在一个无法运用感知能力的盒子里漂流 60 分钟。为了测量他在身体极限条件下的体能消耗及骑行状态，沃伊特不得不依靠疼痛，感受疼痛，并把它当作一部校对准确的速度计来使用。

认为疼痛可能在实际中会有帮助的理念不是那么容易让人理解。从某一点来说，怎么会有自行车选手、赛艇运动员或跑步运动员不希望消除比赛中的疼痛呢？至少真实的一点是，消除疼痛可以增加耐力。2010 年，当时还在英国埃克塞特大学的阿莱克西斯·梅杰领导的一个研究团队向世人展示，相比提供给他们同量的无作用试剂，为训练有素的自行车运动员提供 1 500 毫克的对乙酰氨基酚，即常见的泰诺林，这些运动员 10 英里计时赛的成绩会提高 2%。[11] 服用该药物的运动员能够承受更高的心率，并且他们的血液中可以积攒更多的乳酸盐，而他们在比赛中的吃力感却与在服用无作用试剂时的比赛中的吃力感一样。研究人员认为，较少的疼痛感可以带来较少的吃力感，并帮助运动员更加接近他们的生理极限。

这是自前轮大后轮小的自行车时代以来，产生于实验室而被当作自行车比赛常识的“新”知识之一。早期 1 小时赛的纪录保持者都对使用药物毫不忌讳。当人们询问 1942 年创造该赛事纪录的福斯托·科皮在其职业生涯中是否服药时，他回答说："只要有需要，我便会服药。"[12]对他而言，什么时候有需要呢？科皮进一步解释说："我几乎一直在服药。"而科皮的后辈车手雅克·安克蒂尔也一直在服用能够为他带来瞬间爆发力的苯丙胺。但是这些止痛药也有副作用。法国人罗杰·里维埃曾在1957年和1958年分别创造了1小时赛的纪录；但是两年后，他在环法自行车赛的下坡骑行中，由于坡度过陡而失去了控制，被甩到路边矮墙旁，跌落到一个深60英尺的沟壑中，并摔断了两节椎骨，这让他在后来短暂的生命中处于瘫痪状态（他40岁时死于癌症）。医生为他做检查时，在他的口袋中发现了止痛剂，并在他的血液中发现了止痛剂成分。里维埃开始时声称其自行车的刹车装置失灵，而后来承认自己服用了右吗拉胺，即一种药效是吗啡作用的三倍的类鸦片药物，以缓解疼痛。后来他的一位朋友表示，当时他是由于药物作用而失去了知觉，所以无法握紧车闸。[13]

当然，对于避免过度阻痛，还有其他理由。2009年，当时还在威斯康星大学的研究人员马库斯·阿曼组织了一系列实验，以弄清楚当自行车运动员无法感知疼痛时会发生什么。阿曼和他的同事将神经阻断剂芬太尼注射到志愿者们的脊柱内，以阻断由腿部肌肉传向大脑的信号，并要求他们在一部固定自行车上用尽全力骑行5 000米。[14]这一方法的效果格外引人注目。志愿者们具备了很多运动员梦寐以求的能力——可以拼尽全力而感受不到疼痛，他们利用这一机会将自己累得精疲力竭。等到计时赛结束时，这些志愿者全都无法自主地从自行车上下来。一些人甚至无法将脚从自行车踏板上挪开。阿曼回忆道："没有一位志愿者能够自主走路。"

但是测试结果展示了一个完全不同且出乎意料的事实。尽管志愿者们拥有了暂时性的超人状态，但是他们的骑行速度并没有快过他们接受无作用试剂后的表现，这是由于他们的配速不稳定且过于激进。阿曼的同事格里高利·布莱恩解释道："因为他们最开始感觉很好，所以便全力冲刺。但是我们明白他们很快便会精疲力竭。"在一番风驰电掣之后，这些接受神经阻断剂的志愿者的速度很快慢了下来。在测试过半后，尽管他们依旧感觉良好，但是他们看起来很迷惑，因为他们的双腿不再对他们的大脑信号做出回应。他们已不知不觉地拼尽了全力，以至于他们的肌肉疲惫不堪（关于这一话题，我们会在下一章同阿曼的研究得出的其他结论一起详细讨论）。换句话说，感受不到疼痛，他们就无法进行合理的配速。

如同童话《金发女孩和三只熊》包含的寓意，我们可以将这一问题盖棺定论为适当的疼痛感可以帮助你配速，但太多的疼痛感会大大降低你的速度。但是，由于疼痛在耐力训练中的作用问题吸引了太多的研究关注，这一问题又出现了一些意想不到的转折。2013年，就这一问题组织过第一次泰诺林测试和后续相关研究的阿莱克西斯·梅杰在在线刊物《生理学前沿》上号召人们继续进行相关研究。[15]由于疲劳通常是在实验室用"疲劳时间"测试的方法进行研究的，这其中，配速或者能量输出都是固定的，测试主体会骑行或跑步到他们放弃为止。但梅杰认为，在实际情况中，我们不会跑到精疲力竭；我们的配速会让我们跑得尽可能快，同时又不会耗尽所有体力。这种长时间管理疲劳的过程——忍受煎熬但不会精疲力竭——让人们开始更加重视疼痛管理。他写道："疼痛经常被运动员、教练员和评论员提起，但是研究人员很少给予其相应的重视。"这绝非巧合。

为了纠正这一疏忽，梅杰号召人们对"疲劳和疼痛的关系"进行更多的研究——尤其是用"新颖的神经生理学手段"来阐释疼痛。理由是：即便是看似很直观的研究，比如他的泰诺林实验，也可以用不同的方式去解读。毕竟，泰诺林除了能缓解疼痛，还能用来治疗发烧。那么，泰诺林增强耐力的效果是来自它防止你身体核心温度过高的能力，还是来自它能够阻止疼痛的作用呢？这还不能完全确定。

梅杰本人率先做出表率，他开始对其他一些改变疼痛的方式进行实验。在一次实验中，他用两种不同的方式将电流直接连通到肌肉上：一种是经皮神经电刺激（TENS），另外一种是干扰电疗（IFC）。[16] 这两种方式在理疗馆中很常见，但是二者都缺乏强有力的证据做支撑。它们的止痛效果都依靠疼痛理论的“闸门控制理论”，这是 20 世纪 60 年代被提出的理论。如果你用你的胫骨撞击椅子，你的本能反应是用手抚摸青肿的胫骨。为什么呢？因为抚摸所产生的非疼痛感可以与撞击所产生的疼痛感就传回大脑的神经线路进行相互竞争。你抚摸的频率越高，留给疼痛感回传大脑的神经线路就越窄。从本质上讲，经皮神经电刺激和干扰电疗是高效的抚摸形式，使得非疼痛的神经信号将疼痛的神经信号排挤掉。

2015 年，在肯特大学（梅杰当时在该校的耐力研究团队中工作）举办的耐力研究会议上，梅杰向我们展示了他的最初研究成果。让几乎所有人感到惊讶的是，他说：“说实话，我一开始并没有期待会有什么特别的发现，对二头肌上使用经皮神经电刺激和干扰电疗显著地提高了进行胳膊肌肉收缩测试的志愿者们的疲劳时间，而在没有电流的测试中，志愿者们的表现则没有变化。”他又补充说：“这一研究的一点有趣发现是，我们没有发现主观感觉疲劳程度（RPE）发生任何改变。”揭开我们所认为的可以在运动中相互替换的疼痛感和疲劳感之间的关系非常难——但是，梅杰的研究表明，耐力的提高似乎明显与疼痛而非疲劳程度有关系。

从本书第 4 章的论述中你可能会猜到，梅杰在肯特大学的同事塞缪尔·马卡拉对疼痛感比疲劳感更重要的观点持有不同的看法。在这同一次会议上，马卡拉展示了自己得出的能证明疲劳感更重要的数据。[17] 首先，为了设立可能的疼痛范围，马卡拉和他的同事沃尔特·斯塔亚诺及约翰·帕金森说服了一批志愿者参加“冷加压”测试，该测试是疼痛研究的常用做法（如同上文所讲述的沃尔夫冈·弗罗因德对超级耐力运动员的研究）：志愿者将一只手放进装满冰水的桶里，并尽可能长时间地将手放在里面，并定时报告其疼痛指数，范围为0~10。一般来说，志愿者们的疼痛感会稳定上升，直到达到无法忍受的10级才将手拿出来。

在清晰地记住这种最大程度的疼痛感后，这些志愿者又以中等强度的配速完成了一次自行车蹬骑疲劳时间测试。在测试中，志愿者们被要求报告范围为0~10的个人疼痛指数，此外，他们还被要求按照柏格的范围为6~20的疲劳等级表报告他们的疲劳指数。在蹬骑12分钟后，志愿者们便精疲力竭，他们的平均疼痛指数为中等强度4.8。而他们的平均疲劳指数为19.6，这几乎达到了最高等级。在这一测试中，这些数据表明，疲劳感似乎比疼痛感更重要。

我们如何处理这些看似矛盾的结果呢？首先，我们必须确保，当我们使用“疼痛”一词时，我们是在说同一件事情。为了达到这一目的，梅杰和马卡拉组成了一个研究团队运用被称为经颅直流电刺激（tDCS）的方法进行脑电刺激实验。[18] 他们将微弱的电流直接穿过大脑的各个区域来改变神经元的兴奋程度。而经颅直流电刺激由于在加强学习、改善心情、强化运动机能，甚至在耐力方面（我们将会在本书第11章进行探讨）的潜力而在近些年变得火热。当用其刺激大脑的皮层运动区时，它还能缓解疼痛，而这也是梅杰和马卡拉研究的兴趣点所在。

他们同时进行了两项经颅直流电刺激测试：第一项为全力自行车蹬骑疲劳测试，第二项为8分钟“冷加压”测试。在这两项测试中，志愿者们又分别进行了三次条件不同的实验：第一次为真实经颅直流电刺激实验，第二次为虚假经颅直流电刺激实验，第三次为无外界干预实验。在“冷加压”测试中，接受真实经颅直流电刺激的志愿者们从一开始的疼痛指数就相对较低，实验最后的平均疼痛指数也较低（为 7.4，而虚假经颅直流电刺激的疼痛指数为 8.4，无外界干预实验的疼痛指数为 8.6）。在自行车蹬骑测试中，这三次不同条件的实验得出了相同的疼痛指数。这一结果表明，从大脑的角度看，我们在持续运动的极限中所感受的疼痛与将手放进冰水中所感受的疼痛是完全不一样的两种事物。正如列夫·托尔斯泰所认为的那样，“幸福的家庭（快乐）都是相似的，不幸的家庭（疼痛）各有各的不幸”。

位于苏黎世和日内瓦之间的格伦兴小镇上的瑞士自行车比赛场馆的大门于 2014 年 9 月 18 日下午 5:30 正式开门。这一开门时间是被精准计算过的，可以让 1 600 名自行车迷共同处在空气温暖又湿润的场馆内，使得沃伊特在尝试打破纪录时能够获得适宜的温度。90 分钟后，场馆内的暖空气变得稀薄，这样会带来空气动力学上的优势，而过多的暖空气会给沃伊特带来过热的风险。这些细节着实让沃伊特的团队煞费苦心，而这一精心准备所带来的结果就是让沃伊特知道他有能力打破纪录——同时他也明白他的犯错空间非常小：“你可以爆一只车胎。你可以出发时速度过快。你当天的状态可以不好。当然，你也可以爆两只车胎。”

当沃伊特在更衣室里在两位助手的帮助下将自己塞进紧身赛车服里时，这些想法一直充斥着他的大脑。整座自行车馆挤满了观众，且全世界有超过 400 万的观众收看这场挑战的电视直播，还有很多车迷通过网络直播观看比赛，这就很容易理解为什么在这最后关头沃伊特会感到如此紧张。但是这种紧张对于一个要在 1 小时内测试其疼痛忍耐力的人来说又是一个优势。如同在战场上受伤的士兵，或者被一头饥饿的狮子逼至绝境的捻角羚，运动员们在比赛的最激烈时刻会展示出一种被称为“应激镇痛”的现象，这可以帮助他们忽略掉本可能让他们屈服的疼痛。最后，随着发令枪响，伴随着风靡20世纪90年代Republica乐队的一首《准备出发》里的高科技电子舞曲的节拍，沃伊特在自行车上立起身子，开始蹬骑。

在体育比赛中的一些史诗级的记载和意义重大的胜利都有这样的特点，即运动员们克服疼痛取得了制胜一分或击败了对手：多伦多枫叶队冰球运动员波比·鲍恩在1964年斯坦利杯总决赛中忍着比赛早期就受伤的脚踝的疼痛为球队在加时赛时打入了制胜一球；在1970年美国男子篮球职业联赛中，威利斯·里德在大腿肌肉拉伤的情况下与威尔特·张伯伦较量；在1996年奥运会上，克里·斯特鲁格在脚踝扭伤的情况下坚持完成了跳马动作，帮助美国队摘得了金牌。事实上，四肢受伤而坚持比赛的情况并不罕见，即便是在低级别的比赛中，这种情况也经常出现：2002年，费城老鹰队的四分卫多诺万·麦克纳布在脚踝受伤的情况下送出了其职业生涯中最棒的传球；冰球队波士顿棕熊队的中锋格里高利·坎贝尔在2013年季后赛上被对手的一次大力射门击碎腓骨后依然在己方缺乏人手的情况下坚持比赛；2015年，丹佛野马队的安全卫小戴维·布鲁顿在一次比赛的第一节冲撞中腓骨断裂，但依然完成了95次快速传球。

不仅仅是从事身体对抗比赛的强壮运动员们会这么做。在2010年温哥华冬奥会上，来自斯洛文尼亚的女子越野滑雪运动员佩特拉·马季奇在热身时不幸滑落到10英尺深的布满岩石的沟壑中。她并没有意识到自己摔断了5根肋骨，在强忍着剧烈疼痛的情况下，她坚持完成了资格赛、四分之一决赛、半决赛（比赛中一根断裂的肋骨刺穿了她的一叶肺，造成其肺功能丧失）和决赛的比赛。在决赛中，她令人吃惊地获得了一枚宝贵的铜牌。赛后，她被立即送往医院。[19]

毫无疑问，这些运动员表现得足够英勇。但是他们这种英勇的表现从某种程度上来说又是当时的环境赋予的。我们大多数人所理解的疼痛与法国哲学家勒内·笛卡儿在其《论人》一书中所提出的一样：按照笛卡儿的描述，你用锤子砸向你的大拇指，这就像在你的大脑中敲响铃铛一样传递了一个讯息。按照他的观点，你所承受的损害或伤害与你感受的疼痛是一种一一对应的关系。这一观点存在的问题是，同样的伤害会在不同的人身上引起截然不同的反应，或者，于不同时刻在同一人身上引起不同的反应。而在与其相反的极端情况下，被截肢但患有幻肢痛症状的人在没有身体疼痛来源的情况下依然会感到真实的疼痛。

因此，从最初观察美国内战时期受伤的士兵开始，医生和疼痛研究者们得出结论，疼痛从根本上说是一种具有主观性且受环境影响的现象。[20] 比如，紧张、恐惧和焦虑能够刺激大脑释放大量的化学物质，比如内啡肽（身体本身含有的类鸦片物质）及内源性大麻素（身体所产生的类大麻物质），来缓解甚至完全阻止本可以在其他环境下击垮你的疼痛。从进化论的角度讲，疼痛可以发挥这样一种有价值的功能，即告诉你停下来疗伤。麦吉尔大学疼痛遗传学实验室主任摩泽尔博士说："如果你是一头被饿狼追逐的鹿，且你在逃命的过程中摔倒并摔断了一条腿，那么你需要暂时忘记疼痛。"

从本质上讲，摔断腿和努力取得一项新的马拉松比赛最好成绩有很大的不同，因此你所需忍受的疼痛程度也不一样。疼痛的种类很多，且运动员们的体验也大不相同。即便马季奇没有摔断肋骨，对像她这样的速度滑雪运动员来说，在不到 4 分钟的比赛时间内，其体内大量积累的代谢物也会让她的肌肉疲劳不堪。而对一名超级耐力跑运动员来说，她尽管在数小时的比赛内看似很轻松地保持配速，但最后不断积累的肌肉微裂痕会让她每跑一步，其小腿及股四头肌都会承受难以忍受的疼痛。而在这两种极端的运动中间，便是自行车 1 小时赛，尝试过的人都认为这是速度运动和耐力运动最残酷的代表。

1 小时赛残酷性的部分原因在于其比赛环境：没有沿途景色，没有对手，没有配速变化，也没有任何形式的外界反馈。没有能够让你分心的事物，便剥夺了一种让你改变大脑如何感知疼痛的有力方法，比如心理学上认为抚摸肿痛可以干扰肌肉发出疼痛信号。但是从生理学角度讲，该比赛的时长恰好也能让运动员有时间进行调整。我们有很多种方法可以划定时间短且令人难受的高强度运动与时间长且相对轻松的运动之间的界限。其中最广为人知的一种方法便是乳酸阈值，即运动强度超过该点后，剧烈运动会导致血液中的乳酸堆积急剧增加。而另一种是最近由哈佛大学疲劳实验室的研究人员提出的被称为“临界功率”的概念，即运动强度超过该点后，肌肉便无法“稳定”地保持平衡状态。肯特大学疲劳研究团队的马克·伯恩利解释道，对于一名训练有素的运动员来说，60 分钟的全力运动会使其处于这两种衡量方法的中间状态。他说：“参加 1 小时赛的运动员训练时的强度必须超过其乳酸阈值，而又略低于其临界功率——换句话说，骑行时既要维持最大的新陈代谢率，又要保证肌肉处于稳定平衡状态。”如果这些都正确的话，那么 1 小时赛从理论上说便是你可以忍受的令人痛苦的最长时间的高强度运动了。

对于沃伊特职业生涯的最后一次挑战（超级疼痛与对该项比赛精神毅力的终极测试之间的大碰撞）来说，最大的疼痛挑战来自错误和不当的骑行姿势造成的车痤疮。沃伊特出发速度很快，完成长度为 250 米的一圈的时间仅为 17 秒多一点儿，很快，他便取得了超过每圈平均时间 17.9 秒的赛前目标这一相当大的优势。前 10 分钟的骑行对他来说很容易；比赛进行 20 分钟后，随着疲劳的堆积，他稍有降速，并开始设法调整自己以保证骑行速度的持续性。赛程过半后，他的尾椎骨刺痛加剧，这迫使他每骑行 10 圈便会从车座上直起身子来缓解疼痛，而这一姿势则会带来公认的空气动力学劣势，这也是为什么骑手的赞助商们会为他们提供特制的紧身衣、防风阻手套，甚至减少阻力的运动袜。

此时，沃伊特已经很有把握能够打破赛事纪录了，所以车痤疮的问题不会对他的成绩造成太大的影响。当他完成 200 圈骑行后，象征着胜利的欧洲乐队名曲《最后倒计时》的电吉他乐奏响了，为他最后的冲刺加油助威。由于沃伊特胜券在握，他此时感慨万千。有为自己取得的成就而感到骄傲，也有为一切按部就班地进行而感到高兴，还有为终于熬到头而感到解脱，也为自己即将结束的自行车明星运动员职业生涯而感到伤心，所有的情感此刻交织在一起。最后，一声枪响标志着 1 小时赛结束，他在比赛中强忍着的巨大疼痛此刻将他吞噬。他说："我全身上下疼极了，为了在骑行中低头以减少空气阻力，我的脖子酸痛不已。为了保持上身的骑行姿势，我的双肘痛苦不堪。长时间的剧烈呼吸让我的肺部感到灼痛。持续的剧烈跳动使我的心脏出现绞痛。我的背部像着了火一样，我的臀部也胀痛不已。我整个人都被疼痛吞噬了。"

最后成绩牌上显示的成绩为 51 110 米，这一成绩将之前的比赛纪录提高了 1 410 米——接近 1 英里。而沃伊特的纪录仅保持了 6 个星期便被名不见经传的 24 岁奥地利车手马蒂亚斯 · 布伦德勒打破。这位小将比沃伊特年轻了将近 20 岁。而仅在 2015 年，该项赛事的比赛纪录便三次被改写，最后一次创造纪录的是前环法自行车赛冠军及 5 次奥运会金牌得主——自行车名将布拉德 · 威尔金斯，成绩为 54 526 米。由于国际自行车联盟规则的更改，加之沃伊特退役在即，他能够创造纪录还是很幸运的。他的名字将永远被载入杰出自行车运动员的史册。

难道沃伊特真的比我们能忍受更多的疼痛吗？尽管我们的研究还有不完善的地方，但是研究结果表明，与大多数人相比，顶级运动员可以更进一步发挥自己的身体极限，并坚持更长的时间。但是让人感兴趣的并不是把沃伊特和普通人进行比较，而是将沃伊特和威尔金斯及其他优秀自行车运动员进行比较。然而，对顶级运动员的研究实在是少之又少，并且我们也不太可能在运动员们激烈运动时去采集第一手数据。还记得蒂姆·诺克斯拍摄的奥运会马拉松冠军，以及他领先第二名三秒钟到达终点时的照片吗？难道银牌获得者真的会由于无法忍受疼痛而任凭荣誉从自己手中被夺走吗？阿莱克西斯·梅杰和塞缪尔·马卡拉进行的试图揭开“疼痛”与“吃力”关系的实验让我相信，在大多数情况下，疼痛就相当于汽车仪表盘上的警示信号。它（有时很执着）在指引你慢下来，而大多数情况下，你遵守了这一警示信号，但没意识到这一点。但是它绝不是决定最终耐力极限的因素。而要搞清楚这一问题，我们还需要查看其他一些因素。

第 6 章　肌肉

大脑用自己的方式确保肌肉永远不会跨越应激和失调的界限。

2006 年 7 月图森市①一个温暖的傍晚，汤姆 · 博伊尔和他的妻子伊丽莎白 · 博伊尔正准备开车从一家商场的停车场出口驶入由 6 条快车道组成的南科尔布路。在他们驾驶的皮卡车前方，一辆雪佛兰科迈罗正加大油门，伴随着轮胎的尖叫，想插入快速通行的车流——突然，该车下方冒出一阵阵火花。伊丽莎白大喊道："啊，你快看！"原来那辆科迈罗撞到了一位沿着南科尔布路逆行的骑车人，将人带车卷到了车底下，但它并没有停下。博伊尔立刻跳下皮卡车并朝着那辆科迈罗飞奔，而科迈罗在驶出二三十英尺远后一个急刹车停在了那里。[1]

接下来发生的故事你就清楚了。博伊尔发现 18 岁的骑车人凯尔 · 霍尔特拉斯特被卡在了汽车的前轮下面。博伊尔后来回忆说："当我追上那辆车后，我发现那个男孩儿在歇斯底里地叫喊，我知道他一定很疼。"然后，博伊尔用力将汽车往上抬。那个男孩儿哀号道：

① 美国亚利桑那州南部城市。——译者注

"先生，先生，再抬高一点儿，再高一点儿。"当博伊尔将汽车抬得足够高时，他向被吓呆了的科迈罗司机大喊，让他赶快把男孩儿从车底拉出来。然后博伊尔又将汽车放下，并把男孩儿抱在怀中直到医护人员赶来。男孩儿最后从事故中幸存了下来，博伊尔的事迹也因此成了为数众多但又很难加以证实的"惊人力量"事例中的一例。

当你的腿不听使唤时，你便会习惯性地去责怪你的双腿。同样，当你举起一架钢琴，或骑车攀爬阿尔普迪埃赛道时，或者攀岩时将你的手指伸进悬空岩壁狭窄的缝隙中，通常，你只是觉得你的肌肉已经精疲力竭。在长期的耐力测试中，这一感觉通常会在充斥着神经突触的其他诸多感觉的交互作用下变得不容易被察觉，这些感觉包括心脏的激烈跳动、双肺的剧烈呼吸、意志的松垮等。然而从另一个方面讲，更直观的是，我们会更加清楚地知道竭尽全力的结果：或者举起那辆车，或者无法举起那辆车。这也是为什么像博伊尔那样的事例如此令人疑惑不解：在关于我们是否能够利用肌肉的全部力量的长期大讨论中，这些事例看似会推翻我们所知道的一切。

当然，肌肉能量是有极限的。早在 19 世纪，生理学家们就将青蛙腿连接上电线，然后通过电流刺激使其收缩，直到这些肌肉完全没有反应为止。当然，在那些缺乏考虑的年代，由于大学还没有设立科研道德委员会，直接在人体上进行相同的实验也没有什么阻碍。意大利生理学家安吉罗·莫索等最早研究心理疲劳（如本书第 4 章所述）的生理学家们试图将志愿者们的肌肉自主产生的力量与肌肉在电流刺激下产生的力量进行比较。按照他们的观点，如果在电流刺激下产生的力量大于自主产生的力量，那么我们身体中就存在着某种保护机制——一种力量中枢管理机制在发挥作用——以确保我们不会撕裂我们的肌腱，让我们的肌肉与骨头相剥离。但是在那时，测试手段并不像今天这样先进，所以人们一直无法找到令人满意的答案。[2]

然而，还有一些研究也能证明一些肌肉能力会被身体保留。比如，1939 年，德国研究人员发表了他们的实验结果。在实验中，他们使用了一种新发明出来的叫脱氧麻黄碱的药物，服用该药物后，在新陈代谢及血液循环能力没有明显变化的情况下，志愿者们的自行车骑行耐力是原来的三倍。他们的结论是："任何运动能力的最终极限都不是绝对固定的，而是当包括疲劳和肌肉疼痛在内的所有负面因素压倒包括动机和意志力在内的所有正面因素时的产物。"[3]

其实该药物就是冰毒的前身，但德国军官们对这一研究结果非常感兴趣。1939 年晚些时候，他们在拉开"二战"序幕入侵波兰的行动中，在德军司机中试验了脱氧麻黄碱。[4] 由于对该药物的药效深信不疑，纳粹德国又将脱氧麻黄碱在军队内全面推广。仅从 1940 年 4 月到 7 月，有大约 3 500 万块含有冰毒成分的"装甲车巧克力"被发放给德军，帮助他们在欧洲开展闪电战，这也造就了纳粹德国研制出能赋予士兵超能力的所谓"超级药片"的传言。（而这种冰毒的副作用随着时间的推移逐渐显现出来，于是德国军队于 1941 年开始限制士兵服用该药物，但一直到"二战"末期，该药物仍被广泛使用——且德意志民主共和国一直到 1988 年还将该药物列为军备支出的一部分。）

当汤姆·博伊尔抬起那辆汽车时，他并没有服用冰毒，但是他的血液中肯定有肾上腺素。在 20 世纪 50 年代末进行的一系列实验中，研究人员猪饲道夫（A. V. 希尔曾经的学生）和阿瑟·斯坦豪斯测试了在包括濒临死亡在内的一些极端情况下增加力量的方法。他们要求测试者在电子计时器的秒针刚过 1 点钟刻度时便进行一次尽全力的前臂收缩，持续 30 分钟。他们在《应用生理学杂志》上发表的文章中声称，肾上腺素的注射能够让力量输出增长 6.5%，这一增幅并没有多大的统计意义；而服用苯丙胺药片可以显著增加力量输出，其增幅为 13.5%。而更有意思的是，当一名研究人员“直接站在一名并不知情的测试者身后”，并在下一次收缩动作将要进行的几秒钟之前扣动一支点 22 口径的发令枪后，该收缩动作的力量输出会提高 7.4%。

这些发现通常被用来当作证据，来证明在适当的条件下人们有可能展现出超人力量。但是很少有人提及的是，猪饲道夫和斯坦豪斯也声称，测试者们在被催眠之后的力量会平均增长 26.5%，甚至在催眠状态被打断后，这些较大的力量增幅还会持续。催眠的功能如此之强大，以至于当催眠师用钢笔触碰一位对此持怀疑态度的测试者时告诉他那是一根烧得通红的拨火棍，并对他说“一小时之内出现的水疱需要一周才能痊愈，水疱是用来使测试者相信催眠的真实性的”。两位研究人员认为，力量的增加是由于催眠（或者依靠药物或惊吓）能够让测试者克服他们对力量的强大抑制。比如，一位“有着运动天赋，但性格又很温柔”的测试者在孩童时代就被她的妈妈告诫不要过度运动，由于体格健壮，她在高中时还受到别人的嘲笑，并被称为“橄榄球小姐”。猪饲道夫和斯坦豪斯认为，催眠能够帮助她抛弃因此而产生的对力量的抑制，并让她的力量增加 50%。值得一提的是，半个多世纪后，这些发现并没有在受控条件下被复制。

当然，抬起一辆车一次和经常展示出“巨力”这两种情况之间存在根本性的不同。2014 年，纽芬兰纪念大学的伊斯雷尔·霍尔珀林领导的实验团队做了一个相似的测试，他们要求参与者每 15 秒进行一次持续 5 秒的最大力量的肱二头肌弯举（固定阻力弯举）。第一组参与者被告知要做 6 次弯举；第二组被告知要做 12 次弯举；而第三组被告知除非听到停下来的指令，否则他们将一直进行弯举。但等到测试真正开始时，三组测试者都被告知必须做 12 次弯举。理论上说，这些指示不会产生任何影响，因为测试者们被明确地反复告知不要控制节奏，而是全力进行每一次弯举，不要有任何保留。[5]

然而实际上，期望仍会产生影响。在测试刚开始时，那些原本被告知只做 6 次弯举的第一组测试者的力量输出要稍稍高于那些原本被告知要做 12 次弯举的第二组测试者；而那些原本不知道要做几次弯举的第三组测试者的力量输出要少于其他两组测试者。三组测试者的平均力量输出随着弯举次数的增加而降低——但在最后一次弯举时（而对于第一组测试者来说第 6 次弯举相当于最后一次弯举），他们能够发挥出“冲刺能力”，进行更大的力量输出。总体上看，他们的力量输出模式与我们观察到的创造世界纪录的长跑运动员们的 U 形体能分配模式非常相似，也与我的 5 000 米比赛常用的体能分配模式相同。在进行短时间的全力肌肉收缩时，即便我们被告知不要有任何力量保留，我们也会控制力量输出节奏——这一结论解释了为什么猪饲道夫和斯坦豪斯看起来能够利用测试者们所隐藏的保留力量，而它却无法解释为什么一个人能够抬起一辆汽车这一现象。

1983 年，在新西兰克赖斯特彻奇举办的世界大力士比赛中，来自加拿大的年轻举重运动员汤姆·麦基① 硬拉起了重达 1 180 磅的切达奶酪。当时的电视评论员面无表情地评论道：“这些奶酪可以用来制作无数个捕鼠器。”麦基硬拉起的这两堆高高的奶酪是通过一根离地面 18 英寸高的软杆连接的，而这一成绩仍是被认证过的最大硬拉纪录；而利用标准杆和容器的硬拉纪录则更低一些。[6] 但是一辆普通的科迈罗汽车，即便是为竞速赛而进行了轻量化，其重量也至少会达到 3 000 磅。[7] 所以，即使我们相信人们在生死关头可以展示出非凡的力量，但是我们仍旧不相信人们的力量可以大到如此地步。

人们经常引用的关于自主最大力量和真实最大力量的差异的观

---

① 其在随后短暂的世界摔跤联盟职业生涯中被称为“巨人”。——译者注

点是由生物力学专家弗拉迪米尔·扎齐奥尔斯基提出的。他在20世纪90年代初来到美国宾夕法尼亚州立大学工作之前，在莫斯科国立体育学院工作了30年，而该机构是苏联时期的体育科研中心。他在1995年出版的名为《力量训练的科学和实践》一书中提出了这样的观点：大多数人能够施展出我们65%的最大理论力量，而优秀的举重运动员能够做得更好，他们能在训练中施展出超过80%的最大理论力量——而根据扎齐奥尔斯基的一项研究，在重大比赛的心理刺激下，这些运动员能够发挥出比他们平时训练的最大力量多12.5%的力量。但即便是这样，麦基在生死攸关的时刻或许能多举起一两百磅的奶酪，可这还是不及一辆科迈罗汽车重量的一半。[8]

那么，扎齐奥尔斯基是如何确定这些举重运动员的“真实”最大力量的呢？答案恐怕早已随着时间的推移而消逝，或者深埋于20世纪中期苏联的体育杂志中。但一些专家表示出高度的怀疑：卡尔加里大学神经肌肉疲劳实验室的法国籍主任吉约姆·米列特声称，扎齐奥尔斯基的数据让人感到“极其疯狂”。当我在2016年与当时已经83岁的扎齐奥尔斯基取得联系时，他早已从宾夕法尼亚州立大学退休，但是他还活跃在研究领域——从2016年1月至9月，他与他人合作撰写了7篇有关运动控制的微妙之处的学术期刊文章。但是他本人则无法提供关于那些多次被引用的最大力量数据的详细情况。他在电子邮件中告诉我：“很不幸，我不记得是谁首先提到这些数据的。”然而这并不意味着这些数据是错误的——毕竟，这些数据之所以能够被引用于很多关于超人力量的“科学解释”中的原因之一就是它们听起来可信。但是，可信和证据是两码事。

尽管还没有人能够明确地支持或反驳扎齐奥尔斯基的这些数据，但是人们一直在试图这样去做。随着将电流融入实验中的做法增多，关于人体具有隐藏的肌肉保留力量的观点在20世纪早期便流行开来：两位丹麦研究人员在1923年写道："每个尝试过电流刺激肌肉的人都知道，在那种情况下你可以获得在主动情况下无法获得的肌肉收缩力量。"[9] 但在实际情况中，要测量这些隐藏力量很困难，因为大多数的人类运动会用到由不同神经通道触发的不同种类的肌肉群，而电流实验只对单一肌肉进行刺激。

1954年，乐观且特立独行的英国生理学家帕特里克·默顿设计了一种解决方案。[10] 他将一位测试者的一只前臂固定住——他通常拿自己做实验，让另外一只手保持自由以便进行测试——而被固定的那只手只有大拇指可以活动，但是只能在拇收肌的刺激下朝一个方向运动。当他将这根大拇指的最大主动力量与相关神经在受到强度不断加大的持续电流刺激（每秒50次）而迫使这根拇指产生的力量进行比较时，他得出了两个惊人的结论。首先，他感觉由电流刺激产生的力量更大。（同时，电流刺激会带来疼痛："如果电极接触的皮肤没有破损，这一明显的疼痛会降到最低。"）其次，两次力量的实际大小是相同的。换句话说，所谓隐藏的肌肉保留力量实际上是一种错觉——默顿认为这一结果与当时广为流行的观点（"疯子、患有破伤风或惊厥的人，或处于被催眠状态的人，以及那些溺水的人，具有超人的力量"）相悖。

默顿用一种新的电流刺激方式强化了他的实验。当测试主体自主收缩其拇指肌肉时，他又对其施加了短暂的电流刺激。如果自主的肌肉收缩相对较弱，那么施加电流时，其力量会大幅提升；而自主肌肉收缩越强，电流刺激的作用越弱。对于最大力量的肌肉收缩来说，短暂的电流刺激不会带来任何额外的力量，这又一次表明，没有多余的肌肉被闲置。

从那时以来，人们在不同的条件下多次重复了类似的实验。除了用电流刺激肌肉收缩，研究人员如今使用脉冲磁刺激直接作用于大脑皮层的运动区，在身体的其他部位产生短暂的肌肉收缩（勇敢的默顿还采用了另外一种新方法，即用能够造成更大疼痛的电流刺激其骨骼），以便弄清楚疲劳产生的部位和方式。根据科罗拉多大学博尔德运动神经生理学实验室主任罗杰·伊诺卡的观点，总体来说，当今对这些研究的一致观点与默顿当初的发现遥相呼应：大多数健康的人能够主动地施展出接近百分之百的最大肌肉力量。而肯特大学的马克·伯恩利的实验室得出的结论是，全力的四头肌收缩可以发挥出92%~97%的全部肌肉力量，而任何低于90%的全部肌肉力量的结果则表明测试本身出现了问题。换句话说，在正常情况下，我们几乎能够施展出我们肌肉所能赋予的全部力量。

然而，伊诺卡认为这一结论存在两处漏洞。第一，人们不可能无限期地让肌肉保持百分之百的运转状态，所以相较于搬运钢琴的工人，关于隐藏的肌肉保留力量的观点更有可能适用于自行车运动员、赛艇运动员和跑步运动员。第二，大拇指肌肉收缩和生生抬起一辆汽车的情况存在差异——后者要求包含13组不同的肌肉群在内的肌肉协调运转，看起来更加复杂。因此，在真实情况下做出这些复杂的动作时很难确保相关的肌肉群能够完全自主运转，这也就意味着在紧急情况下一些保留的肌肉力量有可能被发挥出来。伊诺卡同时还表示，这一猜测还未被测试，同时他也不清楚现有的技术是否可以完成这样的测试（这也是为什么扎齐奥尔斯基的声明让人如此着迷）。

由于这第二种漏洞的存在，汤姆·博伊尔抬起一辆科迈罗汽车的壮举就至少存在着可能性——尤其是当你利用了一些最基本但通常被忽略的物理现象时。毕竟博伊尔当时没有完全将车辆抬离地面。他最多是将汽车的前轴抬起，而他抬起的重量要低于整辆汽车重量的一半，这是由于他利用了杠杆原理，从汽车的最前端开始抬。但是，由于汽车悬挂系统的存在，即便这样也可能是一种夸大的推测。我们可以想象一下我们更换汽车备用轮胎时的场景：千斤顶只是将一个车轮抬离了地面，其承受的重量大约是汽车总重量的1/4，拿一辆科迈罗来说，这一重量大约是750磅。博伊尔或许并不需要真正把汽车的一个前轮或者两个前轮抬离地面来解救那位骑车人，他只需要将压在受害者身上的汽车重量减少到足够让汽车司机将骑车人从车底下拉出来。

由于没能看到那天晚上解救的细节，我们不可能知道到底需要多大的力量才能抬起那辆科迈罗汽车。但是800磅的力量肯定足够了。如同记者杰夫·怀斯描述的那样，博伊尔是一位“硬汉”，他身高6英尺4英寸，体重为280磅，他在健身房的硬拉数据为700磅。按照扎齐奥尔斯基认为的优秀的举重运动员隐藏了最大肌肉力量的20%的保留力量的说法，博伊尔可以举起的最大重量可能为840磅。因此，在所有我们听说过的超人力量故事中，这一故事最有可能是真实的。无论那天晚上发生了什么事情，我们清楚的一点是，正是那种紧急情况让博伊尔发挥出超常的力量：直到那天晚上回到家，他才发现由于当时在抬车时牙齿用力咬合，他咬碎了自己的8颗牙齿。

当斯特凡纳·克劳德到达高海拔小镇多纳斯时，他已经跑了差不多34个小时，跑过的距离为95英里，这包括崎岖的高山小径，以及意大利、法国和瑞士三国交界处位于意大利一侧的瓦莱达奥斯塔山谷。由于一路不断经历冷雨、山谷微气候，以及日出和日落的交替，他一会儿冻得瑟瑟发抖，一会儿又热得大汗淋漓。起起伏伏的比赛线路让他的海拔总爬升高度超过了35 000英尺——大约是1.25个珠穆朗玛峰的高度。然而，此时他连赛事距离的一半都没完成。[11]

作为在2009年创造用10天时间横穿比利牛斯山纪录的著名山

地越野运动员，克劳德曾在作为世界上最艰难的超级越野赛之一的意大利“巨人之旅”的比赛中取得第7名的成绩，该赛事205英里的比赛距离相对来说并不算难。如果你想参加更疯狂的比赛，那就试试距离是超级铁人三项赛20倍的比赛吧，你首先要游47英里，然后骑行2 200英里，最后还要跑524英里，即便你是冠军，那也要花上大约20天的时间才能完成比赛。而“巨人之旅”这一赛事之所以特殊，是拜其高难度的地形所赐，整条比赛路线不仅包含崎岖不平的小径，还包含绕过阿尔卑斯山脉最高的四座山（勃朗峰、大天堂山、罗莎山、马特峰）而进行的大约80 000英尺高的总海拔爬升。顶级的比赛选手一般没有预先安排的休息时间，他们只会停留数小时用来睡觉，他们的完赛时间大约为80个小时。如果世界上有能够压榨出你肌肉最后一丝力气的比赛的话，那么这一比赛就是其中之一。

在多纳斯的补给站，克劳德停下来进行补给，并进行了短暂的休息——两名研究人员首先迅速对他进行了持续30分钟的一系列测试。他们用ZMetrix生物抗阻系统对他的身体进行了测量；一名护士给他抽血了，然后又测量了他大腿和小腿的周长，来检测他是否患有炎症；克劳德完成了一系列自主及在电流刺激下最大力量的腿部肌肉收缩，用以测试其肌肉力量及肌肉自主活动能力的下降情况；他平躺在力量测试平板上，起初睁着眼睛，随后又闭上眼睛——直到他将血压调整至休息状态下的平稳水平，然后他便睡着了。在继续比赛之前，他又进行了一次相同的一系列测试，如果他能完成比赛，那么他会在终点再次接受相同的测试。

这一艰苦比赛的幕后策划者之一就是吉约姆·米列特，在成为研究人员之前，他是法国越野滑雪国家队成员，也在超级越野赛中取得过名次：他在2010年的“巨人之旅”比赛中获得了第三名。与默顿研究短时间最大肌肉收缩不同的是，十多年来，吉约姆一直试图量化和解释在较长时间的极限挑战中的力量损失问题，这些挑战包括滑雪马拉松、5小时跑步机跑、24小时跑步机跑、100英里的环勃朗峰超级耐力赛，以及2011年的“巨人之旅”比赛。（他与其兄弟格雷瓜尔·米列特一起合作对“巨人之旅”比赛进行研究。而格雷瓜尔目前是瑞士洛桑大学的一名运动心理学家，他在2012年“巨人之旅”比赛的成绩超过了吉约姆，获得了第二名。）

吉约姆·米列特测量疲劳的基本方法很简单，即测试一下在肌肉力量下降的情况下你能产生多少最大力量。他通过研究发现，四头肌和小腿肌这两个腿部关键肌肉群产生的力量会随着跑步距离的增加而逐渐衰减至一定程度。比如你跑了24小时之后，你的腿部肌肉力量会衰减35%~40%，之后便不会再衰减。实际上，他所研究的“巨人之旅”比赛的运动员们的平均比赛完成时间超过了100小时，相较于比赛前的腿部肌肉力量输出，他们赛后的肌肉力量输出衰减了25%。而这一结果从表面上看多少令人觉得有些诧异。米列特开玩笑说：“好吧，这会让人觉得如果我跑了100英里，那么我会感觉比跑200英里更累。”

这一反常识的发现本身已经表明腿部肌肉并不是最终限制超级耐力运动员的因素。一定有一些更加难以察觉的细节在起作用。电流刺激下的肌肉收缩数据帮助米列特估测了有多少力量损失是由肌肉本身造成的，以及有多少力量损失是由反映大脑发出的力量输出信号减少或者通过脊椎传递而导致相关信号损失的“中枢管理”机制造成的。对于超级耐力跑比赛来说，肌肉本身一般只会减少10%的肌肉输出能力；而显示大脑发出的主动肌肉运转信号递减的“中枢管理”机制则要对其余的力量损失负责。米列特说：“大脑可以发出进行更多力量输出的信号，只是它不会这么做。”但他又补充说，这并不一定意味着肌肉力量输出的下降是由大脑造成的。

米列特在将3小时跑步后的肌肉疲劳状况与同样时间的自行车骑行和越野滑雪后的肌肉疲劳状况进行比较后发现，跑步后肌肉自主活动能力下降了8%，而自行车骑行和滑雪后肌肉自主活动能力则没有出现变化。那么这三种运动有何不同之处呢？跑步中的冲击力会造成肌肉的细微损伤，这会改变腿部肌肉的性能，而其他两种无冲击力的运动则无这一问题。即便从定义上讲自主肌肉活动是来自大脑控制信号的具体体现，但是它似乎也反映了肌肉本身的状况。我们通过特殊的神经纤维将有关肌肉的压力、高温、损伤、代谢紊乱及其他任何信息传向了大脑，然后在身体运动中整合了这些信息，但是却没有察觉到这一点。换句话说，试图将“大脑疲劳”和“肌肉疲劳”进行明确的区分无疑把问题想得过于简单，因为二者是密切联系的。

或许更重要的是，腿部肌肉疲劳——无论是中枢性疲劳还是末梢性疲劳——与实际比赛之间的关系并非那么简单明了。米列特说：“假如我损失了我最大力量的40%，那么这是否可以作为解释我速度降低的原因呢？不能，至少不能说得这么简单。”如果你正在参加100英里的比赛，尽管你在跑到第95英里时维持配速的力量要求远远低于你最大肌肉输出力量的60%，但是如果一头熊突然从树后窜出来，你就会发现你还能加速逃跑——这也就意味着限制你速度的并不是你的肌肉无法输出更多的力量。这一结论与2010年塞缪尔·马卡拉在“大脑控制肌肉”的研究中（本书第56页）得出的结论相同：他的志愿者们在精疲力竭时靠蹬骑维持的最大输出功率为242瓦，但是他们依旧可以在5秒的冲刺内输出731瓦的功率。这说明在长时间的耐力挑战中达到精疲力竭时，双腿只是不愿意而非不能再进行力量输出。

如果不是肌肉疲劳的话，那会是什么呢？马卡拉和米列特认为，诸多因素都在大脑关于做出加速、减速或停止的决定中发挥了作用。

比如在像“巨人之旅”这种超级耐力赛中，一些并不优雅的天赋，比如在跑步中大口吞食高热量的食物而又不会出现呕吐的能力也非常重要。如果你做不到这一点，那么饥饿就会成为限制你的因素。在山地越野赛中，每一步带来的细微肌肉损伤会在下坡路段由于不协调的肌肉收缩而变得更加严重（这一幕在每年4月举行的难度较小的波士顿马拉松比赛的早期的下坡路段中经常上演）。如果你的双腿没有强壮到抵消下坡跑步带来的冲击，那么你的肌肉便会限制你的速度——当然，这并不是由普通的疲劳造成的，而是由结构性损伤、相关的疼痛及协调性丧失共同作用的结果。

对于斯特凡纳·克劳德而言，在比赛的下半程，他没有遇到什么问题——没有水疱和胃痛的折磨，他的双腿可以毫无怨言地带着他在起起伏伏的山路上奔跑。等他抵达位于9 000英尺高的尚皮隆山口下的补给站时，他停留了3分钟，喝下了一罐啤酒，并补充了一些固体食物。此时，他的排位已经上升到了第四名，且其用时比前一年比赛快了12个小时。但他遇到了一个小问题：炎热。等到他抵达一个名为博斯的小村庄时，他脱掉了自己的T恤、短裤和鞋子，跳入一个喷泉内进行了5分钟的降温。随后他继续比赛，虽然天色已晚，但这依旧无法阻挡他继续前进的脚步。这时他收到了一条短信，他得知他前面的一位选手因为犯规而被取消了比赛资格，这样他的名次便上升到了第三位。这一消息虽然让他感到振奋，但也给他带来了紧迫感，所以尽管他感到有些头晕和酷热，但他依旧加快了前进的步伐。

后来他回忆道：“那时候我的体能在下降。”当抵达倒数第二个补给站时，他距离终点还有7英里。而这一段比赛路程会让他铭记在心，因为他迷了5次路。等他到达补给站时，他又做了一个给他带来灾难性后果的错误决定，他扔掉了补给站人员提供给他的食物、热饮和休息装备，他在喝下一杯水后又继续趁着夜色前行，甚至都没有再次将水壶装满。他说："我当时已经无法理性思考了。我的大脑已经无法正常工作了"。

15 分钟后，他终于坚持不住了。此时，他已经跑了 85 小时 30 分钟，其间只休息了 3 小时 20 分钟。米列特自己在一年前的比赛中也有类似的经历——他跑了87个小时，只休息了不到3个小时——以至于到最后他出现了幻觉，分不清自己是在做梦还是处于清醒状态。尽管克劳德没有那么幸运，但按照山地标准，当时的天气情况还算相对适中。他的双腿已经不能支撑他继续比赛了，他设法用完好无损的超轻急救毯将自己裹了起来，并将他的头灯调成了闪烁模式，然后他给米列特的手机打电话。由于当时是下半夜，米列特的手机已经关机。米列特后来回忆说："当我第二天早上收到他的语音短信时，我想他可能已经不在人世了。因为当时他的声音已经无法辨认，听起来就像垂死之人在喃喃呓语。"90 分钟后，路过的另一位跑者用他的戈尔特斯外套和另外一条急救毯将克劳德裹住。最后，克劳德被医生和一位山地导游猛烈地摇醒。他们花了半个小时将他背到了他们的四驱车上，然后一起下了山。

米列特说："跑步很少能够致人死亡。"虽然高温、药物、长时间缺乏睡眠等可能导致克劳德精疲力竭的罪魁祸首能够破坏身体微妙的平衡状态，但是他又补充道："我们的大脑总是会保护我们避免出现过度疲劳。"

当然，我们在生活中很少会进行短时间或长时间的极限肌肉收缩——既不会去抬起一辆汽车，也不会进行连续 80 个小时的山地越野跑。但是，如何将短时间受肌肉限制的力量行为与长时间的意志测试联系起来呢？为了研究这一问题，挪威研究人员克里斯蒂安·弗洛伊德在吉约姆·米列特和蒂姆·诺克斯的联合指导下让志愿者们进行了 3 分钟、10 分钟和 40 分钟的计时赛测试。[12] 这种“计时赛”与传统的采用固定健身单车或跑步机的做法不一样：参与测试的志愿者们的双腿与测试力量的测力仪连接在一起，并被要求每两秒钟进行全力的踢腿动作。这一测试的优势在于无论额外电流刺激是否存在，测力仪每分钟都能够进行最大自主力量测试。由于肌肉能够在疲劳出现后的几秒钟之内就开始恢复，这是唯一一种能够进行可靠疲劳测试的方法，而不会受到从自行车上下来再连接测力仪所耗时间的干扰。

发布于 2016 年的测试结果与米列特的某些超级耐力数据模式遥相呼应：在时间最短的测试中，肌肉疲劳起主导作用；而在时间较长的测试中，中枢疲劳的主导作用渐渐增强。实际上，在时间较长测试中进行的最大力量测试显示，肌肉疲劳很快就会稳定在消耗肌肉最大力量 80% 的水平上，直到志愿者们在测试最后关头发起冲刺。这表明，单纯的肌肉疲劳的重要性在之前的研究中被高估了。如果你的腿部肌肉在一小时比赛的末尾严重疲劳，那么很大程度上是因为你跑步时腿抬得过高。

弗洛伊德的研究中最让人感兴趣的一个细节就是配速。在 10 分钟和 40 分钟的测试中，如同图 3–1 罗列的在 1 英里、5 000 米和 10 000 米比赛中创造世界纪录的运动员一样，志愿者们在最后关头会加速冲刺。而在 3 分钟的测试中，志愿者们则努力避免降速过大——而这如同该图显示的一样，也是 800 米比赛的铁律。

在 2012 年的伦敦奥运会上，来自肯尼亚马赛族年仅 23 岁的身材修长的大卫 · 鲁迪沙将 800 米比赛的世界纪录定格为 1 分 40 秒 91。在那次比赛中，鲁迪沙第一圈的成绩为 49.28 秒，而第二圈的成绩为 51.63 秒，比第一圈的成绩慢了 2.35 秒。根据罗斯 · 塔克对包括 1912 年第一次创造现代 800 米比赛纪录在内的所有破纪录的 800 米比赛中配速的分析，这一现象在高水平的800米比赛中很常见：800米比赛第二圈的成绩平均要比第一圈慢2.4秒。只有两次破纪录的800米比赛中出现了意外，即第二圈的成绩要快于第一圈的成绩，这一现象与长距离比赛的情况恰好相反。实际上，自20世纪60年代以来，800米比赛的纪录提高了3秒整，这总体上是由于运动员在第一圈以更快的速度一直保持加速的结果；而第二圈的速度几乎没什么变化则表明，疲惫的双腿在冲刺时受到了某种生理限制。[13]

这些配速模式不太可能是偶然出现的，弗洛伊德的实验得到的数据为我们弄清楚这一问题提供了一些线索。他将电极连接到志愿者的股四头肌上来测量由大脑传向该肌肉群的电脉冲强度，以便大致估测出大脑要求肌肉进行收缩的强度。在10分钟和40分钟的测试中，这些肌电信号反映了肌肉产生的真实力量。在测试的末尾，肌电信号和真实肌肉力量都出现了显著的增长。然而在3分钟的测试中，情况却截然不同：尽管肌肉力量在逐渐下降，但是肌电信号依旧在增长。在3分钟测试中（很可能在800米的比赛中也是如此），大脑在接近终点时依旧会发出冲刺的指令，但肌肉本身很难执行这一指令。如果你想知道肌肉在举起一辆汽车时所发挥作用与大脑在一场超级耐力赛中所发挥作用之间的折中点在哪里，那么一个很好的答案就是：这一痛苦的点好比在800米比赛中的第600米，即你已经倾尽全力但能感觉到你的速度正在变慢的时候。

跑者们会用一个在字典中查不到的术语来描述这种感觉：肌肉僵化。你一般会听到他们说："我本来觉得可以赢下比赛，但是在比赛最后阶段我的肌肉开始僵化。"这一术语来自对人死后身体僵硬现象的描述，但它恰如其分地解释了本可能让人感到困惑的这一感觉。有时候当你观看一场中距离比赛时，你会看到某一跑者开始出现动作变形（这也是一个较为常用的委婉语），即他们的步幅变小且脚步踉跄，这就意味着他们的腿部肌肉开始僵化——如果你本身有过这种经历，那么这种经历此时会让你情不自禁地为之一震。

那么为什么肌肉出现僵化时无法再产生力量呢？长期以来，对这一问题的传统解释为：当你的运动强度太大时，依靠氧气的有氧能量供应便无法满足身体的需求，使得肌肉中充满了乳酸盐。毕竟，肌肉僵化一般出现在运动时长在1~10分钟的比赛中，这一时长正好对应了血液中乳酸盐最高含量的产生持续的时长。[14]肌肉僵化的严重程度能够通过服用苏打水来稍稍缓解，这一抗酸原理与小学里的火山模型爆发实验中用苏打水和醋酸（也就是醋）引起反应的原理完全一致。（尽管我们很喜欢火山模型爆发实验，但是服用苏打水的副作用可能是会引起严重的腹泻。）

尽管这种“酸痛”的理念广为流行，但是来自加利福尼亚大学伯克利分校的乔治·布鲁克斯认为，乳酸盐浓度水平可以通过一系列科学循环进行恢复。[15]布鲁克斯和其他研究者展示了乳酸盐在肌肉中发挥的复杂作用，它能够在高强度的运动中扮演重要的紧急能量的角色。顶级的运动员们尽管不可能不受乳酸盐的影响，但是他们将乳酸盐再利用为能量的效率要高于一般运动员。假如乳酸盐真会造成肌肉僵化，那么在将乳酸盐重新注入肌肉后，你会再次出现肌肉僵化的感觉——但实际上这种感觉没有再次出现，这就说明这一问题并非这么简单。

犹他大学的马库斯·阿曼和艾伦·莱特及其同事们在2014年的研究中将三种与高强度运动有关的不同代谢物——乳酸盐、质子和三磷酸腺苷——注入了10位志愿者的大拇指肌肉中。[16]实验中所用的这些代谢物的浓度包括在身体中循环的“普通”浓度，到由适度运动、高强度运动和极限运动产生的不同浓度。这三种物质本身并不会让志愿者产生任何特殊的感觉。尽管我们知道乳酸盐和质子能够产生乳酸，但当三种物质被成对注入志愿者肌肉中时，志愿者不会产生任何特殊感觉。

但当他们将三种代谢物一起注入时，志愿者们的大拇指突然出现了极度疲惫和不适的奇特感觉。当注射剂量较低时，志愿者们的感受类似于“有疲劳感”和“有压迫感”；当剂量增加时，志愿者们感受到的强度也随之增大，他们会用与疼痛有关的词语来描述其感受，比如“疼痛”和“灼热感”。这些结果表明，“酸痛”感并非简单地由乳酸溶解肌肉所致；相反，它是由大脑通过神经末梢发出的警告信号，而这一信号则由这三种关键代谢物的共同存在引发。

如同我们在上一章所看到的，阿曼用芬太尼来阻隔这些神经信号的传递，这样他的志愿者们就无法感受到这三种代谢物共同作用带来的感觉。所以在自行车蹬骑测试中，志愿者们最初的出发速度很快，并且感觉良好，但是随着肌肉无法很好地执行大脑的命令，他们的速度便慢慢降低。阿曼认为，这三种代谢物的反馈是大脑用自己的方式在确保肌肉永远不会跨越某一应激和失调的重要界限。如果你去除大脑中的这一保护机制，比如使用芬太尼，那么你就有可能逼迫肌肉接近它们真正的极限。那时，包括磷酸盐在内的其他代谢物的浓度会提高，并开始直接干预肌肉纤维的收缩能力。

那么，在不使用芬太尼的情况下能够达到这些肌肉极限吗？毫无疑问，在持续时间少于一分钟的全力冲刺中是可以做到的。世界级 800 米运动员第二圈的表现在我看来就是达到了他们的肌肉极限——如同在超过两分钟的比赛的最后关头的快速冲刺能够作为证明大脑在较长时间的比赛中起主导作用的证据一样。那么是否有例外存在呢？在适当的条件下，你能在长时间的耐力测试中达到肌肉极限吗？或许这不可能出现在运动生理学实验室中或最高级别的比赛中，但这并不意味着是不可能的。

2012年，《体育画报》的作家大卫·爱泼斯坦记录了曾参加俄勒冈大学举办的田径比赛和越野比赛的里安农·赫尔的遭遇。[17] 在2011年移居到哥斯达黎加6个星期后，她和她6岁的儿子朱利安在一个阴天来到了当地的一处海滩上，当时四下无人。忽然，一股大浪将两人从岸边拍下水。当时33岁的赫尔是一位身高5英尺2英寸、身材匀称的马拉松运动员，事故发生时她仍然坚持每天跑步两次。在他们落水后，她一直努力将她儿子托举出水面。等到二人被两名冲浪的少年发现并划着水赶过来施救时，赫尔已经保持托举的姿势半个小时。她儿子后来回忆说："我一直站在妈妈身上。"

在两名冲浪者向二人划去时，由于赫尔一直尽力将朱利安托举出水面，她的头时不时地被大浪盖过。等到冲浪者划到他们跟前时，赫尔拼尽全力最后一次将朱利安托举出水面。一名冲浪者抓住了朱利安，并把他拉上了冲浪板，然后回身去找赫尔，然而却未能找到她。

请原谅我们无礼冒昧地提出这么一个让人感兴趣的问题：假设没有冲浪者来施救，赫尔是能够在水里坚持更长时间呢，还是很快便会放弃？这两种情况都有可能发生，且都能表明援救的到来（或者援救未到），如同比赛中逐渐映入眼帘的终点线一样，能够释放由大脑控制的储存力量。但是赫尔英勇表现的这一令人意想不到的结局，即她的儿子获救而她本人却不幸丧生，会让人们不禁相信答案恰好处于两种情况之间——在生前一直试图达到肌肉极限的里安农·赫尔在她生命的最后关头毫无保留地展示出了她惊人的耐力。

当然，我们永远不会知道真正的答案。

第 7 章 氧气

氧气含量减少会让大脑发出让你慢下来或停止运动的信号。

面向天空仰浮在平静的巴哈马热带海水中的威廉·特鲁布里奇在一次深呼吸后，便开始疯狂地进行小口吸气。通过每次像鲤鱼呼吸般的吸气，他将空气吸到嘴里然后吞咽下去，这让他已经充满空气的肺能够储存一些额外的空气。经测量，他的肺活量为 8.1 升（而普通人的肺活量为 3~4 升）。最后他闭上双眼，翻身面部朝下将头埋入水中，开始向下潜水。他下潜的速度不快不慢——在轻松划了几下水和做了几次蛙泳蹬腿动作之后，他已经下潜到水下 30 英尺，那里的压强是水面压强的两倍。随着水下压力将他肺部的空气挤出，他的浮力开始减少。等到下潜到 40 英尺的深度时，重力作用超过了浮力作用：他身体的密度要大于水的密度，他开始进行自由式下落。他脖子上佩戴了大约 1 磅的重物，帮助其头部朝向水下。[1]

此时正是新西兰的早餐时间，在新西兰的一家电视演播室里，特鲁布里奇的父母正在不安地观看着他的潜水直播。早在两年前的 2014 年，特鲁布里奇就尝试打破自己无装备徒手下潜的纪录，即不穿戴脚蹼，不使用潜水雪橇，以及不佩戴呼吸装置进行潜水。新西兰电视台直播了特鲁布里奇那场试图下潜到 102 米（约 335 英尺）的深度尝试，当时他拿到了标志着 102 米深度的魔术贴标签，然后开始往水面上浮。但遗憾的是，他的挑战没有成功。他在距离水面还有 30 英尺的时候失去了知觉，最后被他的安全员拉出了水面。[2] 同样的情况也发生在他 2006 年进行的一次潜水尝试中。当时他在距水面还有 40 英尺的地方陷入了昏迷，停止呼吸达 20 秒。而那次昏迷让他永久地失去了味觉（他自己把原因归结为使用了劣质的鼻腔喷雾）。[3] 而现在，他又一次通过电视直播的方式挑战 102 米的潜水深度，而地点是巴哈马长滩外一处封闭的海底深坑。

特鲁布里奇 18 个月大时，他的父母将他们在英格兰北部的房子卖掉，买了一艘帆船，载着全家开始了横跨大西洋、穿越加勒比海的长途航行，最后穿过太平洋到达了新西兰。他后来回忆说："所以我是在那艘帆船上长大的。我的生活离不开水，我总是在水中玩耍和潜水。"[4] 现在，36 岁的特鲁布里奇是世界上在世的徒手潜水运动员中成绩最为辉煌的一位，他在该项运动的各个项目中创造了 17 个世界纪录。（相比其他运动，除了低空跳伞，"活着"对徒手潜水运动来说意义重大：俄罗斯潜水运动员纳塔利娅 · 莫尔查诺娃创造了 41 项世界纪录，成就远远超过特鲁布里奇，但 2015 年她在西班牙海岸教授徒手潜水课时失踪了。）当特鲁布里奇接近他的目标深度时，他的潜水表发出了提示音；尽管闭着眼睛，他仍然伸手抓到了深度刻度标签，然后开始往上游。此时，他的肺被压缩到只有拳头一般大，然后最困难的时刻到来了：他必须克服重力向下拽的阻力。在距离水面还有一半距离的时候，他感觉由于氧气的减少，他的意识开始模糊。而此时在奥克兰，他的母亲一边回答着主持人提出的无聊问题，一边紧张得快要晕过去。

特鲁布里奇设法重新振作起来，继续往上游。最后，在下潜了 4

分 14 秒后，他终于浮出了水面，大口呼吸着空气，把自己的鼻夹摘掉。他低声说道："我没事。"然后，他按照规定给出了代表一切正常的手势。在焦虑地等待了几秒钟后，随着裁判们亮出了代表没有犯规的白色卡牌，现场及远在奥克兰电视演播室的观众们发出了欢呼声。

对于耐力和生命本身而言，没有什么限制因素比氧气更重要。我们从精疲力竭时进行的大口呼吸中及屏息时不断积聚的恐慌里都能体会到这一点。但缺氧会真正地阻碍我们吗？像威廉·特鲁布里奇等徒手潜水运动员和攀登氧气含量只有海平面的 1/3 的世界最高峰的登山者的壮举显示出缺氧的实际危害并没有我们想象的那么大。通过对这些极限运动的研究，科学家们正在学习区分身体想要更多的氧气与身体所需的氧气之间的差别，他们的研究结果帮助我们重新理解了平时氧气在耐力极限方面发挥的作用。想要呼吸的冲动（实际是由二氧化碳在体内的堆积而非氧气的缺少所致）是一种你可以在一定程度上忽略掉的警告信号。

几个世纪以来，欧洲的旅行者们在全球航海归来后会带回许多关于加勒比海、亚洲及南太平洋上采珍珠者的传奇故事，这些采珍珠者能够下潜到 100 英尺深的海底，并在水下待上 3~4 分钟（在一些更夸张的故事中，这些人能够在水下待 15 分钟）。[5] 但是随着新渔业和珍珠养殖技术的出现，这些传统的下潜作业在 20 世纪便消失了。1949 年，一位名叫雷蒙多·布赫的意大利空军飞行员为了获得 5 万意大利里拉①的奖励而挑战徒手下潜到大多数科学家认为能够致命的 100 英尺的海底深处。毕竟，由于气体的体积与压强成反比——在 100 英尺深处，其压强为水面压强的 4 倍，人类的肺会被压缩到只有

① 意大利里拉，意大利在 1861—2002 年的货币单位。——编者注

平时的 1/4。[6]

最后布赫成功地从在卡普里岛附近海底佩戴呼吸装置的潜水员手中接过象征着挑战成功的接力棒，正式拉开了现代徒手潜水运动的帷幕——徒手潜水运动下潜深度的日益增加在一些将徒手潜水视为海洋探索而非一种俄罗斯轮盘赌形式的冒险运动者眼里依旧存在争议。现在，根据所允许使用的包括脚蹼或下降重物在内的设备的不同，徒手下潜的种类多得令人眼花缭乱。在允许使用重量橇帮助下降和自动充气气球帮助上升的“无限制”潜水中，澳大利亚冒险者赫伯特·尼特奇在 2007 年将该项纪录保持在超过 700 英尺的深度。2012 年，尼特奇将下潜深度提高至 800 英尺，但是他在返回水面的途中陷入了昏迷，并引发了多次中风，他的神经系统也因此受到了长期性损伤，进而影响了他走路和说话的能力。尼特奇在他的网站上声称这次失败的尝试依旧创造了世界纪录；然而国际自由潜水发展协会的纪录承认规则为：挑战者浮出水面后必须按照安全规定完成相关动作。[7]

最容易被了解的潜水比赛就是特鲁布里奇在除脖子上挂了 1 磅的重物外不借助任何其他协助的情况下下潜到 335 英尺深处的项目。然而国际自由潜水发展协会还认可了一种更为简单的项目：只简单地比较憋气时间长短的静态屏气。这一面部朝下浮在游泳池中并配备一名观察员的比赛可以避免徒手下潜可能遇到的各种问题，比如水压和减压病，还能节省下潜和上浮时所消耗的氧气，并且参赛者在能够测试体力极限的情况下又不需要担心是否有足够的氧气游回水面。而这最后一点既能创造成就又能带来灾难——如同沙克尔顿在南极探险时毅然决定返程和亨利·沃斯利一意孤行前进之间的差别。明白自己可以在任何一点停下来并无须按原路返回的想法最终让沃斯利将自己逼上了绝路。目前静态屏气的纪录是由法国人斯特凡纳·米夫萨德于 2009 年的一个星期一的下午在自己家的游泳池中创造的，成绩为惊人的 11 分 35 秒。

（这一项目虽然看上去很简单，但是在其世界纪录的认可上也充满了争议。[8] 塞尔维亚潜水运动员布兰科 · 佩特洛维奇在该项目上创造的吉尼斯世界纪录为 11 分 54 秒，但是他并没有遵守国际自由潜水发展协会关于挑战要事先声明，以及不允许在屏气的最后时刻接受协助的规定。米夫萨德在潜水论坛上也被人指责有作弊行为，其作弊方式或许是在创造纪录前通过游泳池内的通风口吸氧——尽管这一指责并没有任何证据。过去先吸纯氧再进行屏气比赛的世界纪录是由魔术师大卫 · 布莱恩于 2008 年创造的，成绩为 17 分钟，而这一成绩后来被西班牙徒手潜水运动员亚历克斯 · 塞古拉的 24 分 03 秒打破。即便如此，塞古拉在赛后表示，借助吸氧的屏气仅仅是为了“追求轰动效果和进行实验，并不属于真正的屏气或潜水运动，而后者才是我们所有人关心的问题”。）[9]

米夫萨德如同耐力运动员一样进行训练，包括数月的跑步、骑车、游泳，甚至是残酷的铁人三项训练。[10] 在他的有氧适能提高了之后，他才进行被他称为“初学者”阶段的训练，即在自行车训练中增加反复 20 次且每次休息 15 秒的 30 秒屏气训练。最后，他从每天 6 小时的训练中专门拿出 2 小时进行水下屏气训练。他的肺活量达到了惊人的 11 升。他和特鲁布里奇及很多人都认为，在任何徒手下潜比赛的最后关头，主要的障碍来自心理层面而不是身体层面。当他在水下屏气了 9 或 10 分钟时，他所感受的痛苦好比躺在嘶嘶作响的烧烤炉上。那时他的心脏每隔 3 秒钟跳动一次，而让他焦虑的是，他想要呼吸的冲动几乎消失了。他说：“你必须依靠强大的心理力量坚持下去。我告诉自己，只要我能够感受到痛苦就说明我还活着。”

米夫萨德选择在游泳池里打破屏气纪录是有原因的，而这并不只是为了确保他不会作弊。当你把脸浸没在水里时，一种几近神奇的现象便会出现——我们和陆生哺乳动物、水生哺乳动物共同拥有的一种退化了的条件反射。1894 年，诺贝尔生理学或医学奖获得者夏尔·里歇开始发表他从事的一系列残忍实验的结果。[11] 在实验中，他将一些鸭子的气管堵住，并记录下它们死亡所需的时间。在陆地上窒息而死的鸭子的平均死亡时间为 7 分钟；而在水下窒息而死的鸭子的平均死亡时间为 23 分钟。里歇［除了因对过敏反应的研究而获得诺贝尔奖，还非常热衷于对超自然现象的研究，并在电影《捉鬼敢死队》诞生前一个世纪创造了“灵外质”（ectoplasm）一词］[12] 认为当人体浸入水中时会触发包括心率显著降低在内的一系列节省氧气的自然反应。

这些反射现在被统称为“哺乳动物潜水反射”，还被瑞典裔美籍研究学家佩尔·施兰德更有诗意地称为“生命之阀”[13]。当一头韦德尔氏海豹潜水时，它的心率会立刻降低到平时的 1/10，以帮助它在海底停留超过 45 分钟。[14] 施兰德在人类志愿者身上也发现了类似但并不特别显著的反射现象——即便他让志愿者们躺在灌满水的木制水槽底部进行通常会让其心率显著提高的高强度训练时也是如此。[15] 特鲁布里奇在进行打破纪录的潜水时，其脉搏会下降到每分钟 20 多次[16]；其他的徒手潜水者运动时的脉搏只有每分钟十几次，低于生理学家认为的保持意识清醒所需要的跳动次数。

潜水反射的另外一个重要组成部分便是大规模的末梢血管收缩现象，即胳膊和大腿的血管通过急剧收缩，将血液送回身体的核心部分，以求尽可能地保证心脏和大脑的关键氧气供应。由于液体（与气体不同）几乎无法被压缩，将血液送至身体躯干部分也会帮助人们在深潜时维持肺部功能的正常运转。你只需将脸浸没在冷水中便会触发这些反射。实际上，身体相关的感应区域主要在鼻子周围，这也是为什么用冷水洗脸会让你平静下来的说法让人信服。[17]

当然，人体还有更多细微的反射现象，比如“脾脏供给”。脾脏的主要功能为血液过滤，但是它同时也存储着在紧急时刻可以发挥作用的富含氧气的红细胞。对海豹而言，脾脏基本相当于一个天然氧气储存罐：它能够储存超过20升的红细胞，在海豹潜水时，其脾脏会像海绵一样剧烈收缩，收缩幅度高达85%，以便促进血液循环。[18]人类尽管没有这样强大的先天功能，但在潜水或从事其他长时间的疲劳运动时，也会从脾脏富含氧气的血液供应中受益。一项研究将克罗地亚国家徒手潜水队的队员与没有经过专业训练的业余人士进行了对比。[19]在这些业余人士中，有一些人的脾脏被切除了（当然，切除原因与此次实验无关）。为了激发潜水反射，这两批人将头浸没在冷水中进行了5次最大程度的屏气测试，每次测试的时间间隔为2分钟。在这两批人中，脾脏没有被切除的人在第一次尝试后，在剩余的测试中屏气的时间越来越长，这得益于脾脏提供的额外血液供应，且他们的受益时间超过了1个小时。而脾脏被切除的人在这5次屏气测试的时间上没有发生任何变化。

对于有经验的徒手潜水者来说，监测这些细微的身体条件反射能够让他们对于自身的潜水状况进行至关重要的把握。南非徒手潜水教练汉莉·普林斯罗将潜水过程分为四个阶段。第一阶段为微妙的“意识阶段”，即想要进行呼吸的强烈冲动占据着你的意识。如果你忍过了这一阶段，那么你会感觉你的腹部开始进行不自主的收缩运动，这是由二氧化碳在你的血液中不断堆积而非缺少氧气所引发的现象。如果你愿意忍受这一点，那么你可以安全（但只能是短暂）地忽略掉这一阶段。然后你会进入第三阶段，即脾脏开始向身体输送新鲜的血液，对你进行心理激励，允许你继续下潜。之后进入第四阶段，当缺乏氧气的大脑意识到氧气供给受到了真正的威胁，你整个人会陷入昏迷状态，如同电脑进入待机模式以节省能量。你必须感知到前三个阶段，才能确保第四阶段不会在水下发生（或者用普林斯罗的话说，让第四阶段在更安全的条件下发生）。但是如果第四阶段不幸发生在水下，那么你的喉头会反射性地关闭，以阻止水进入你的肺。但是如果没人将你在几分钟内拉出水面，你会最后进行一次寻找氧气的大口呼吸，随后便会溺水。

人们能够下潜到300英尺的深处或屏气接近12分钟的事实告诉我们，氧气的绝对限制性不像我们想象的那样强烈——我们其实受到层层反射安全机制的保护。而对这一过程的解释则令人好奇。潜水反射是由自主神经系统控制的，而该系统又控制着大量不被我们的意识控制的身体机能，比如心率、呼吸和消化。但是如果你将一台心率测试仪绑在一头海豹身上，你会发现，海豹的心率在它开始潜水之前就急剧下降了。[20] 人类的反射尽管不像海豹的那样显著，且反射程度并不稳定，但同样会出现此种反射。实际上，一旦你稍加训练，将把脸浸没到水中的行为变得稀松平常，那么你在听到将头浸没到水中的指令时，你的心率就会马上下降，即便在这一指令被取消且你没有将头浸没到水中时也是如此。蒂姆·诺克斯将这一现象称为“预期调节”，即我们的大脑可以根据我们有意识采集的信息，比如即将发生的潜水或者映入眼帘的终点，来激活或取消本来完全不受自主控制的身体安全机制。

但这并不意味着大脑永远不会犯错。根据追踪全球范围内水肺潜水和屏气潜水事故的潜水员警示网的统计，2014年出现了57起致命的徒手潜水事故，这比10年前每年报告的徒手潜水死亡事故多了20~30起，但是比起2012年的70多起致命事故还是有所下降。即便是那些成功回到水面上的人，有时也会付出一些沉重的代价：威廉·特鲁布里奇因此失去了味觉；赫伯特·尼特奇因此中风，并影响了他走路和说话的能力。我们的身体之所以具备这些高级的保护机制来防止氧气消耗殆尽，是因为其后果相当严重。

徒手潜水运动员为我们生动地展示了当氧气完全耗尽时人体会有什么样的反应。但要想了解不同程度的氧气缺乏条件下的身体反应，思考一下与水下情况截然相反的极端陆地情况会有所帮助。你如果从加利福尼亚蒙特利的海水中浮上岸，脱掉潜水呼吸管和脚蹼，并开始往内陆走，你周围的空气会逐渐变得稀薄。这是因为你在空气的海洋——大气层中慢慢上升，你上升得越高，空气给你带来的压强就越低。当你到达位于内华达山脉脚下海拔 1 949 英尺的马里波萨小镇时，你每次呼吸中的氧气含量在不知不觉中下降了 6%。当你到达海拔 7 880 英尺的猛犸湖时，氧气的减少量为 24%——这时你便会有所察觉。当你爬上附近海拔 14 504 英尺的惠特尼山时，你呼吸中的氧气含量只有你在海平面时的 41%，此时，你大概率会出现头痛欲裂的症状。

对高山症状的最早描述来自约公元前 30 年的一本中国历史书。[21] 书中记录了从中国到今天的阿富汗的一段需要穿越“大头痛山”和“小头痛山”的旅程的故事。当旅行者们经过这两座山时，他们（以及他们的驴和牛）都出现了头痛和呕吐的现象，这是急性高山病的典型表现。直到 1648 年，法国博学家布莱士·帕斯卡说服了他的妹夫携带一只充满水银的气压表从法国克莱蒙市的最低点爬到附近的一座山顶，此举使得高度与空气稀薄之间的重要关系变得清晰起来。在接下来的几个世纪里，科学家们逐渐将氧气在呼吸中的作用与氧气不足所产生的后果联系在一起。早期的一件里程碑式事件为：早在运动员们学会使用高山帐篷休息的三个世纪前，罗伯特·胡克就于 1671 年建造了世界上第一个人工高压舱。胡克将自己用水泥密封于一个木制容器中，而后将该容器放入另外一个浸没在水下的木制容器中，然后使用风箱和真空管将里层木制容器的空气抽出，直到他的耳朵感到突突响为止。

而热气球的发明则提供了一种较为简单的研究高海拔影响的方式（尽管危险性没有降低）。在1783年第一个载人热气球问世后的几年里，生理学家和冒险家们便乘坐热气球上升到极高的高度来体验人体在稀薄空气中产生的那些令人好奇的反应：心跳加快、呼吸急促、头晕，以及有时会出现的麻痹和瘫痪。1799年，一位热气球爱好者与一匹马一起乘坐热气球（这样做的原因不得而知），当上升到一定的高度后，那匹马的鼻子和耳朵便开始流血。通过观察，人们得出了一个关键的结论，即有经验的热气球爱好者受上述反应的影响较小，这表明经常接触稀薄空气可以让人习惯空气稀薄的环境。1875年，三名乘客乘坐法国“天顶号”热气球升空，尽管当时他们已经具备要携带备用氧气在高空使用的常识，但当上升至26 000英尺的高度时，他们全部陷入昏迷。两小时后，当热气球返回地面时，其中一人苏醒过来，但他发现他的两位同伴眼睛半闭，满嘴是血，早已死亡。当时由热气球造成的死亡事件并不罕见，比如失火、坠毁及其他原因导致的事故——但“天顶号”事故表明，在到达一定高度后，空气也会变成致命的杀手。

与此同时，登山者们所征服的高山的高度也在增加，比如1786年征服海拔16 000英尺的勃朗峰，1880年征服当时被认为是地球最高点、位于厄瓜多尔境内海拔21 000英尺的层状火山钦博拉索山，当时人们都遇到了相似的问题。（钦博拉索山至今被认为是距地球中心的最远点，这是由于靠近赤道的地壳更厚。）尽管德国自然学家亚历山大·冯·洪堡于1802年征服钦博拉索山失败，但他是第一个得出缺氧和令人虚弱的高山症状有直接联系的人。

众所周知，世界上最高的山峰为珠穆朗玛峰，海拔为 8 848 米（约合 29 029 英尺）。20 世纪 20 年代初期，当英国探险队第一次尝试攀登珠穆朗玛峰时，登山队员们都明白，逐渐适应高海拔有助于减少高山症状的影响。由于攀登珠穆朗玛峰不会像热气球爬升那样迅速，以及考虑到没有地图的帮助，登山队要花 5 周的艰苦跋涉才能到达珠穆朗玛峰脚下的事实，队员们肯定会逐渐适应高山症状。但即便是这样，他们依旧不清楚其身体能否进行如此高海拔的攀爬。科学家们知道珠穆朗玛峰上的氧气含量只有海平面氧气含量的 1/3。男女登山队员能否在氧气如此稀薄的条件下保持意识清醒都不好说，更不用说耗费足够体力进行条件恶劣的冰雪攀爬了。

1924 年，在英国探险队 4 年之内进行的第三次攀登珠穆朗玛峰的尝试中，军人出身的登山运动员爱德华 · 诺顿成功爬到了海拔 28 126 英尺处——距离珠穆朗玛峰顶部还有不到 1 000 英尺。但他决定下山，因为除了几乎无法呼吸，他还出现了重影症状，因此无法在恶劣的地形中看清楚脚下的路。两天后，诺顿的队友乔治 · 马洛里和安德鲁 · 欧文又进行了一次登顶尝试，这次他们携带了沉重的氧气瓶以应付高海拔引发的缺氧问题。[22]《纽约时报》的一名记者曾问马洛里为何要第三次攀爬珠穆朗玛峰，马洛里给出了那个著名的回答："因为它就在那里。"[23] 直到今天，我们也无法得知马洛里和欧文是否成功登顶，因为二人再也没有回来。他们不是长眠在珠穆朗玛峰上的第一人：在那次攀登之旅中，两名当地的背夫献出了生命，其中一人死于高海拔引发的脑出血；而在这之前的一次攀登之旅中，有 7 名背夫死于一场雪崩。他们也不是最后为攀登珠穆朗玛峰而献出生命的人。

"没人会在乎登山者们可能受到的大脑创伤。"[24] 这是莱茵霍尔德·梅斯纳尔在1978年5月的一个晴朗夜晚在自己的迷你录音机中录下的话，当时他已经到达了海拔26 000英尺高的地方。他和他的登山同伴彼德·哈伯勒当时蜷缩在位于珠穆朗玛峰南部山坳里被冰雪冻住的帐篷内，准备翌日清晨向珠穆朗玛峰顶部发起冲击。他们的帐篷内也堆满了积雪，能够取暖的只有他们的炊具下微弱的火苗；他们的睡袋早已冻得生硬。俩人开始互相安慰。

哈伯勒说："好吧，我跟你说实话，我感觉不妙的时候就会准备放弃登顶，转身返回。"

"我也是这么想的。"

"如果我意识到出现了任何能够引起大脑损伤的症状，我会下令停止攀登。"

梅斯纳尔赞同地说道："如果我们的表达能力受到影响，或者我们身体出现任何失衡状况或类似的情况，我们必须马上返回。"

从地理方面上看，二人并不是在探索未知的领域。在他们二人之前，已经有60名男性和2名女性登山者到达了珠穆朗玛峰顶部，而最早完成登顶的是埃德蒙·希拉里和丹增·诺盖，他们于1953年完成登顶。[25] 但他们都使用了氧气供给——这在梅斯纳尔看来使登顶的成就及经历大打折扣。他说："登山者如果依靠数百名背夫、帐篷短桩和氧气设备的话，那么即便是登上了世界最高峰也没有什么可炫耀的。使用了氧气瓶，相当于登山者登上的不是珠穆朗玛峰，而是登上了一座海拔只有6 000英尺的山头。"他和哈伯勒决定在不依靠额外氧气供给的情况下进行登顶尝试，以展示人类依靠自身能力究竟能够爬多高。梅斯纳尔这样写道："我打算要么爬到珠穆朗玛峰的顶部，要么因体力不支而返回。"

这两位有足够的理由担心他们登顶的概率。自1924年爱德华·诺顿在没有氧气供给的情况下尝试攀登珠穆朗玛峰后，半个多世纪过去了，但还没有人能在同样的条件下达到他所达到的高度。生理学家们讨论了要想完成离珠穆朗玛峰顶部最后 1 000 英尺的距离还需要什么样的条件，但是他们的讨论结果并不令人乐观。1929 年，著名的意大利科学家鲁道夫 · 马尔加利亚和另外三名不幸的学生参加了一系列艰苦的测试，其中就包括在压强不断降低的高压舱内进行的骑行测试。通过对测试数据的分析，马尔加利亚发现当气压下降到 300 毫米汞柱的时候，他们便无法再运动了。由于人们预测珠穆朗玛峰顶部的气压为 240 毫米汞柱，马尔加利亚得出结论：在没有氧气供给的情况下，人类不可能登顶。十年后，耶鲁大学的扬德尔 · 亨德森在对全球范围内登山科考队中适应性强的登山者的实地评估进行类似的分析后也得出了同样的结论，他写道："在靠近珠穆朗玛峰顶部时，再向上攀登的概率几乎为零。换句话说，无论花多长时间，你很难再前进一步。"[26]

留着胡子且脾气暴躁的梅斯纳尔来自意大利德语区博尔扎诺自治省。他在登山圈内是一位颇具争议性的人物。在他的第一次喜马拉雅山征服之旅中，他和他的弟弟古瑟尔 · 梅斯纳尔一起开辟了一条通往被誉为世界第九高峰（也是最危险的山峰之一）的南迦帕尔巴特峰的新路径。[27] 但是古瑟尔遭受了高山症的困扰，并在下山途中死于一场冰崩事故。探险队的其他成员指责梅斯纳尔（在此次登山中因为冻伤失去了 7 根脚趾）为了追求声誉不顾自己弟弟的安危——梅斯纳尔强烈地否认了这一指责。梅斯纳尔提倡"阿尔卑斯山式"登山方式，强调由装备简单、自给自足的小队进行快速攀登，而非当时大规模登山活动所喜欢的"阵地式"登山模式。1975 年，他和哈伯勒第一次以"阿尔卑斯山式"登山方式在不靠氧气补给的情况下历时三天登上了海拔 8 000 米（超过 26 000 英尺）的加舒尔布鲁木 I 峰。

梅斯纳尔和哈伯勒明确了他们的下一个伟大目标，且二人放出豪言："要凭借自身力量征服珠穆朗玛峰"——否则宁可不去尝试。二人对这次登山尝试的宣传（梅斯纳尔的又一项让其他登山者厌烦的天赋）引起了轩然大波。根据《纽约时报》的报道，专家们"一致认为不依靠氧气补给去征服珠穆朗玛峰无异于自杀"。[28] 但不是所有人都对此举持怀疑态度。在梅斯纳尔动身飞往尼泊尔的几天前，他收到了爱德华·诺顿的儿子的来信，信中说："我父亲相信，只要条件适当，人类可以在不依靠氧气补给的情况下登上珠穆朗玛峰。"

"只要条件适当"这一条件本身就很重要。所有攀登过喜马拉雅山的登山者都明白，天气和降雪条件对于成功登顶来说与身体健康及适应高山条件一样重要。在二人的第一次尝试中，哈伯勒在 III 号营地出现食物中毒症状，不得不提前下山；梅斯纳尔则与两位夏尔巴人继续前行，但是三人在南坳地段被强烈的暴风雪困在帐篷中整整两天，当时风速达到了每小时 125 英里，且气温降到了零下 40 华氏度。两周之后，梅斯纳尔和哈伯勒又返回了南坳，准备进行最后一次尝试，这时二人也开始怀疑他们能否成功登顶。

5 月 8 日早上，天空阴云密布，且阵风不断。当二人费尽力气花了两个小时整装完毕走出帐篷时，雨夹雪直扑脸上。但他们毅然决定继续前进。雪势渐渐变大，让二人的攀爬变得格外困难，他们不得不选取没有积雪的山脊前行。为了节省氧气，他们依靠手势，以及用他们的冰镐在雪地上画出向上或向下的箭头进行交流。8 小时后，他们离峰顶还有一步之遥，此时他们仅能够爬行前进，并且每爬 10~15 步就得瘫在雪中休息。最后，他们终于到达了珠穆朗玛峰之巅，二人一边大口呼吸，一边兴奋地颤抖着并流下了激动的眼泪。梅斯纳尔这样描述那一刻的感受："我就如同一叶虚弱且急需氧气的肺，漂浮在云雾和顶峰之间。"

这次成功登顶使得生理学家们重新对不依靠氧气供给登顶理论

的可行性进行了评估，毕竟这种登顶已经在现实中实现了。三年后的一次大规模的珠穆朗玛峰研究探险将登顶全过程中出现的生理反应进行了测试；而在另外一场研究中，8 名志愿者在模仿攀登珠穆朗玛峰场景的高压舱内待了 40 天，并一直被要求运动到精疲力竭为止。这些研究所得出的改进后的数据的确表明，梅斯纳尔和哈伯勒不依靠氧气供给的登顶是可行的——但成功的机会比较渺茫。随后，其他人很快也不依靠氧气供给实现了登顶（根据喜马拉雅数据库的数据，截至 2016 年 6 月，在 4 469 名登山者所创造的 7 646 次珠穆朗玛峰登顶中，有 197 次登顶是不依靠氧气供给实现的），其中梅斯纳尔自己于 1980 年在中国西藏一侧实现了独自一人不依靠氧气供给成功登顶。[29]

在生理学家看来，人类在稀薄空气中生存的能力恰好在世界最高峰上达到了绝对极限是一种非常吸引人的巧合。权威的高山生理学专家约翰 · 韦斯特于 2000 年在《纽约科学院年鉴》中写道："如果某一进化论生物学家能够阐明这一原因，那么这一定会让人很感兴趣。"[30] 当然，这种巧合的确发生了。但是，由于我们知道终点线和其他象征终点的事物会影响我们身体的保护回路，我很想知道，假如地球上的最高海拔是一座 30 000 英尺的高峰而不是 29 029 英尺的珠穆朗玛峰，那么人类是否还能够在不依靠氧气供给的情况下成功登顶。

2013 年 1 月——我和我的妻子住在澳大利亚的那个仲夏，我开始为人生的第一场马拉松比赛进行训练。我有 20 多年认真跑步的经历，尽管中间有中断，但我还是很清楚我应该如何做准备。我有一支很棒的训练团队、一名伟大的教练，以及我将为《跑者世界》杂志写稿子来分享我的准备经验的额外推动力，此外，我还在测试塞缪尔 · 马卡拉的大脑耐力训练法（我将在本书第 11 章中对此进行详述）。由于我在上一年的秋天患病，体能受到了较大的影响，所以 3 月的时候我决定参加一场难度较小的半马比赛来测试一下我的恢复情况。我的那次半马成绩为 1 小时 15 分 08 秒，尽管这不算太糟糕，但我还是感到有些失望。尽管 37 岁的我早已度过了运动生涯的黄金时期，但是几年前我在训练时的节奏跑中就已经跑出了与此相似的成绩。显然，我必须有更大的投入来迎接我的马拉松比赛。

一个月后，我变得更加强壮，体力也更加充沛，因此，我又参加了一场半马作为大赛前最后的调整。这一次我跑得很轻松：我感觉一切良好，配速也很棒，完成比赛后我知道这已经是我目前的最高水平了。但这一次的成绩也仅为 1 小时 12 分 55 秒，虽然比上一次的成绩有所提高，但提高的程度有限。这一次我找不出什么理由来为自己搪塞了。我连续三个月进行了没有丝毫缩水且既保证强度又没有过度的训练，此外我也没有遭受重大伤病或挫折。如果你赛前问我我的预计成绩是多少，我会说是 1 小时 10 分整。我对自己的表现仍感到不满意，最终（这也是作为跑步科学狂人的优点）我想到了一种看似可行的借口：海拔。

我当时住在海拔 1 900 英尺的内陆城市堪培拉。一般人们在海拔超过 3 000 英尺时才开始考虑空气稀薄带来的影响——实际上，在一些高海拔训练研究中，低海拔对照组里的志愿者们都生活在海拔超过 3 000 英尺的地方。[31] 在我完成成绩令人失望的半马比赛后不久，我采访了位于堪培拉的澳大利亚体育学院的几位科学家。生理学家劳拉 · 加维肯告诉我，在澳大利亚体育学院刚建立时，他们对各个实验室中的精密测试仪器进行了校对。尽管他们已经做到最好，但他们对同一批运动员的最大摄氧量所测出的数值还是要稍低于其他实验室所测出的数值。最后，他们开始怀疑海拔是否会对测试结果有影响——于是，他们决定使用加压仓改变实际的海拔高度来重新测试。

发表于 1996 年的该研究结果发现了一个有趣的特点。对于没有受过训练的志愿者来说，海平面和堪培拉海拔的不同不会产生任何影响。[32] 而对于受过训练的自行车运动员来说，1 900 英尺的海拔就可以让他们的最大摄氧量平均下降 6.8%，这是由血液向工作肌肉输送的氧气量降低造成的。耐力运动员的心脏运转更加激烈，以至于血液在流经肺部时没有时间携带氧气。在海平面高度，大约 70% 的男性耐力运动员在进行心脏跳动最为剧烈的全力运动时，动脉含氧水平会显著下降（这一特点在女性运动员和年纪较大的运动员中更为明显）。[33] 在像堪培拉这样海拔高度的地区，较低的空气含氧量及血液氧气含量下降会影响到肌肉接收的氧气量。

这一相同的特点在世界上最优秀的跑步运动员及那些成长于更高海拔地区的人身上也得到了体现。当不列颠哥伦比亚大学的研究人员来到肯尼亚的高原地区评估该国最出色的长跑运动员的肺和氧气处理能力时，他们发现“由运动引起的动脉血氧低下”（在高强度运动时血液含氧量降低）现象与在其他人群中发现的现象一样普遍。该大学的研究人员比尔·希尔说：“他们可是世界上最健康的人，但是他们的血气状况与在重症监护室里的病人的一样。”

我很自然地认为海拔高度会让我的最大摄氧量降低——但是我还是不太明白为什么最大摄氧量降低会让我的半马成绩变得不理想。毕竟，一名优秀的长跑选手在 13.1 英里的比赛中平均只需要维持其 85% 的最大摄氧量，而马拉松选手在比赛中只需维持其 80% 的最大摄氧量。[34] 在实际生活中，我们几乎不会达到最大摄氧量的上限，因为达到最大摄氧量的上限非常吃力，且时间不会超过 10 分钟。我在半马比赛中没有直接受到无法向肌肉输送氧气问题的困扰。长跑比赛中同样不会遇到这样的问题，并且训练研究发现，最大摄氧量的增加不会相应地提高比赛成绩。[35] 那么假如最大摄氧量的确影响了我的发挥，原因又是什么呢？

A. V. 希尔和其理论的继承者们并没有错。最大摄氧量的确是能够预测运动员表现的利器。尽管我们无法依靠它从一群水平相当的运动员（或者一群没有受过训练的普通人）中挑选出冠军来，但是在一群水平不一的运动员中，我们可以大胆地预测那些最大摄氧量高的运动员会比那些在耐力测试中表现较差的运动员的成绩更理想，即便是在像半马这种不需要达到最大摄氧量的长跑比赛中也是如此。[36] 能够在多年时间里保持世界上最大摄氧量水平最高（非官方认可）的挪威越野滑雪运动员比约恩·戴利曾经是冬季奥运会史上获得奖牌数量最多（一共获得 12 枚奖牌，其中 8 枚为金牌）的运动员这一事实并非巧合。有报道称，他每分钟每千克体重处理和消耗氧气的数值为 96 毫升，而普通健康成年人的数值仅为 40 毫升。

我们应当用怀疑的态度去审视这些测试所得出的具体数据。当我询问从 1997 年便开始在挪威工作的美国运动学家斯蒂芬·席勒关于戴利的最大摄氧量数据的问题时，他说他对该数据表示怀疑。他的确见过那些测试数据，但是他怀疑其真实性。20 世纪 90 年代，当戴利的最大摄氧量数据被测量出来时，挪威正在与瑞典、俄罗斯、意大利等国进行激烈的“冷战式”越野滑雪比赛竞争。席勒说：“我想他们知道那次测试的结果有些夸张，但是仍故弄玄虚地让媒体将风声透露出去以便给竞争者施加压力。”2017 年，席勒和其他几位挪威运动学家一起发表了名为《人类能力新纪录》的文章，该文章的题目与 1937 年哈佛大学疲劳实验室著名的研究题目遥相呼应。[37] 该文章所记录的最可靠的男性运动员的最大摄氧量数据为每分钟每千克体重处理和消耗氧气 90 毫升，这一数值来自自行车运动员和越野滑雪运动员。而女性运动员的最大摄氧量比男性低了 15%，原因是她们体内的脂肪含量更高，以及其血液中携带氧气的血红蛋白数量更少。女性运动员最大摄氧量为每分钟每千克体重处理和消耗氧气 78 毫升，这一数据同样来自越野滑雪运动员。

（令人震惊的是：无论戴利未被官方认可的最大摄氧量纪录是否准确，该纪录于 2012 年秋天被另外一位挪威运动员的最大摄氧量打破。该运动员是 18 岁的挪威自行车运动员奥斯卡·斯文森。[38] 根据挪威媒体的报道，斯文森的最大摄氧量为每分钟每千克体重处理和消耗氧气 97.5 毫升，他在该数值被测量出来的几周后便赢得了世界公路自行车锦标赛青年计时赛的冠军。作为一名年轻的职业自行车运动员，斯文森短暂而坎坷的职业生涯在经历了大肆炒作后于 2014 年戛然而止，那一年他刚满 20 岁。最大摄氧量很重要，但它绝不是决定性因素。）

然而，关键问题是氧气可用性的细微差异的确能影响运动员的成绩。澳大利亚体育学院的科学家们后来进行的一项研究证实，堪培拉的海拔不仅降低了最大摄氧量，而且延长了完赛时间。[39] 相反，我们在本书第 2 章谈到呼吸纯氧气似乎能够加强耐力表现，即使是在一些氧气严重短缺不是问题的运动项目（比如横渡英吉利海峡的游泳比赛）中也是如此。这也是一心想要先于耐克公司完成马拉松“破 2”的亚尼斯·比兹莱迪司专门飞到以色列，去探究在死海岸边举办马拉松比赛可能性的原因，因为那里处于地球的最低点。[40] 由于海拔比海平面还要低 1/4 英里，死海岸边的氧气含量比海平面高 5%，这就给运动员提供了潜在（尽管现在看来还只是假设）的优势。利用氧气来提高成绩的著名研究人员之一便是罗杰·班尼斯特。在 1954 年首次 1 英里比赛跑进 4 分钟的两个月后，他便在《生理学杂志》上发表了名为《吸气时增加氧气含量在运动中对呼吸和表现的影响》的文章。他发现，将空气中的氧气含量由标准的 21% 提高到 66%，可以让他在跑步机上坡测试中的疲劳时间的出现延迟一倍。

对于氧气这种限制性作用的一个有趣的解释来自对“大脑氧合作用”——大脑中能维持生命的血液流动的研究。[41] 当你开始运动时，你大脑中的氧气含量便开始上升，为因参与向肌肉发送大脑指令和监视肌肉状况而不断增加的神经活动提供氧气。在你的体能接近极限之前，大脑中的氧气含量会趋于一个稳定状态。随着呼吸频率的增加及呼吸程度的加剧，血液中的二氧化碳水平会下降，而这会使通向大脑的血管收缩（这与你用力呼吸会感到眩晕甚至昏厥是一个道理）。这就会造成大脑中氧气的减少，而氧气含量减少可能会直接影响你的肌肉活动情况，或者引发疲劳感，从而让大脑发出让你慢下来或停止运动的信号。

2010 年，加拿大莱斯布里奇大学的研究人员通过测试发现大学中高水平跑步运动员大脑中的氧气含量在 5 000 米跑步的最后阶段的确出现了下降。4 年后，另一支研究队伍（其中包含 2010 年测试中的同一名研究人员）又对 15 名高水平的肯尼亚跑步运动员进行了相同的测试。这些肯尼亚人全部是世界级运动员，他们平均的半马成绩为 62 分钟。通过测试他们发现，这些肯尼亚运动员大脑中的氧气含量在 5 000 米测试的全程大致都维持在一个稳定的水平。尽管从两次测试中很难得出明确的结论，但是研究人员表示，出生于高海拔且童年时运动频繁确保了这些肯尼亚运动员更擅长维持大脑的氧气供应：他们的血管通往大脑的数量更多，且血管壁较厚，很难被挤压。

我们在上一章讨论过其肌肉疲劳研究的吉约姆·米列特进行了一项独特的研究，进一步证明耐力至少有部分是依靠大脑的氧气含量的。米列特让他的测试志愿者们在从海平面到 23 000 英尺等各种模拟海拔下进行重复的胳膊收缩动作，直至疲劳为止。同时，他用紧绷的血压袖阻止血液在胳膊中流出和流入。这就意味着尽管模拟的海拔在变化，但胳膊肌肉接收的氧气量不变（在这种情况下为零），肌肉的疲劳程度和新陈代谢积累保持不变。然而，在模拟最高海拔时，志愿者们疲劳时间的出现加快了10%~15%——米列特认为这是大脑氧合作用程度低的结果。[42]

还有一个证据也能够支持大脑氧合作用与耐力极限之间存在联系的说法。1935年，由哈佛大学疲劳实验室的戴维·布鲁斯·迪尔领导的一支国际科学家团队动身来到智利，他们在一列火车的车厢中设立了一个移动实验室，并乘坐该列火车从海平面地区一直爬升到位于海拔20 000英尺的奥坎基尔查峰半山腰的一座硫矿场中。在旅途中，他们和其他志愿者们一起在不同海拔高度进行疲劳实验。在此过程中，他们发现了一个令人困惑且至今仍存在争议的现象——“乳酸盐悖论”。[43]

通常，当你进行“无氧运动”时，你的肌肉和血液中会产生较多的乳酸盐——当你剧烈运动时，你的肌肉无法快速地从平时依赖氧气的有氧通道中获得能量。随着海拔高度的增加，空气中的氧气含量会相应减少，这时无氧运动便会越早地出现，那么进行相同速度或强度的运动时，你的体内会产生更多的乳酸盐。但是，迪尔团队所观察到的现象正好与之相反：海拔越高，他们疲劳时所产生的乳酸盐含量越低。他们的数据（这些数据被多次测得和证实）分析表明，在空气中的含氧量不到海平面地区一半的海拔23 000英尺的地区，你体内的乳酸盐含量不会继续增加。

马库斯·阿曼和他的同事们进行的一系列研究，包括在各个海拔高度进行的5 000米自行车计时赛和疲劳骑行测试，为这一看似悖论的分析提供了一个可行性解释。[44]根据肌电图的测量结果，海拔越高，大脑向腿部肌肉发出的信号越弱。在他们每次测试的一开始，即疲劳还未出现之前，肌肉活动减弱的现象就很明显，这表明大脑事先降低了肌肉的运动状态。尽管高海拔地区氧气含量较低，但等到疲劳出现时，肌肉在高海拔地区所展现出来的疲惫程度要低于在海平面地区所展现出来的疲惫程度（这是通过电流刺激测试出来的结果）。换句话说，莱茵霍尔德·梅斯纳尔和其他登山者所遭受的令他们虚弱的疲惫并不是他们的肌肉无法得到足够的氧气，而是他们的大脑面临崩溃的危险——根据进化论，这是更加严重的问题。

那么氧气是耐力的一个“真正的”制约因素吗？如果能将大家一致认可且显而易见的肌肉制约作用与不易察觉且更具争议的大脑制约作用进行区分，那么可能会更有帮助（我在之前就提到，我写此书的最初目的就是论证大脑制约作用比肌肉制约作用更常见）。这两者的区别在某些情况下的确存在。世界上最优秀的屏气运动员确实具备某些特别的生理技能和适应性，但是我们也知道，屏气初始阶段的进步，比如 1~3 分钟的屏气，主要依靠接受并忽略掉不断涌现的痛苦和恐慌的感觉，而这主要取决于大脑。与此同时，那些无法很好地适应极限海拔的登山运动员——这似乎与基因有很大关系，而与健康或经验无关——通常会在被梅斯纳尔征服的海拔上折戟沉沙，有时献出生命，而这与大脑无关。[45]

但在实际情况中，单单将问题归咎于大脑或肌肉往往会让人无功而返，有时还会让我们陷入迷途。毕竟，大脑也是身体的一部分。这一点早在 1961 年猪饲道夫和阿瑟·斯坦豪斯研究突然的枪声对肌肉力量的心理影响时就被强调了（详见本书第 100 页），他们写道：“心理学是大脑生理学的一个特例。”换句话说，感觉、情感、动力等与核心温度的改变或者水合作用的减少一样在生理上都是真实存在的，并受到化学信号的调节。因此，当大脑的氧气含量下降时，我们是受到减弱的神经细胞或保护回路的驱使而降低运动强度，还是我们自己决定降低运动强度的呢？这两者有区别吗？无论答案是什么（我认为目前我们还没有找到答案），结果都是明确的，那就是我们的确降低了运动强度。

第8章　高温

决定身体耐热极限的是大脑的温度而不是身体核心温度。

心态可以帮助你的身体超越平常的温度极限。

或许是因为肯塔基8月的阳光依旧毒辣，或许是因为新学年让男生们有些躁动不安，抑或是因为邻近场地的女子足球比赛正在紧锣密鼓地进行。[1]无论原因是什么，快乐岭公园高中男子橄榄球队的队员们在他们的主教练杰森·斯汀森要求他们进行争球训练时表现得心不在焉。最终，在路易斯维尔市郊区的这所高中当了三年助理教练后刚转为主教练的斯汀森失去了耐心。他大吼道："全体集合！既然你们无法安心训练，那就练习跑步吧。"[2]

在接下来的30~40分钟，队员们开始进行折返跑训练，这是一种往返横穿场地4次的非常常见的训练方式。一次折返跑需要的时间为一分钟左右；在完成8次折返跑之后，一些队员的速度开始变得与走路无异，这让斯汀森更加恼火。他让表现最差的8名队员单独进行小碎步加俯卧撑训练，这是一种更加严酷的训练方式，即重复原地快速高抬腿衔接一次俯卧撑动作，而其他的队员则继续进行折返跑训练。斯汀森对队员们说："我们要一直跑到有人退出为止。"[3]在进行到第12次折返跑时，已经离队三次但又重新返回的队员戴维·恩格勒特再一次没能坚持下去而离开了训练场地。这时斯汀森喊道："停！停！停！训练到此结束！"[4]

听到命令，队员们停了下来，开始慢慢散去。这时，大二学生麦克斯·吉尔平穿过场地去拾取他在折返跑训练时扔掉的装备。突然，他的两腿开始打战，站立不稳。他的两名队友赶紧把他扶到树荫下休息，但吉尔平立刻陷入了昏迷。他的队友们开始大声呼救。很快，助理教练们上前查看情况，然后把他抬到了由学校体育系主任驾驶的约翰迪尔多功能工作车上。人们往他身上浇水并用冰块给他降温，随后有人拨打了911电话。然而这一切都无济于事。三天后，2008年8月23日，麦克斯·吉尔平在柯塞尔儿童医院去世，死于中暑引起的并发症。

吉尔平的死带来的最令人感到恐怖的是这一问题一点儿也不令人吃惊。根据美国国家严重体育伤患研究中心的统计，1960—2016年共有143名橄榄球运动员因中暑死亡。而大部分死者是高中生，且死亡通常发生在天气炎热且运动员身体状况最为糟糕的夏季训练中。即便在职业橄榄球运动员中也不乏受害者：明尼苏达维京人队截锋科瑞·斯特林格在2001年的训练营中便因中暑而身亡，这一新闻占据了当时全美报纸的头条，但并未造成深远的影响。

但从某方面讲，吉尔平的死又极不平常。在这次悲剧发生一个星期之后，路易斯维尔市首席检察官宣布他已经要求当地警方对这一事件展开调查——这是当地第一起与高温有关的运动死亡案件。5个月后，杰森·斯汀森被正式指控犯过失杀人罪，另外他还被指控犯肆意伤害罪。吉尔平当时的运动强度已经超出其体能极限——或者用检方的话来说，是斯汀森"野蛮式的训练"迫使吉尔平的运动强度超出了自己的体能极限。并且根据一些目击者的描述，在当时的训练中，运动员们还被禁止饮水。

1996 年，蒂姆 · 诺克斯在为美国运动医学会上的主旨演讲做准备时，他考虑的不是一些人在高温下因运动至死这一事实，而是大多数人不会出现这一问题的事实。从某种意义上说，斯汀森经历的长达 13 天的审讯则是对诺克斯观点所展开的争论。检方认为吉尔平的死是斯汀森行为直接且可以预见的后果；而辩方则反对说，这是一次不可预见的悲剧式例外，理由是那天下午大约有 100 名运动员接受了斯汀森的野蛮训练；肯塔基州总共有数千名运动员在接受类似的训练，且全美有超过 100 万男生在高中打橄榄球。那么陪审团的任务则是：确定是什么原因造成了麦克斯 · 吉尔平的死亡。[5]

1798 年，出生于马萨诸塞州但在美国独立战争后移居英国的本杰明 · 汤普森爵士发明了真空低温烹饪法，将土豆带到了巴伐利亚地区（他在那里被授予拉姆福德伯爵的称号），并引发了研究高温的革命。[6] 他向众人展示了两匹马肌肉运动所产生的热量足以在数小时内将 2.25 加仑的水煮沸。他写道："你很难描绘出那些观众在看到这么多冷水在没有火的情况下被加热至沸腾时脸上所流露出来的惊讶和震惊的表情。"

如同汤普森的实验展示的那样，理论上，人体就好比一个壁炉。它能将食物中蕴藏的能量转化为机械功——而这一转化同时会产生作为副产品的热量，这些热量有时会派上用场，有时又会造成不便。你运动越剧烈，产生的热量就越多。对人体机器效能第一次严谨的研究出现于 1911—1912 年，当时研究人员在波士顿一间实验室里对职业自行车运动员梅尔文 · A. 莫德进行了数月的研究，他们得出的结论为：人体一般的能效比为 20%~25%。[7] 也就是说，在你所摄取的每 100 卡路里食物中，有 25 卡路里会转化为有用的能量，而 75 卡路里会转化为热量。尽管这看上去效率低下，但让人吃惊的是，这相当于一般内燃机的效能。

汽车引擎产生的热量在寒冷的冬天非常有用：它会通过暖风管道吹进车内进行保温。同样，人体热量的产生也很重要，这就是为什么很多耐力运动员很少会受到极寒条件的限制，因为他们体内热量的产生速度要高过大多数人。加拿大国防部前首席科学家、现多伦多大学研究人员艾拉·雅各布斯说：“如果人们穿着得当，那么他们很少会达到他们身体的耐寒极限。”

对于运动员来说，当你的运动强度发生变化，比如你由于疲劳而无法维持身体保暖所需要的运动量时，寒冷导致的最严重问题便会随之浮现。如果你的衣服被浸湿且丧失了绝缘能力，那么情况会变得更糟糕。这一情况出现在 1964 年约克郡沼泽地区举办的一场艰苦的越野比赛中。当时 3 名年轻人在气温高于零度的雨天失去了生命。曾经指导埃德蒙·希拉里和丹增·诺盖征服珠穆朗玛峰的生理学家格里菲斯·皮尤对这一悲剧进行过调查。[8] 20 世纪 90 年代，雅各布斯指出，“登山者低体温症”同样出人意料地导致了在佛罗里达训练的 4 名美军游骑兵的死亡。[9] 人体一旦不再产生热量，那么即便是一般性的寒冷也会致命。

更为常见的是在炎热天气下出现的体温调节问题，这是因为身体就像一辆没有空调系统的汽车：你无法主动让自己冷却下来，所以你能做的就是将多余的热量尽快排出体外。当你静止不动时，每分钟大约有 250 毫升的血液流经你皮肤中的血管，通过辐射（以电磁波的形式）和对流（随着流动的空气将其带出体外）的方式将你身体核心的热量带走并排到环境中。[10] 这样，你就如同功率大约为 100 瓦特的灯泡，在不断地散热（不同之处在于通常你是以红外线方式而非可见波长方式散热）。这完美地对维持生命所需要的基本代谢反应所产生的多余热量进行了平衡处理。[11]

假如你开始进行自行车蹬骑，那么情况就会迅速发生变化。由于身体效能较差，你以 250 瓦的功率蹬骑就会产生 1 000 焦耳的额外热量。同理，你每小时跑 10 英里就会产生 1 500 焦耳的热量。因此，你皮肤中的血管便会急剧扩大，每分钟可以容纳 8 升血液——比平时增加了 30 倍——以便将热量排出体外（而在寒冷的环境下情况却相反，此时会出现科学家们所称的“生理阻断”现象，即你的身体会阻断血液流向四肢以保证身体对热量的需求）。同时你也会出汗：当汗液蒸发时，液态水转化成蒸汽也会消耗能量，在皮肤上产生冷却效果。在高温条件下，当空气温度接近或高于皮肤温度时，蒸发是身体进行冷却的唯一有效方式。但是如果环境潮湿，你的汗水开始滴落而不是蒸发，那么随着时间的推移，你身体的核心温度便会开始上升。

在麦克斯·吉尔平死亡的那天下午 3 点 45 分，当队员们走向场地的时候，斯汀森教练填写了天气记录并签字。他所标注的气温为 94 华氏度，并根据学校湿度计的显示填写湿度值为 32%。而根据相关规定，这两个数字同时出现意味着酷热指数为 94——只比需要强制饮水休息和脱掉厚重防护装备的 95 低 1 个数值。但那天的温度并没有那个夏天之前几次训练时高。就在几周前，当酷热指数为 103 时，斯汀森教练按照规定让队员们摘掉了头盔进行训练。

从这一点考虑，吉尔平的死确实让人感到意外：它没有发生在夏季训练的第一天，或第一周，而是发生于训练开始的第 6 周，且之前 29 次训练的酷热指数都在 80 以上，其中有 5 次为 95。当你在炎热的环境下反复运动时，你身体的保护反应会逐渐得到改善：你出汗的情况会加重，且开始在温度较低时出汗；你的血管会扩张，将含有热量的血液输送到皮肤；你身体的总血量会增加，使得你在运动时保持较低的心率。由于这一适应过程大约耗时两个星期，全国运动员教练协会等组织建议橄榄球夏季训练的前 14 天要限制运动强度且必须佩戴全部装备。[12]

人体能够适应炎热环境的观点在民间已经流传了几个世纪。[13]比如 1789 年，一位在印度的英国军官就观察到，每一次新战役开始之后的几天，与高温有关的健康问题便会逐渐减少。而人体的这一适应过程直到 20 世纪 30 年代才开始被正式研究。起因是在南非金矿中出现的由中暑而导致的大量死亡事件——仅 1926 年就出现了 26 起。这是因为矿井不断被挖深，其离地面的距离已超过 1 000 米，并且穿透了温度达到 140 华氏度的岩石层。[14]

年轻医生奥尔多·德莱奥斯蒂受雇于兰德矿业公司来解决该公司位于约翰内斯堡斯特迪普地区的矿井中出现的这一问题。该矿井的非洲矿工们在第一次下井工作时有最多 14 天的适应期，即两名工人合用一把矿铲，这样可以轮流休息。但是由于 1926—1931 年该矿井有 20 人死于中暑，这一方法显然没有奏效。或许对于金矿老板来说更重要的是，在看似只有少数矿工容易中暑的情况下给予所有矿工适应期的做法损害了公司效益：德莱奥斯蒂在 1935 年的一次矿业研讨会上对其同行解释道："该矿井的财政状况已经极大地受到这一效率损失的影响。"

问题是要先找到哪些工人最不耐热，然后找到帮助他们适应地下工作的最快方法。为了达到这一目的，德莱奥斯蒂将一间没有用过的医院病房改造成加热室，里面布满了能够散发热蒸汽的管道，可以容纳最多 50 名工人参与他设计的耐高温测试。这一测试包括：在一名受过特殊培训的监工的监督下，工人们褪去衣物与一名搭档在 95 华氏度的高温下反复进行一小时的岩石铲挖。在测试完 20 000 名工人后，德莱奥斯蒂根据工人们身体温度上升的程度和速度将他们分成三个组，三个组分配到的适应时间分别为 4 天、7 天和 14 天。

现在看来，德莱奥斯蒂的研究可能有些令人震惊，但是这一研究的确成功地减少了矿工中因中暑而死亡的人数——并让工人们能够以最快的速度全力工作。在接下来的数年里，研究者们继续对理想化的井下作业适应性做法进行了完善。在第二次世界大战期间，当盟军军队在为炎热的丛林和沙漠环境中的作战而做准备时，有研究发现，每天在炎热的环境下适当运动 60~90 分钟能够在几天内让身体产生快速的生理变化，且在 2 周内就可以达到完全适应的状态。[15] 但仅仅度过一个炎热的夏天无法实现这一点。你必须通过运动来让身体适应。其实，这也正是麦克斯 · 吉尔平死前和他的队友们在 6 周的训练中每天做的事情。换句话说，无论斯汀森是否有罪，吉尔平的死都绝不是过早进行全力训练的结果。

20 世纪 90 年代末，丹麦著名的哥本哈根大学奥古斯特 · 克罗研究所的研究人员进行了一次简单的实验，用以发现身体核心温度对体力极限的影响。[16] 7 名自行车运动员被要求在炎热和潮湿的环境下完成一系列的疲劳骑行测试，他们要一直蹬骑到身体无法维持目标配速所规定的每分钟 50 下的最低蹬骑速度为止。在每次蹬骑之前，运动员们会将脖子以下部位的身体浸没在冷水、环境温度水或温水中并维持 30 分钟，这样他们身体的核心温度会分别保持在 97 华氏度、99 华氏度和 101 华氏度。如同研究者所预测的那样，相比测试前浸泡在温水中的运动员，那些浸泡在冷水中的运动员的骑行持续时间更长。尽管每次测试都存在着巨大的差异，但运动员们出现疲劳时身体的核心温度却出奇地稳定。每一位骑手在每次测试中出现疲劳时，温度计显示的身体核心温度为 104~104.5 华氏度。仿佛当身体出现疲劳时，人们体内对温度敏感的“断路器”会自动被触发。

运动科学家们很快便意识到这一实验揭示的能够提高运动表现

的潜在益处。奥林匹克运动会澳大利亚代表团曾在2004年太阳毒辣的雅典奥运会中使用冰块浴，来帮助澳大利亚运动员在比赛开始前进行身体降温。[17] 2008年，他们又采取了一个更为简单、实用的方法，即将7台冰沙机运往北京，并将这些机器布置在田径、自行车、足球、铁人三项和其他比赛的场馆里。如同你出汗时液态水蒸发能够冷却你的皮肤一样，冰块在胃中转化成水的“相变能”能比你单纯喝一杯冷饮产生更多的冷却效果。澳大利亚运动科学家们进行的测试表明，甜度相当于运动饮料的冰浆能够将身体的核心温度降低约一华氏度，从而帮助运动员在高温中增强耐力。[18]

关于冰沙的一个让人感兴趣的事实是，它不但会降低运动员身体的初始温度，在某些情况下，它也会允许运动员们的身体核心温度在疲劳出现之前就达到一个较高水平。尽管这一差别不是很大——大约只有0.5华氏度——但是这足以引起人们的兴趣。研究人员认为，冰沙在经过运动员的嘴巴和喉咙时可以对其大脑进行冷却。早期用冷水对山羊和狗的鼻子进行冲洗的实验表明，是大脑的温度而非身体核心温度（通常通过直肠温度衡量）决定了你的身体耐热极限。如果用冰沙对你的大脑进行冷却，那么即便你身体其余部分的温度已经超过了平常极限，大脑也会允许你继续运动。

一种可能性是，能够融化冰沙的胃部带有温度传感功能。[19] 不久之前，这一可能性还被认为是天方夜谭。但是在2014年，渥太华大学热量工效学实验室的奥利·杰伊和其同事们展示了他们通过鼻管向自行车运动员胃部输送热饮或冷饮能够改变他们的排汗率的这一事实。在去悉尼大学工作之后，杰伊又表示这一实验可能会帮助解释为什么一些国家有在炎热的夏季午后喝热茶的悠久习俗。通过触发胃部的温度传感功能，热饮在无须对身体其他部位进行升温的条件下能够强化你的排汗反应，从而产生冷却身体的净效应。

那么，是大脑温度产生的影响最大还是胃部温度产生的影响最大呢？或许这两者都很重要——此外，身体其他部位，比如皮肤的温度信号也很重要。所以，我们可以理解为什么运动员会穿着装有冰块的背心、带有冷却效果的衣袖，并在脖子上挂着冰毛巾：这些措施不会改变你身体的核心温度，但是它们能影响你的温感——而这反过来又会决定你的运动表现。关于这一认知为事实的进一步证据为：2012 年英国的一项研究显示，自行车运动员在加热室看到被人为调节过的温度计显示较低的温度（显示 79 华氏度，而实际是 89 华氏度）时，他们的骑行速度会提高 4%。[20]

这一以认知为中心的观点与之前流行的高温会通过对身体产生直接的生理影响而减缓身体运动状态的看法大相径庭。而在加热室测试中，我们很少能够遇到让运动员们放弃测试的临界温度上限。相反，运动员们总是主动——或许并不愿意——来调整他们的配速，以便将自己身体的核心温度保持在临界温度上限之下。正如南非运动科学家罗斯 · 塔克所展示的那样，当你在炎热的夏季开始进行 10 000 米跑步时，你的配速从一开始——你的身体还没热身之前——便较为缓慢。[21] 高温并不像灯光开关那样会让你的肌肉停止运动。塔克对我解释道，在大多数实际情况中，高温就好比受大脑控制能对你进行保护的灯光的变光开关。

但这并不意味着你的身体无关紧要。麦克斯 · 吉尔平在高中一年级和高中二年级时就开始进行刻苦的训练，他和他的父亲每赛季的每周都要在健身房锻炼 2~3 次。他父亲告诉过他自己年轻时使用类固醇的经历，并警告他这些违禁药物会带来危险。然而，他父亲却建议吉尔平服用可以增强肌肉的非违禁药物，即可以在药房直接购买的健身补剂——肌酸。到吉尔平上高二的时候，他的体重比上一年增长了

27 磅，达到了 216 磅，身高也达到了 6 英尺 2 英寸。尽管他不是橄榄球队中最强壮的运动员，但比起一般的优秀马拉松选手，他的身材非常健壮。

1990—2011 年每年都会收集世界上顶尖的 100 名马拉松选手身材数据的法国国家体育学院的研究者们于 2013 年发现了一个令人惊异的趋势：马拉松选手的身材正在以惊人的速度缩水。[22] 1990 年，世界顶尖的 100 名马拉松运动员的平均身高为 5 英尺 8 英寸，体重为 131 磅；而到 2011 年，这些数据缩水为 5 英尺 7 英寸和 124 磅。研究者们认为原因可能很简单：体重越重，跑步产生的热量就越多。身材较高大的人的皮肤面积一般也较大，这会帮助他们通过排汗进行更多的热量散发——但是较重的体重所产生的热量效率超过了较多的皮肤散热的效率，这会给身材高大且体重较重的运动员带来劣势。[23] 随着马拉松在 20 世纪 90 年代至 21 世纪初变成一种多金运动，马拉松选手的身材发展越来越趋向于保持高散热效率型。而对于橄榄球运动员来说，他们的身材则要适应激烈的身体对抗——对像麦克斯·吉尔平这种扮演身体对抗主力军的锋线运动员来说尤其如此。但是他们也因此成为中暑致死事故的最大受害者，1980—2009 年，在因中暑而死亡的 58 名橄榄球运动员中，有 50 名属于橄榄球锋线球员。[24]

每一次快速冲刺，吉尔平的体温都会上升，他对体温的感知也随之升高。在 6 次折返跑之后，斯汀森开始让速度最快的队员休息；在 8 次折返跑之后，他让剩下的队员将头盔摘下，然后继续折返跑；在 10 次折返跑后，队员们脱下了运动衫和护肩。由于吉尔平并不以速度见长，他不会被允许提前休息——但他依旧努力投入折返跑中。《体育画报》的记者托马斯·莱克后来报道说：“借用以他为傲的母亲的话说，吉尔平是一个善于取悦别人的人。”当时，有时因为吉尔平训练不理想而拒绝载他回家的吉尔平的父亲就在场边观看儿子训练。难道是吉尔平想要取悦别人的渴望使他超越了自己的体能极限？

根据临界温度研究，吉尔平在身体的核心温度达到 104 华氏度之后是无法继续运动的。但事实表明，临界温度并不像先前的研究所展示的那样固定不变。狂热的公路越野赛车手、布鲁克大学环境生理学家斯蒂芬·张在其博士研究期间第一次接触了这一问题。[25] 在一次军方资助的实验中，他发现，与健康状况差的运动员相比，身体健康且受过良好训练的运动员在跑步机上的测试中能够达到更高的身体核心温度——这证明大脑的温度设定的确可以被调节。

张最新的研究则提供了关于大脑影响力更为显著的证据。他和他的同事们要求一组 18 岁且训练有素的自行车运动员在 95 华氏度的高温下进行一系列的身体和认知测试。其中一半的运动员在测试前接受了为期两周的针对高温下运动的“自我鼓励”训练，包括摒弃如“这里太热了”和“我快热死了”这样的想法，转而用“继续努力，我做得很好”这样的话来进行自我鼓励。进行自我鼓励的运动员们在一次耐力测试中将他们的蹬骑持续时间由 8 分钟提高到了 11 分钟——这样也使他们身体的核心温度提高了 0.5 华氏度。张在谈到“临界温度”这一概念时说：“我们现在可以肯定的是，临界温度不仅与身体因素有关，似乎还与心理因素有很强的关系。”换句话说，心态可以帮助你的身体超越平常的温度极限。他补充道：“即便你已经很健康，你仍旧可以增强对高温的认知，从而改善在高温下的运动表现。”

然而这一问题依旧是一个谜。自我鼓励让张的实验中的自行车运动员们在疲劳出现之前将身体核心温度仅仅提高了 0.5 华氏度。而麦克斯·吉尔平临死前的身体核心温度达到了109.4华氏度，这比普通的身体核心温度极限高了5华氏度。我们通常认为中暑是运动最终停止的标志：首先你会感到浑身燥热，然后这种热会让你不舒服，随后你会出现热疲劳，如果你此时还不停止运动，那么你将会中暑。但是大多数人的身体无法达到109华氏度这一核心温度。要达到这一温度，必须有一些我们还不曾了解的因素在其中起作用。

2002年，分别来自阳光充足的沙特阿拉伯和得克萨斯州的两位医生联合在《新英格兰医学杂志》上发表了一篇文章，提出了改进的关于中暑的定义。[26] 他们认为中暑不仅仅指身体温度的上升，还包括"系统的身体炎症反应"，且能够引发一系列严重症状并最终导致多器官衰竭。我们之前所了解的身体抵抗高温反应指的是身体阻止血液流向释放热量的皮肤组织。但是这种反应的弊端是导致内脏和其他身体器官缺乏血液和氧气。最终，这会导致储存在内脏中的毒素渗透到血液中，并引发全身炎症。中暑不仅指身体发热，还包括导致身体正常的温度防御机制失效的炎症反应。

那么，为什么少数人的炎症反应会失控呢？尽管导致中暑风险增加的因素有很多，但美国陆军环境医学研究所的研究者们在2010年的一份评论中特别指出了三种因素：沉重且透气性差的衣着，已经患有的疾病，以及使用了苯丙胺等药物。[27] 吉尔平的橄榄球队服符合第一种因素。他可能也具备第二种因素：他的继母事后告诉医生说，他那天早上感到头痛和不舒服，此外，他的朋友也提供了类似的证词（然而相关的医疗证据并不能盖棺定论：尽管对他的血液测试发现了病毒性感染的迹象，但是这并不能确定他是在送医之前被感染的还是在送医之后被感染的）。医院进行的毒理测试也确认了第三种因素：吉尔平当时正在服用阿德拉——一种以苯丙胺为原料的治疗注意力缺失症的药物。

或许体育界最广为人知的因中暑而死亡的运动员当数英国自行车运动员汤姆·辛普森了。[28] 1967 年，辛普森在烈日照耀下的环法自行车赛中距离旺度山顶峰不到一英里的地方因中暑而死亡。辛普森的求胜欲和自我惩罚能力为世人所熟知，当时他的身体在自行车上前摇后晃，同时自行车在路上开始左右摇摆，最后连人带车摔倒在地，而他的反应——根据流传出来的令人震撼但恐怕有些夸张的描述——是大喊道："快将我扶上自行车！"他在继续骑行了大约 1/4 英里后便又一次栽倒在地，他在一架警用直升机将其送往附近的医院之前就已经死去。

如同吉尔平一样，辛普森在他人生最后这一段骑行的前几天身体有恙。他的车辆维修工回忆说，在此前几天的比赛结束后，他曾将其车上遗留的腹泻物冲洗掉，这是肠道紊乱引起的症状，而辛普森在其死亡当天依然有腹泻症状。但是，自行车历史上对辛普森的记忆则是关于其服用苯丙胺这一事实的：当他最终倒下时，人们发现他的比赛服中还放有三管苯丙胺药物，其中的两管已经用完，而第三管还剩下一半，且尸检结果证明其血液中含有苯丙胺成分。因此，关于他的死因的常见说法为苯丙胺阻碍了他的判断力，英国《每日邮报》在悲剧发生几周后的报道中称，该药物让其"处于高度兴奋状态，以至于他没有察觉到他已经超越了其体力极限"。[29]

当然，真相没有那么简单。20 世纪 80 年代，牛津大学的生物化学家（同时是一名狂热的马拉松选手）埃里克·纽斯霍姆提出耐力运动中出现的疲劳或许是由大脑中神经递质的浓度变化引起的。[30] 尽管这一假设还没有被证实，但是它推动了一系列关于精神药物对耐力影响的测试，这些药物包括帕罗西汀、百忧解、西酞普兰、文拉法辛、安非他酮、派醋甲酯等。通常情况下，这些药物对耐力的影响很小。但是在高温情况下，这些药物能够提高大脑中神经递质多巴胺的浓度，从而对耐力产生极大的影响。

即便在不运动时，服用多巴胺再摄取抑制剂（会增加大脑中多巴胺的浓度；苯丙胺就属于这一类药物）的人会拥有较高的身体核心温度，这表明这一类药物改变了大脑对高温的认知和其内部调节情况。一旦这些人开始在高温下运动，他们的体力极限会得到提高，这使得他们的身体核心温度超过平时的临界温度——尽管他们并不会感到有多热。做过相关重要实验的比利时布鲁塞尔自由大学的生理学家罗梅因·缪森解释道："这些人的'安全闸'失去了作用。他们能将自己置于危险区而感受不到中枢神经系统发出的任何负面反馈。"[31] 缪森又补充说，这正是汤姆·辛普森死亡的原因。

在对杰森·斯汀森的审讯中，一些医学专家——包括最早被检方询问的一名医学专家——认为吉尔平服用的阿德拉很有可能导致他极易中暑。[32] 当然，全美国有数百万人定期服用该药物，也没出现大规模中暑致死的现象（尽管佐治亚大学的研究者们通过研究得出的结论为，1994—2009 年橄榄球运动员中暑致死的人数增长了两倍，而同一时期内，阿德拉和类似药物在青少年中的服用数量增长了超过一倍）。[33] 无论如何，吉尔平的死是一个概率极低的事件，与平白无故被闪电击中的概率相当。但是一些难以察觉的风险因素的增加——包括阿德拉、已存在的病患或者肌酸（科学家们认为该物质会导致中暑）——使得吉尔平在那天下午扮演了避雷针的角色。

在导致中暑的因素名单中，有一个因素却全然不见踪影，即脱水。而根据之前关于斯汀森禁止队员们在训练中饮水的报道，人们认为脱水是这起刑事案件的根源所在，因为我们通常会认为中暑大多数情况下都是由补水不足导致的。然而在仔细审查之后，人们发现，人们对当天橄榄球训练的证人的描述（最苛刻的描述来自当时正在观看旁边场地女子足球赛的斯汀森兄弟的前女友）并不准确。全队在训练期间按照计划进行了 3 次补水休息，并且运动员个人在训练期间也曾饮水。

当然，那天法庭上不缺高声斥责。甚至连斯汀森的律师都对法官说："我想您可以在法庭记录上注明斯汀森那天的表现就是个混蛋。"[34] 但是，队员们那天的确是喝了水的，并且吉尔平在被送到医院后进行的血液和尿液检测都显示他甚至连轻微的脱水现象都没有出现。而这一检测事实也是最终让陪审团在经过不到 90 分钟的考虑后对斯汀森做出无罪判决的最重要的原因。与 20 多年来我们被灌输的公共健康信息相反的是，补充较多的水并不会拯救麦克斯 · 吉尔平的生命。而这并不是关于水合作用的唯一错误的常识。

第 9 章　口渴

体液的流失是通过大脑让身体感知的。

是口渴而非脱水让你感到吃力，然后让你放慢速度的。

1905 年 8 月 15 日，在距离破晓还有几个小时的时候，巴伯罗·瓦伦西亚和杰西·里奥斯用马匹载了能够维持一周补给的炒玉米粉和 3 加仑的水便动身离开了水源地。他们此行的目的是前往几个月之前在亚利桑那州和墨西哥交界处附近的索诺拉沙漠偏远的腹地发现的一座“无主煤矿”进行所有权标注。但是随着他们不断深入这片贫瘠的荒漠，炙热的空气让二人变得口干舌燥，他们意识到他们错误地判断了身体对水的需求。瓦伦西亚转而让里奥斯带上所有马匹沿途返回 35 英里之外的水源地，以便将全部水壶装满水，然后他们约好 24 小时之后在分手地点远处的一座山脉的另一边碰面。而瓦伦西亚自己则继续朝目的地步行前进，以便收集样本并张贴必要的告示；里奥斯在重新进行水补给之后又掉头返回沙漠腹地。然而二人约定好的碰面却没有发生。肯定是他们二人之一或者二人同时搞错了碰面地点。他们分别在沙漠中漫无目的地摸索前行，最后里奥斯放弃了寻找瓦伦西亚，任由其在沙漠中自生自灭。[1]

人体的 50%~70% 都是由水构成的，水对于我们非常重要。[2] 我们的身体在不停地流失水分，不仅通过汗液，也通过尿液及其他更难被察觉的方式，比如呼吸中带出的湿气等流失水分。正常情况下，我们可以通过饮食补充流失的水分。尽管饮食和活动类别的不同使得我们的身体在一天之中的体液平衡稍有起伏，但是我们的身体在一天24小时之内对体液平衡的把控十分精准。体重为150磅的人体内大约含有40升的水，而这一含水量的上下幅度不会超过1升（而唯一的例外是处于经期的女性，她们前后能够先增加再流失大约2升的滞留水）。当你无法补充流失的体液时，你便开始口渴，你的肾脏开始吸收本应转化为尿液的体液。如果这还不足以恢复身体的体液平衡，你身体细胞中的体液便会被排出并进入静脉和动脉血管中，以维持流经全身所必需的血液总量。这些措施会给你争取一些时间，但是如果你还不能及时补充体液，你的血液最终会变得相当黏稠，由于脑细胞的体液通过渗透流失，你的大脑便开始萎缩，这会导致脆弱的大脑静脉血管破裂并最终导致你死亡。美国陆军研究人员通过计算，在一本野外医学教科书中提出：理论上讲，在理想的室内环境中，人体缺水7天便会达到上述的身体极限。而如果你在炎热的沙漠之中迷路，但是只在晚上行进，你的存活时间会缩减至23个小时；但是如果你白天也行进，那么你的存活时间便会只有16个小时。

瓦伦西亚在成为勘探者之前是一名水手，他身体极为强壮，即便用虎背熊腰和四肢发达来形容也不为过。一名与他同一时代的人曾这样描述说："他是我见过的身体最强壮的墨西哥人。"但是他当时所处的环境对他极为不利：白天沙漠的气温高达100华氏度，而夜晚会降至80华氏度，天空万里无云，空气干燥。到他进入沙漠的第二天傍晚的时候，他已经无法找到里奥斯，这时由于携带的水已经喝光，他不得不用自己的尿液漱口来缓解口渴。即便如此，他并没有掉头返回水源地，而是选择继续向北边一条古老的马车小径前行，期望能够尽快寻求到帮助。他沿途杀死了几只蜘蛛和苍蝇，但由于口干舌燥，他无法咽下这些“猎物”。在他进入沙漠的第4天，他抓住并吞下了一只蝎子；并且他开始喝自己的尿液，此时他的尿液也变得难以下咽。由于一半的沙漠缺水者是在36小时内死亡的，且所有的沙漠缺水者会在3天内死亡，瓦伦西亚能撑到现在已经堪称奇迹。但是他仍旧没有放弃。他下决心要活着走出去以便亲手杀死他认为背叛他想要独自霸占煤矿的里奥斯。他不停地走，但是步伐越来越踉跄，最后他只好爬行。

在瓦伦西亚和里奥斯从水源地出发的8天后，来到沙漠中进行100天天气测量的科学家威廉·J. 麦基在睡梦中被一种从喉咙里发出的极度痛苦的声音吵醒。他沿着那条马车小径飞奔了1/4英里之后发现了全身赤裸且几乎萎缩成骷髅的瓦伦西亚。麦基描述道：“他的嘴唇已经消失，仿佛被割掉了，只剩下两片嘴唇下半部分黑色的组织；他的牙齿和牙龈突了出来，就像一只被剥了皮的动物一样，但是牙龈发黑，如同风干了的牛肉；他的鼻子只剩下原来的一半大；他的眼睛空洞无神，眼睛周围的皮肤也出现了萎缩，与牙龈一般黑的眼球结膜也突了出来。”瓦伦西亚此时既看不见也听不见，他的舌头也消失了。他在沙漠中大约了走了100~150英里，并至少在布满石头和长有仙人掌的平原上爬行了7英里，这让他的身上满是深深的伤口和擦伤，但是这些伤口都已经风干不再出血。

但是他活了下来。麦基小心翼翼地用适量的水、咖啡及“米饭、薄培根片和焖鸡肉”帮助瓦伦西亚恢复了健康。随后，他就这一奇迹在1906年的一次医学会议上进行了汇报。我们不知道瓦伦西亚的幸存奇迹是否能够载入吉尼斯世界纪录。而之前幸存时间最长的吉尼斯世界纪录的保持者是18岁的奥地利人安德烈亚斯·米哈维茨在1979年创造的。[3] 他当时是一起小型车祸事故中的一名乘客，而负责办案的警官事后承认由于“忘记”将其锁在一个小镇的地下室监狱中，从而酿成了事故。直到18天后，地下室中传出的恶臭让警官们想起来他们还关押着米哈维茨。尽管他的体重减少了50磅，但是他幸存了下来。后来根据医学专家的推测，他能幸存下来的原因是地下室监狱环境阴暗潮湿，这就让米哈维茨能够通过饮用墙壁上的冷凝水而幸存下来。

无论怎么说，瓦伦西亚的确突破了普通人类脱水所能承受的极限。然而他的经历还有另外一个惊人之处：在一周内不喝水的条件下暴露在熔炉一样炙热的环境中，尽管他非常非常渴，但是他没有中暑。

现代运动科学中没有任何建议能够像避免脱水的建议一样反复无常。一个世纪前，相关理论对耐力运动员的建议是在比赛中要杜绝喝水。一本1909年出版的长跑运动员指导用书的作者詹姆斯·E.沙利文（与美国每年颁给最优秀的业余长跑冠军奖项同名）曾警告说：“不要养成在马拉松比赛中喝水和进食的习惯。虽然一些有名的运动员会这样做，但是这并没有什么好处。”[4]这一建议的逻辑是喝饮料有可能使你的肠道紊乱，喝下的东西直到比赛结束后才会被身体吸收。这一建议直到1968年还被奉为至理名言，那一年21岁的安比·波夫特在炎热的天气里在没有喝一滴水的情况下取得了波士顿马拉松比赛的冠军，他为之付出的代价是失去了差不多10磅的体重。[5]

其实关于这一点已经在发生改变。1965年，佛罗里达大学医疗中心的保安迪维恩·道格拉斯是费城老鹰队前橄榄球球员，现在兼任佛罗里达大学短吻鳄队志愿助理教练。他当时在与该中心一名擅长肾脏医学的专家聊天时询问了这样的问题，即为什么他的球员在比赛中的体重损失最高可以达到18磅，接着他委婉地补充道：“这些球员在比赛中并没有去过洗手间。”[6]而与他交谈的专家罗伯特·凯德也对这一现象感到好奇。他被允许在训练时对学校橄榄球队的队员进行测试。他让球员饮用包含水、糖和盐的混合物来补充出汗时流失的物质（刚开始这种混合物让人难以下咽，最后他的妻子建议加入一些柠檬汁来帮助球员饮用）。球队的主教练允许凯德让大一的新生队伍在与校队二队的一场内部比赛中试用这一饮料——在进行了前两节比赛后，这些水分得到充分补充的新生队伍在下半场将严重脱水的二队击败。而第二天在高达 102 华氏度的高温天气下，该校橄榄球队饮用了这一饮料后，在与强队路易斯安那州立大学队的比赛中的上半场就取得了 13∶0 的优势，并最终以微弱的优势击败了该队。而这一饮料就是后来被人们津津乐道的佳得乐运动饮料。

值得注意的是，佳得乐并不只是对身体进行水分的再次补充，它包含的糖分能够对人体肌肉消耗的燃料进行再补给（这一话题我们将在下一章中详述）。但是佳得乐的兴起开创了对运动员补水研究的新篇章，而对这一领域的大量投入似乎也印证了其重要性。在波夫特赢得波士顿马拉松比赛之前的几个月里，他分别在饮水、饮用佳得乐及不摄入任何水分的条件下以每英里 6 分钟的配速完成了 20 英里的跑步机测试——这是佳得乐公司最早资助的外部科学研究的一部分，随后该公司又资助了另外一些科学研究。1988 年，该公司成立了佳得乐运动科学研究院来帮助进行相关的研究宣传。1996 年，该公司资助的美国运动医学会[7]的官方立场为：运动员应该尽早且经常补水来“补充出汗流失的所有水分……或者尽量进行身体所能承受的最大量补水”。[8]该机构不只建议运动员这样做：20 多年来，普遍脱水造成的负面影响愈演愈烈，且没有被人们觉察，这使得儿童失去了活力，办公室人员失去了认知优势。

然后人们又将目光转移到了低钠血症上。2002 年，28 岁的辛西娅·卢塞罗倒在了离波士顿马拉松比赛终点还有 4 英里的地方，她的死引起了全世界对一个 20 年前就已经意识到的问题的广泛关注。[9] 尽管卢塞罗在倒下之前曾抱怨感到“脱水及双腿麻木”，但事后医院的尸检得出了一个正好相反的结论：卢塞罗采纳了当时对运动员的主流建议，她在比赛中饮用了她身体所能承受的最大水量，从而导致她血液中钠含量被稀释（即出现了低钠血症，有时也被称为“水中毒”）。她的肺部出现积液，且大脑出现肿胀，这些症状导致了她几小时后的死亡。而事后的相关研究指出，这一般情况下并不会致命的状况几乎在每一次大型马拉松比赛的一些选手身上都出现过。2003 年，美国田径协会改写了指导规则，建议运动员应当在感到口渴时进行补水，而不是一味地去补充出汗所流失的所有水分，或者进行“身体所能承受的最大量补水”。[10] 其他的体育机构也随之更改了指导建议，研究人员开始仔细审视关于补水的一些根深蒂固的传统理念——他们得出了一些既令人诧异又存在争议的结论。

想必你听到过这样的警告：你要保持饮水，因为失去占体重 2% 的水分就会影响你的运动表现——等感到口渴的时候，你再进行补水就已经晚了。“自愿性脱水”这一概念是由“二战”时期罗切斯特大学的学者爱德华 · F. 阿道夫通过领导一系列研究在 1948 年出版的经典著作《沙漠中人体的生理机能》一书中提出的。[11] 这一概念认为口渴是身体对水分需求的一个并不准确的衡量标准。随着 1941 年北非沙漠战争的爆发，阿道夫和其同事被派往加利福尼亚州的索诺拉沙漠研究士兵们的饮水需求。当时一个被广为接受的观点是，你要训练自己少喝水，这样你就可以减少“不必要”的排汗。阿道夫和他的同事驳斥了这一观点，并展示出即便是对能够很好地适应沙漠环境的老兵们来说，保持身体水分充足也至关重要。但同时他们也发现了一个奇特的现象：在沙漠中行军 8 小时后，即便士兵们在这一过程中随便喝水，在行军结束时他们也会出现脱水问题，大约会失去占体重2%~3%的水分，有的人甚至会失去占体重4%的水分。坦克士兵在执行几小时的模拟战斗后平均会失去占体重3%的水分；而B-17“空中堡垒”的机组人员在执行2小时的低空任务之后会失去占体重1.6%的水分。于是，那时候人们便认为你实际的饮水量要超过你想要的饮水量，以避免脱水问题的出现。

为什么要确保实际的饮水量超过想要的饮水量呢？阿道夫的研究表明，脱水能够引起“全身不适、疲劳、冷漠、士气低下，以及不愿意和不能从事重体力活动”。从20世纪60年代末期开始，一些研究（包括安比·波夫特参与的研究）就开始将脱水更加具体地与过热联系在一起。[12] 这样做是有道理的，因为脱水能够减少将热量输送到皮肤的血液量，在某些极端情况下甚至会影响你的排汗能力。这些研究中的测试主体的身体核心温度差异并不大，仅在1华氏度以内。所以保持水分——进行身体所能承受的最大量补水——成为避免中暑的首选方法。

这不仅仅是一个避免出现灾难性后果的问题。研究者们发表的研究成果显示，即便是轻微的脱水也会影响人们的身体和精神状况。在1966年美国陆军的一项研究中，士兵们被要求在身体水分充足、脱水2%及脱水4%的条件下在高温房间里进行上坡跑步机行走至疲劳测试。[13] 结果如人们所料，在两种脱水状态下行走时间分别减少了22%和48%。后续的研究也得出了相同的结果，这就确立了我们所熟知的“2%准则”。如果我们将“自愿性脱水”、过热、身体表现下降等结果放在一起考量，我们就会得出这样一个强有力的结论：即便不会产生危险的轻度脱水，也会影响人们的表现。但是这一结论并不足以用来解释人们观察到的所有事实。

而提起关于脱水最具有警示意义的故事时，人们总会想起20世纪80年代脾气暴躁的马拉松明星选手艾尔伯托·萨拉扎尔。他现在在俄勒冈州耐克总部专门担任一群特殊（但由于被指控服用违禁营养品和处方药而引起争议[14]）的世界上最出色的跑步运动员的教练。萨拉扎尔以从不服输的比赛风格和吃苦耐劳的精神闻名于世。1978年，年仅19岁的他在获得全美大学生体育协会锦标赛令人沮丧的第6名成绩作为他在俄勒冈大学大二田径生涯的收官之战后，回到了位于马萨诸塞州波士顿市的韦兰镇过暑假。他在自己卧室墙壁上贴着的巨大海报上用签字笔写下了一句他每天都要凝视的话："你将永远不会再伤心。"[15]

在暑假即将结束时，萨拉扎尔将这一誓言践行于在科德角举办的7英里法尔茅斯公路赛中。在那次比赛中，他的一些对手是世界上最优秀的跑步运动员，其中包括比尔·罗杰斯、克雷格·维京及鲁迪·查帕。在进行到第4英里时，萨拉扎尔试图领跑。他后来在其回忆录《14分钟》一书中写道："关于那次比赛的最后记忆就是我试图在第4英里处领跑。"然而根据目击者的描述，萨拉扎尔当时是先停了下来，在原地转了一圈之后继续朝终点跑去的。最后他获得了第10名。而他接下来的记忆则是听到人们在喊一组数字："104……106……107……体温没有下降！我想他不行了！"其实他当时中暑了，人们把他抬到了附近的医护帐篷里，将他全身浸泡在装有冰水的浴缸中，当时他命悬一线。随后，他被立刻送往医院，在医院中，一位牧师甚至已经在为他进行临终祷告。然而一小时后，他的体温降了下来，他最终完全恢复了健康。萨拉扎尔本人在这次如同对其坚强性进行肯定的经历中获得了自信。

4年之后，萨拉扎尔成了世界上最出色的长跑运动员。1980年，还在俄勒冈大学读书的他获得了纽约马拉松比赛的冠军，次年他又将该赛事的世界纪录改写为2小时08分13秒（尽管这一纪录后来因为路线测量问题被取消)。他最著名的比赛当数 1982 年与长跑新星迪克·比尔兹利之间进行硬碰硬较量的波士顿马拉松比赛了。那场比赛被马拉松迷们称为“太阳下的决斗”。[16] 波士顿马拉松比赛是在中午开赛，这就意味着选手们是在晴空下大约 65 华氏度的温度下进行比赛。萨拉扎尔赛前几乎没有喝什么东西：或许像他以前在纽约马拉松赛夺冠的赛前一样只喝了两杯水。两人在整个比赛中几乎是你追我赶，而在最后一英里时，萨拉扎尔稍稍领先（据报道，比尔兹利在后来通往终点的直线上企图超越时受到扎堆的摩托车和媒体巴士的影响而失败)。萨拉扎尔在冲过终点后又一次被送进了医疗帐篷，医生通过静脉注射向其不断抽搐的身体内注射了 6 升液体。

萨拉扎尔为人所熟知的昏迷与其不重视补水的习惯被广泛地用作脱水和中暑之间有关联的证据。然而事情并没有看上去这么简单。他中暑的法尔茅斯公路赛的距离只有 7 英里——且比赛时长仅为半小时——而他在比赛刚过半程时就出现了中暑症状。萨拉扎尔非常能出汗（后来在实验室中测出他每小时的出汗量可以达到惊人的 3 升[17]），但是这还不足以在 20 分钟内就使其处于脱水的危险境地。即便他不在乎补水，且他在比赛开始时就已经出现轻微的脱水症状，在这样短的时间内他所失去的体液也不应该让他陷入昏迷。

相反，他在“太阳下的决斗”之后明显脱水了，原因也很好理解：他已经进行了两个多小时的比赛。他接受 6 升静脉注射表明他可能在比赛中失去了超过 13 磅的汗水。此外，尽管顶着太阳比赛且出现了脱水症状，但是他没有中暑。事实恰恰相反：在比赛结束后，他被立即送进了医疗帐篷，而医生用口腔温度计测出他的体温为 88 华氏度，比正常体温还低了 10 华氏度。[18] 然而这一体温赛后引发了运动医学专家们的争论。因为这一体温并不是由直肠温度计或者耳温计测出来的，人们怀疑萨拉扎尔的体温实际上并不低。他们认为严重的脱水和因此导致的血液量减少让其身体无法进行温度调节。时任终点线医生总监的威廉·卡斯泰利（其正式职业为著名的长期研究项目弗雷明汉心脏研究的主任）依然坚持自己的观点：“他的胳膊、双手和头部温度很低，或许他身体的核心温度不低，但他全身颤抖且皮肤出现了鸡皮疙瘩。我认为他当时快要因低温而死。”[19] 当然，我们无法回到过去，当时也没有使用直肠探针测出的数据，所以我们无法平息人们的争议，但是有一点我们可以肯定，那就是他没有中暑。

其实这两种看似矛盾的状况——中暑但没有脱水和脱水但没有中暑——并不是偶然发生的。对长跑比赛而言，脱水是一个大问题，因为你出汗的时间会更多；而对短跑比赛来说，人们最担心的则是中暑。这是因为你的身体温度主要由你的“新陈代谢率”决定，即你身体引擎运转的温度有多高。在一场 30 分钟的比赛中，你没有足够的时间引发严重脱水现象出现，但你可以维持较快的配速从而使你身体的核心温度直线上升。而在一场 3 小时的比赛中，大多数情况下，即便你已经严重脱水，你也无法维持一种运动强度从而使你身体的温度达到中暑的水平。如同包括安比·波夫特参与的研究在内的早期研究展示的那样，脱水的确可以使你的身体温度升高一点儿，但是真正决定身体核心温度（除去天气原因）的是身体的新陈代谢率。

这就是脱水在杰森·斯汀森的审讯中不作为考虑因素的原因。麦克斯·吉尔平并没有出现脱水症状——即便他出现了脱水症状，恐怕他多饮水也于事无补。而萨拉扎尔的情况同样如此。在为 1984 年洛杉矶奥运会在高温和闷热的天气下举行的马拉松比赛做准备期间，萨拉扎尔于马萨诸塞州纳蒂克市美国陆军环境医学研究所内在科学家的指导下进行训练。他们让萨拉扎尔在人工气候室进行耐热测试，为其进行血样检测，然后将其送至佛罗里达州进行高温训练，并要求他自行测量直肠温度。在奥运会马拉松比赛开始前的 5 分钟，他们要求萨拉扎尔饮用 1 升的水，在比赛过程中他又饮用了 2 升的水——这与他之前在纽约和波士顿破纪录的马拉松比赛中保持最少饮水量的做法截然相反。而最后的结果是：这位美国历史上最伟大的马拉松运动员最后只拿到了第 15 名的成绩，比第一名整整落后了 5 分钟，比他自己的最好成绩也慢了 6 分钟。

2016 年，即那次比赛结束的 30 多年后，我作为嘉宾参加了美国国家公共电台的一档节目来解释关于补水的科学问题。[20] 其中的嘉宾之一是康涅狄格大学人类表现实验室主任劳伦斯·阿姆斯特朗，他是美国运动医学会前主席，也是 1984 年帮助萨拉扎尔制订补水计划的科学家团队负责人。我们二人从萨拉扎尔的经历中总结出的经验教训截然相反。阿姆斯特朗仍旧认为补水不足是引发中暑的关键因素。他依旧坚信失去体重 2% 的水分便会明显地影响你的运动表现。

但是这种观点在实验室之外遇到了一些问题。在 2007 年 9 月湿度较大的一天，埃塞俄比亚马拉松巨星海勒·格布雷西拉西耶在柏林马拉松比赛中将该赛事的纪录改写为 2 小时 04 分 26 秒。与萨拉扎尔相似，格布雷西拉西耶的排汗率也高得出奇：在一次实验室测试中，格布雷西拉西耶每小时的出汗量达到 3.6 升，这属于有记录以来人类最高出汗量。[21] 在他打破马拉松比赛的纪录后，他几乎失去了其 10% 的体重，由 128 磅掉到了 115.5 磅。后来对格布雷西拉西耶和其他冠军马拉松运动员的比赛测试也得出了相似的结果。有两种可能可以解释这些数据。第一，包括被誉为马拉松比赛中速度最快选手的格布雷西拉西耶在内的优秀运动员在比赛中的速度比他们应当跑出的速度要慢，原因是他们没有遵守世界上所有小学和健身俱乐部提倡的基本补水建议；第二，这些建议都是错误的。

令我惊讶的是，当我列举出世界顶级马拉松运动员的高排汗率时，阿姆斯特朗依旧坚持他之前在节目中发表的观点。在我打电话给他让他进一步解释一下这一观点时，我说："我的问题是，如果这些运动员没有损失 10 磅的体重，那么他们会跑多快呢？"他给出的解释与他之前的观点并无太大差异。1984 年，他和其同事在为萨拉扎尔进行奥运会前的测试中估计萨拉扎尔在跑步时的胃排空率（决定多少液体能够穿越胃部而被小肠吸收的效率）是每小时 1 升。考虑到萨拉扎尔的排汗率是胃排空率的 3 倍，他不可能在比赛结束时将失水比控制在 2%：饮用的更多的水只能在他的胃部做简单的逗留而不会增加补水。对绝大多数人来说，胃排空率很少能超过每小时 1.3 升，这就意味着在高温下的长时间比赛中，2% 的失水比只是一个理想状态而非实际情况。然而，阿姆斯特朗依旧坚信像格布雷西拉西耶等马拉松选手受到了脱水的影响。他告诉我说："我坚信如果他的失水比能够控制在 2% 而非 10%，那么他能够跑得更快更好。"

我们很容易认为格布雷西拉西耶和萨拉扎尔有异于常人的生理能力，这当然是事实。但相似的状况也出现在了一些较为普通的运动员身上。研究人员在世界范围内对马拉松、铁人三项和自行车比赛的运动员进行了简单的测试：在运动员比赛开始前和比赛结束后分别称一下他们的体重，并寻找完赛成绩和脱水程度之间的关系。他们得出的结论和你想象的完全不一样：速度最快的运动员往往是那些脱水程度最为严重的运动员。比如，在 2009 年参加法国圣米歇尔山马拉松赛的 643 名运动员中，在 3 小时以内完赛的运动员平均失去了 3.1% 的体重；而 3~4 小时完赛的运动员平均失去了 2.5% 的体重；而那些耗时超过 4 小时的运动员则符合之前所说的 2% 准则。研究的结果并不能证明饮水会让你的速度变慢，但是这些结果对失水比超过 2% 便会影响你的运动表现的观点提出了疑问。[22]

至于相对常见的运动员在长距离比赛冲过终点之后就需要人搀扶

或者倒下的情景，我们有几个理由怀疑认为这是由这些运动员补水不充分引起的观点。[23] 一个理由是，相关研究并没有发现那些冲过终点之后倒下的运动员与冲过终点之后安然无恙的运动员的脱水程度之间有任何差异。另外一个理由是，那些在比赛中倒下的运动员中有 85% 是刚过终点线才倒下的。这表明长时间比赛后突然停下来的这一行为导致了问题的出现；如果运动员倒下的原因是脱水，那么你将会看到更多的运动员在比赛最后几英里倒下，而非在刚过终点线之后倒下。

很多研究者现在相信这一问题是由你突然停止跑步或骑行之后，血液在腿部的汇集造成血压降低引起的。运动时，你的心脏会将大量的血液输送至消耗氧气的腿部肌肉。每迈一步或者每蹬一下，你的小腿肌肉便会收缩并挤压小腿上的血管，帮助血液回流至心脏。当你冲过终点线后，由于这种肌肉收缩运动突然停止，那些无法快速调节血液循环来维持血压稳定的人会感到眩晕或轰然倒下。那么，治疗的方法是什么呢？在 2006 年和 2007 年举办的一系列铁人三项比赛和超级马拉松比赛中，医生对那些冲过终点之后倒下的运动员采取了两种可行性的治疗方法：给那些比赛号码为偶数的运动员进行静脉注射，这是处理脱水的最佳方法；而让那些比赛号码为奇数的运动员平躺，抬高双腿，并允许他们随便喝水。通过这两种方法治疗的运动员的平均恢复时间都不到一小时，且他们之间在相关数据统计上并没有出现重大差异。

我们如何处理实验室里和现实世界中脱水影响之间的不同呢？首先我们要分清楚口渴（你想要喝水的感觉）与脱水（相较于正常状态而处于体液流失的一种状态）之间的差别。第二次世界大战时在沙漠进行的研究已经将二者分得很清楚：口渴明确表明你已经处于脱水状态，而“自愿性脱水”的概念则表示脱水并不一定使你感到口渴。[24] 但是如同蒂姆·诺克斯指出的那样，自那时以来，几乎所有的脱水研究都将二者混为一谈。如今有大量的数据表明，即便是轻度的脱水和口渴也会降低你的速度。但是如果你处于"自愿性脱水"状态，即按照定义，虽然你可以随时喝水，但你并不感到口渴却又处于脱水状态，会出现什么情况呢？

要回答这一问题，我们要先考虑一下口渴的目的是什么。最简单的解释为，口渴是身体确保你能够保持体液充足的一种方式。单从这一观点看，"自愿性脱水"是这一身体功能的漏洞：它的存在表明你的渴觉并非完美无缺，因为它无法让你了解你体液的流失情况。但生理学家们已经证明这不是口渴真正的工作方式。你的身体并不是在监测体液水平，相反，它在监测"血浆渗透克分子浓度"，该浓度是血液中包括钠和其他电解质在内的微颗粒的浓度。[25] 随着你出现脱水问题，你的血液会变得浓稠，你的身体便会让你感到口渴，以及分泌出能够让你的肾脏再次吸收水分的抗利尿激素。与体液含量不同的是，血浆渗透克分子浓度被身体严密管控：当你参照这一变量时，你的渴觉（以及包括抗利尿激素在内的身体其他平衡机制）不会出现任何失误。

这就意味着"自愿性脱水"这一看似潜在问题的现象可能在身体本身看来是极其正常的。在 2011 年的一次研究中，南非特种部队的 18 名士兵在最高温度达 112 华氏度的条件下携带包括步枪和水在内的 57 磅负重行进了 16 英里。士兵们被允许随意喝水，但是如同人们预料的那样，他们最后平均失去了 6 磅的体重，这相当于他们行军前体重的 3.8%。但是他们的血浆渗透克分子浓度没有发生改变。按照身体本身的脱水标准来看，这些士兵没有任何问题。[26]

口渴和脱水之间的这种失联性可能属于一种进化优势而非问题。进化生物学家丹尼斯·布拉姆布和丹尼尔·利伯曼在 2004 年提出的"天生善于奔跑"的人类起源理论认为，人类在热带大草原上的长途奔跑能力要超过其他物种。为了做到这一点，我们要能够忍受短时间内的脱水而又不会对身体造成负面影响，比如在2000年的一部纪录片中，布希族的一名猎人卡洛哈·朗威恩在卡拉哈里沙漠跋涉20英里追猎一只捻角羚，直至将猎物累到精疲力竭。在那场在100华氏度高温下持续4~6小时的追逐中，朗威恩只喝了一升水。[27] 通过调节汗水中的含盐量，我们能够在失水的情况下依然保持血浆渗透克分子浓度的稳定——至少在一定时间内保持稳定。当狩猎结束回到营地后，我们可以在几小时内将体内的含水量补充至正常水平。

还有意想不到的一点可以帮助解释为什么我们能够忍受看似严重的脱水状况。在本章的讨论中，我们假设你在运动中失去一磅的体重意味着失去一磅的水。但现实情况并不一定是这样。在南非士兵参与的那次研究中，士兵们在行军前后喝的都是特制的"追踪"水，即普通水的氢原子被重氢原子（氢原子加上额外的一个中子）替代。这样研究人员可以准确地测量出在整个行军过程中士兵身体中的水量变化情况。而最后的结果显示，士兵们每损失1磅体重，其体内循环的水量会下降0.2磅——这一巨大的差异就解释了为什么士兵们觉得没必要喝水了。

根据开普敦大学学者尼古拉斯·塔姆的观点，你所失去的体重不完全是水分。他认为，在长时间的运动中，"你会消耗脂肪和碳水化合物，并且一旦你将二者消耗掉，它们便不复存在"。而这一消耗脂肪和碳水化合物的化学反应会产生两种关键的副产品，包括我们呼出的二氧化碳，以及成为我们身体所需体液的一部分的水。更重要的是，我们的身体在肌肉中储存碳水化合物的方式是每储存1克碳水化合物就会储存3克水。但是这些水不能直接用于关键的细胞运转进程，除非你先通过运动解锁这些储存起来的碳水化合物。所以在运动时，当这些储存的水被释放出来后，身体会将其看作"新"

水。数十年来，这些因素的作用被认为是微乎其微的。然而，2007年，英国拉夫堡大学的科学家们估测，赛后一名马拉松运动员可以在体内水分不出现净损耗的情况下损失 1%~3% 的体重。[28] 而对南非士兵的研究似乎印证了这一估测。塔姆在 2011 年从事的一项研究也发现，尽管参加半马比赛的运动员的赛后体重可能会平均损失 3 磅，但是他们体内的水分含量没有出现变化。而这一效果在长距离比赛中更为显著：美国西部 100 英里耐力赛的数据显示，该赛事大部分的完赛者会损失 4.5%~6.4% 的体重，但是他们体内的水分含量仍是稳定的。[29]

结果就是，你可以"被脱水"，至少会以损失体重的方式脱水，但同时你的运动表现不会受到影响。但你的口渴程度很关键。遗憾的是，自"二战"以来，几乎所有对身体保持水分的研究都无法将脱水和口渴区分开。比如，上文中提到的认为 2% 的失水比就可以让疲劳时间提前 22% 出现的 1966 年美国陆军实验便是如此。为了达到这一失水比，参加该测试的士兵们首先要在跑步机上步行至疲劳，然后在温度高达 115 华氏度的室内待上 6 小时来促进排汗——然后开始进行运动测试。在其他的研究中，研究者甚至动用利尿剂来加快测试对象脱水症状的出现，并禁止他们在运动中饮水。所以人的耐力在这些条件下降低就不足为奇了：除了出现脱水症状，参加测试的人员还出现了劳累和口渴症状，或许他们对整个测试过程都相当不满意。

更让人感兴趣的并不是充分补水与不补水之间的比较，而是按照意愿补水——尽管仍可能处于"自愿性脱水"状态但能够消除渴觉——与补水过多或过少之间的比较。这就是 2009 年在开普敦的诺克斯实验室进行的实验的目的。[30] 在那次实验中，自行车运动员们要完成 6 次 50 英里的计时赛。在第一次测试中，他们被允许按照自己的意愿饮水；在其他 5 次测试中，他们的饮水量不同，即从零到完全补充出汗所流失的水分。当然，补水可以改善他们的成绩：在他们的饮水量少于第一次测试饮水量的三次测试中，他们的成绩要低于他们有较高饮水量的另外三次测试。但是，当他们的饮水量超过第一次测试的饮水量时，他们的成绩没有进一步提升。因此，避免口渴而不是避免脱水看起来才是提升运动表现的关键所在。

这一具有争议的观点在最初提出时几乎无人相信，但是后来人们的态度逐渐发生了变化。2013 年在《英国运动医学杂志》上发表的一篇文章分析指出，只要失水比低于 4% 就“不太可能在现实运动中影响运动员的耐力表现”，且运动员们应当被鼓励根据口渴情况进行补水。[31]

尽管我们提到了这么多具有说服力的证据，但是仅仅重视血浆渗透克分子浓度、身体总含水量等细节的做法忽略了一个在本书中被反复提及的重要观点：从某种程度上说，任何生理信号的重要性都取决于大脑如何接收和理解这一信号。之前提到的布鲁克大学环境生理学家斯蒂芬·张说：“当你喝水时，你的渴觉、感知、心理、动机等方面也会受到影响。”如果你置身于一间让人不舒服的加热室，且只被允许饮用极少量的水，那么无论你是否出现脱水症状，你的运动表现都可能大打折扣。为了搞清楚这一问题，张决定对一组自行车运动员进行静脉注射补水实验。[32] 这一实验为双盲测试，即运动员和研究者都不知道在每次测试中前者的脱水状况如何；相反，一名隐藏在帘子后面的医生会决定到底给运动员注射多少生理盐水。实验结果表明，在高温环境下稳定骑行 90 分钟再进行 20 000 米的计时赛后，即便运动员的失水比达到了 3%，他们的成绩也没有受到任何影响。

另外一些研究表明，仅仅是吞咽水的动作——在张的实验中自行车运动员们并没有采用这一方式——就可以有效地止渴和改善运动表现。在耶鲁大学 1997 年的一次著名实验中，测试对象们运动了 2

个小时以达到脱水状态，然后他们被允许喝水。[33]研究人员随后监视了运动员们的血浆渗透克分子浓度的两个关键调节因素——渴觉和抗利尿激素的变化。然后，他们重复了这一过程，但马上通过一根从鼻腔到胃部的导管将运动员刚刚喝下的水抽了出来。结果显示：渴觉和抗利尿激素的分泌都出现了下降情况，研究人员认为这是身体对吞咽水的反应。但是当他们让运动员们通过鼻管而不是喉咙将水输送到胃部时，结果显示：尽管水抵达了胃部，但是运动员的口渴程度并没有有效消减。

这又帮助解释了为什么后来的一项研究发现，相比嘴里含一口水漱口之后再吐掉的做法，小口吞咽水——即使少到不足以对身体总含水量产生任何影响——能够提高 17% 的运动表现。[34]至于解决口渴问题，至少要感知到清凉的水流淌过干渴的喉咙而不是只停留在嘴里才会起作用。

这样看来，难道脱水真的是一个只通过我们的大脑（或喉咙）产生影响来欺骗公众的大阴谋吗？这一问题尚无定论。近几年，关于身体补水的争论日益极端化。饱受争议的蒂姆·诺克斯时常会抛出进行身体补水没有任何效果的观点：他在 2012 年出版的《耐力运动中补水过多的危害》一书中，戏谑地说要判断马拉松运动员是否真正出现脱水状况的标准是，要符合 1877 年一支美国骑兵连在沙漠中迷路时所出现的症状："对水极度渴求；无法分辨在嘴里的是液体还是固体食物；无法咀嚼食物；无法控制自己咽下一切液体的渴望，哪怕是血液或尿液。"这看起来似乎有些极端。同时，一些备受尊敬的研究人员如劳伦斯·阿姆斯特朗则依旧认为口渴无法准确地反映身体对水分的需求，并且即便是轻微的失水也会带来麻烦。

在寻找这两种观点的折中之处时，我发现那些与奥运会运动员打交道的生理学家通常最擅长将抽象的理论与真实的体育竞技活动结合起来。位于不列颠哥伦比亚省维多利亚市的加拿大太平洋运动研究所的生理学家特伦特·斯特林沃夫说："任何实地与运动员合作的人可能在数年前就已经意识到所谓的2%的失水比并没有什么作用。"[35]在与优秀的马拉松选手的合作中，斯特林沃夫的目标是帮助他们将失水比控制在3%~6%，当然，这取决于天气和个人的忍耐力。简单地喝水止渴对优秀的马拉松运动员来说并不适用，因为在比赛中每5 000米才会有一个饮水点，并且快速激烈的奔跑很难让选手们尽情地喝水。

即便是在创造世界纪录后失去体重的10%的海勒·格布雷西拉西耶也没有遵循"想喝就喝"的原则。2002年他第一次参加马拉松比赛时尝试了这一原则，他过早提速，但最终由于精疲力竭而被哈利德·哈诺奇和保罗·特加特超越。在他后来获胜的马拉松比赛中，他遵循了仔细规划的补水战略。根据斯特林沃夫的描述，在海勒·格布雷西拉西耶2007年破纪录的柏林马拉松比赛中，他在赛前3小时喝了一瓶运动饮料，在赛前1小时又喝了一瓶运动饮料，在比赛中每隔5 000米进行补水，共喝了2升的水和运动饮料。他并没有遵循2%的准则，但是他严格执行了赛前计划好的补水战略。[36]

最后需要注意的是，我们能够忍受暂时脱水状态的能力也很短暂。尽管马拉松选手能够在几个小时之内忍受10%的失水比，但是根据斯蒂芬·张的观点，拥有这种能力的前提是在比赛前你要保持体内水分充足——这一点比你在比赛中进行补水还要关键。如果你参加那些对口渴的要求远超过我们通过进化而形成的口渴忍受能力的比赛，比如铁人三项比赛，或者像巴克利马拉松比赛那种持续60个小时的残酷的超级马拉松比赛，会出现什么情况呢？答案很简单：我们还不知道。在缺少证据的情况下，当我们参加超长时间的运动时，我们应当保持警惕，并将脱水（而不光是口渴）的影响降至最低。当我在偏远的山区进行为期一周的远足活动时（或者在图森市附近无人居住的沙漠公园进行 1 小时越野跑时），我会时刻保持警惕，提醒自己在这方面出现的任何失误都是相当严重的，所以我尽力“不让自己口渴”。

由于对传统补水做法的驳斥发展得如此迅猛和让人不知所措，以至于你现在会发现有人争论说保持水分充足实际上有坏处。[37] 这一理论的逻辑是，海勒·格布雷西拉西耶在马拉松比赛中损失 12 磅的体重会让他的身体变得更轻、速度更快。一些科学家对山地自行车运动员也提出了类似的建议：保持较轻的体重会比保持水分充足带来更多的益处。

我本人并不赞同这些观点。对我而言，重要的一点是，同氧气、高温和（我们下一章即将探讨的）燃料补给一样，体液的流失是通过大脑让身体感知的。是口渴而非脱水让你感到吃力，然后这会迫使你将速度降下来。最后，你会感受到脱水所造成的生理后果，你的心血管系统会感到吃力，你身体的核心温度会升高，同时你动脉中的血液会减少。但这一切只是在你已经忽视掉口渴的症状后才出现的。

这意味着保持身体水分依旧重要。比如，尽管斯蒂芬·张的静脉注射实验得出了研究结果，但是他在进行长时间的自行车骑行时都会带上整整两瓶水。他的研究表明，脱水不像我们之前被灌输的那样会引发巨大的问题——而是另有其意义。张提到了美国自行车运动员泰勒·菲尼在 2013 年世界锦标赛中掉了一瓶水之后的糟糕表现。该赛事时长只有 1 小时，所以脱水不应当是一个问题——但是菲尼认为脱水问题很关键，会影响到其发挥。这也是张希望人们从他的研究中及从最近挑战传统补水观点的一系列研究中看到的：影响你的不是你有机会喝水而你却没有喝，而是你浪费了喝水的机会后对此耿耿于怀。张说：“这一微妙的心理反应会阻碍你的最佳发挥。”

第 10 章　燃料

当大脑察觉到有燃料补给时，它会放松安全警惕。

食物本身看起来没什么特别之处。对于早餐而言，奥运会竞走运动员伊万 · 邓菲和他的训练伙伴们一般会食用配上奶油或培根和鸡蛋的牛奶什锦早餐；而午餐，他们会吃配有低碳水化合物面包和大量牛油果的三明治；晚餐是由澳大利亚体育学院的御用厨师为他们准确烹制、可以精确到盎司的杏仁沙茶酱，或西葫芦面，或普通的比萨和汉堡。这是他们饮食中最简单的部分。邓菲说："在训练前或训练期间，饮食就会变得很特殊。"[1] 在进行 25 英里的训练前，他通常会吃两个煮鸡蛋和一些坚果球。他回忆说："这些坚果球包含坚果和可可粉，但不知道还有什么原料把它们凝固在了一起，味道还不错。"在进行中等强度的训练前，他们不会服用运动果胶和运动饮料，相反，他们会吃一些黄油饼干和奶酪。

对来自加拿大温哥华的 25 岁的邓菲而言，这既是一种全新的饮食变化，也是一种风险，因为这时离 2016 年里约奥运会只剩下不足 9 个月，而邓菲又想在这次奥运会上冲击一枚奖牌。但竞走比赛的确与众不同。竞走比赛要求运动员每迈一步时腿必须伸直，并要随时保证一只脚在地面上，在这个前提下看谁走得最快。正是竞走比赛独特的扭胯部的姿势和它的比赛规则让其经常沦为人们的笑柄：最出名的当数美国全国广播公司体育评论员鲍伯·科斯塔斯将竞走比赛比喻成一场比谁嗓门大的耳语比赛。正因如此，尽管全世界顶尖的竞走运动员们在赛场上是竞争对手，但是他们非常团结。邓菲说："我们深知我们通常是运动员中最被边缘化的群体。"这种团结意味着邓菲欣然接受了奥运会5万米竞走比赛冠军澳大利亚人贾里德·塔伦特的建议，即可以逃离加拿大寒冷的冬季而去澳大利亚南部进行训练。在澳大利亚，邓菲将参加一次史无前例的既让人兴奋又引发争议的变革性运动营养计划研究：低碳水化合物和高脂肪饮食。

曾在20世纪初引起减肥群体不满的低碳水化合物和高脂肪饮食最近也影响了耐力运动界。起初，它只被少部分特立独行的科学家和后来成为专家的人接受。之后，一些长发飘逸且不屑教条的超级耐力跑运动员也开始接受这一饮食。最后，人类历史上最有影响力的跑步书作者蒂姆·诺克斯也用其招牌式的热情表达了对这一饮食的支持。他在2015年写道："33年来，我在我的《跑步知识》一书中一直遵循并宣传人必须吃低脂肪和高碳水化合物的食物。现在，我相信这是一种错误的建议。我为此向大家道歉。这是一个诚实的过错。"[2]

澳大利亚体育学院整洁的运动场和高科技的实验室就坐落在平静的政治重镇堪培拉。在这里，邓菲和塔伦特与其他来自世界各地的19位顶级竞走运动员一起参加了代号为"超新星"的低碳水化合物和高脂肪饮食研究。[3]这些吃住都在澳大利亚体育学院的运动员要分几期完成一个标准化的训练计划，每期的时间为3周。他们必须严格遵守研究规定的饮食：针对传统耐力运动员的运动营养建议（60%~65%的热量来自碳水化合物，15%~20%来自蛋白质，20%来自脂肪），或者是严格的低碳水化合物和高脂肪饮食（75%~80%的热量来自脂肪，15%~20% 的来自蛋白质，每天的碳水化合物摄入少于 50 克——与食用两根小香蕉相当）。在每次为期 3 周的饮食测试开始前和结束后，他们要分别留下血样和大便样本，在实验室完成一系列跑步机测试，并尽力完成最重要的测试项目：竞走比赛。

对于邓菲而言，向低碳水化合物和高脂肪饮食的转变并不顺利。在他的第一次低碳水化合物和高脂肪饮食后的训练中，本应该轻松完成的 3 万米竞走变成了一场耗时长达 2 小时 30 分的"死亡行军"，完成训练后，他瘫倒在终点线上。该周晚些时候，他创造了 10 000 米竞走的个人最慢纪录。尽管接下来几周的情况要稍好一些，但是他在训练中的心率比以往要高，且吃力感也加重了。在第三周快要结束时，实验室的测试表明，他的竞走效率降低了，他的 10 000 米竞走比赛的速度变慢了。总体而言，这些结果令他沮丧。当他恢复了高碳水化合物的饮食后，他的沮丧感便一扫而光。在训练中，他立马感觉良好，表现得生龙活虎。10 天后，他动身前往墨尔本参赛——令所有人吃惊的是，他的成绩为 3 小时 43 分 45 秒，打破了加拿大人保持的 5 万米竞走的世界纪录，而这一成就让他成为里约奥运会竞走比赛奖牌的有力争夺者。

当你的车没油了，它便无法前行。简单地说，这一道理也适用于你的身体。当然，身体的燃料来源于食物，其中包含以原子间化学键的形式储存的能量；一旦食物被代谢，这些连接便会被打破，释放出能够保证肌肉和其他器官所需的能量。如果你消耗光了食物提供的能量，那么毋庸置疑，你的比赛成绩会很糟糕。那些在没有食物的情况下取得的最长存活时间纪录让人既感到残忍又感到疑惑，这些纪录取决于准确的存活环境和值得信赖的目击证人。经常被当作标杆而引用的存活纪录是由参加爱尔兰共和军的囚徒基兰 · 多尔蒂在贝尔法斯特附近臭名昭著的梅茨监狱创造的。1981 年，他在绝食 73 天后死去。[4] 当然，如果你在绝食时补充维生素和水，你便可以继续从身体脂肪中获得存储的能量，实现更长时间的生存。1973 年，一位苏格兰医生报告了一名被称为 A. B. 的 27 岁男子的绝食案例。[5] 体重达到 456 磅的他在医生的监护下进行了长达 382 天的绝食，最后他减掉了惊人的 276 磅。

这些绝食纪录表明，无论你在铁人三项比赛中感到如何精疲力竭，实际上你身体的“油箱”并没有消耗殆尽。事实上，你的运动表现早在你耗光体内燃料之前就开始下降，当然个中原因并不显而易见。在一项发布了 1 000 条“我早就告诉过你”的孕产警告的研究中，英国研究人员发现，运动员不吃早饭会导致当天下午 5 点进行的 30 分钟自行车计时赛的成绩下降 4.5%，即使他们午餐时可以随便吃也无法改变这一事实。[6] 在一次较长时间的研究中，明尼苏达大学的研究者们让 36 名男士——他们全部是“二战”中因宗教或道德问题而拒绝服兵役但选择以不同方式为国家服务的人——参加了一次长达 12 周的半绝食测试。在测试中，他们的日常热量摄入被减半，最后他们的体重减少了 25%。他们还参加了跑步机上坡疲劳测试（测试时有两名技术人员在机器后面负责保护精疲力竭的他们），在测试结束时，他们的耐力下降了 72%。一位测试者在最后一次测试中仅仅坚持了 19 秒。[7]

换句话说，耐力不光与你身体的“油箱”里有多少燃料有关，它还与你可以使用什么类型的燃料、这些燃料在哪里储存，以及你利用这些燃料的速度有关。三种基本的燃料包括蛋白质、碳水化合物和脂肪。尽管蛋白质在抗阻训练后对肌肉的生成和修复很重要，但是它直接贡献给肌肉收缩的作用很小（在一次长时间的运动中，当你的其他燃料快要耗尽时，蛋白质最多能够满足你 10% 的燃料供给——与我们常见的传统观点相反，这表明即便是纤瘦的长跑运动员，也比普通的非运动员人士需要更多的蛋白质）。[8] 尽管碳水化合物和脂肪在长时间运动中满足了大部分的燃料需求，但是它们的重要性仍旧被讨论了一个多世纪。

20 世纪上半叶的早期实验表明，脂肪和碳水化合物的消耗平衡取决于你的运动强度。[9] 在一些轻松的运动中，比如说慢走，你所消耗的大多是在血液中循环的脂肪。随着你速度的加快，你开始消耗碳水化合物，当你开始气喘吁吁时，你所消耗的燃料比发生了颠倒，你开始大量消耗碳水化合物。具体的燃料构成由众多因素决定：比如，你越健康，你在任何速度下消耗掉的脂肪就越多（这是因为你越健康，你保持一定的速度便越容易。澳大利亚天主教大学的运动新陈代谢研究者约翰·霍利指出，无论你的健康程度如何，在任何强度的运动中，你都会消耗相同的由脂肪和碳水化合物构成的燃料）。如果你的饮食中的碳水化合物或者脂肪含量增高，那么你喜爱的燃料构成也会发生相应的变化。但即便是考虑了这些因素，碳水化合物在任何高强度的运动中也都占据主导作用：一项研究表明，在整个马拉松比赛中，2 分 45 秒的配速（每千米所需时间）消耗的燃料中有 97% 来自碳水化合物[10]，而当配速下降到 3 分 45 秒时，这一比例下降为 68%。

耳熟能详的马拉松运动员靠面食补充能量的说法可以追溯到 20 世纪 60 年代瑞典科学家乔纳斯·贝格斯特罗姆和埃里克·赫尔特曼的研究。贝格斯特罗姆是穿刺活检的先驱人物，这一技术可以让研究人员直接从经过长时间运动的研究对象的肌肉中获取少量的肌肉——或者，按照当时北欧实验室的通常做法，从研究人员自身肌肉中获取少量肌肉进行研究。[11] 在一次著名的实验中，贝格斯特罗姆和赫尔特曼分别坐在一台健身车的两侧，二人分别只用一条腿蹬骑而让另外一条腿休息，直到二人筋疲力尽为止。测试前和测试后的穿刺活检的结果显示，糖原（碳水化合物在肌肉中的储存形式）的水平在运动的那条腿中为零。换句话说，这一具体的肌肉燃料的耗尽恰好与筋疲力尽的出现相吻合。在接下来的 3 天内，二人食用了含高碳水化合物的食物并进行了常规的穿刺活检。结果显示，在没有运动的那条腿中，糖原水平依然稳定，而在运动的那条腿中，糖原水平比之前的数值高了 2 倍——这一超级补偿效应促进了在长跑比赛前要采用“糖原负荷法”理念的诞生。

后续的活体研究证实了肌肉储存的糖原数量能够很好地预测个体在跑步机或者健身车上的耐力持久度。同时，身体的其他部位也可以提供碳水化合物：比如，你的肝脏能够储存 400 或 500 卡路里的糖原供全身使用，而双腿最多可以储存 2 000 卡路里的糖原（这就是在早晨举办的马拉松比赛前几小时要吃饭的原因：尽管肌肉的糖原储备充分，但是肝脏的糖原储备在你睡觉的时候供给了需要能量的大脑）。[12] 你的肌肉还可以利用在血液中循环的葡萄糖，尽管这些葡萄糖的数量很少。总体上说，这些研究所展示的理念相对简单：如同 A. V. 希尔提出的“人体就如同一台机器”的理念一样：你的身体可以储存有限的碳水化合物，一旦你将其耗光，你便开始筋疲力尽。

如果这是正确的，那么我们就理解了为什么耐力运动员要尽可能地多储存碳水化合物。这也是自 20 世纪 70 年代以来运动营养学家们一直宣传的做法：要从含碳水化合物的食物中摄取 60%~65% 的热量来维持身体的糖原水平；在比赛前几天要通过糖原负荷法增加糖原储备；在超过 90 分钟的比赛中，要食用或饮用容易消化的碳水化合物来对体内的糖原储备进行补充，否则糖原储备便会消耗殆尽（霍利指出，现代运动营养的指导原则实际上是推荐按照每天的运动类型补充每磅体重所需要的目标碳水化合物而不是按照总百分比目标进行补充。这考虑了纤瘦的长跑运动员和健壮的赛艇运动员之间的区别）。

从经验上来看，这一做法似乎很有效。一项研究表明，创造历史上男子马拉松比赛 60% 的最好成绩的肯尼亚运动员一般会从碳水化合物中摄取 76.5% 的热量，其中 23% 来自乌伽黎，一种厚实且饱含淀粉的玉米糊，20% 来自添加到他们茶水和粥里的大量白糖。[13] 另外一项类似的研究发现，创造另外 35% 的男子马拉松最好成绩的埃塞俄比亚运动员从碳水化合物中摄取了 64.3% 的热量，而最大的贡献者为英吉拉，是一种由叫作苔麸的当地作物制成的酵母面包片。[14] 如果对耐力运动员来说还有另外一种更好的饮食，那么这些世界上顶级的长跑运动员不会不知道。

1879 年 4 月 1 日，弗雷德里克·施瓦特卡和他的伙伴们离开了位于哈得孙湾西北部岸边的营地，开始穿越北极苔原。[15] 施瓦特卡此次北征是受美国地理学会的委托来搜寻 30 年前去寻找西北航道而失踪的富兰克林探险队，该探险队有 129 名队员。而施瓦特卡探险队的规模则小得多，只有他本人和另外 3 名队员。此外，他们还雇了一名因纽特向导和三名雪橇夫，以及陪伴他们的妻子和孩子。他们的队伍有 3 个雪橇，由 44 只狗负责拖拽，雪橇的总负重为 4 000 磅，包括供狗食用的海象肉，以及硬面包、猪肉、咸牛肉和其他补给品。这些物资预计可供一个月的消耗。当他们在 11 个月零 20 天后返回基地时，他们创纪录地乘雪橇走过了 3 251 英里，忍受了平均温度在零下 50 华氏度的 3 个月；同时，他们找到了富兰克林探险队的一些重要证据（包括一些探险队员出现了吃人现象的证据）；他们还发现了新的河流及其他地理特征；重要的是，他们没有出现人员伤亡。

如同一个世纪后莱茵霍尔德·梅斯纳尔轻便式的登山方式标志着与作为当时标准做法的笨重的军队式探险说再见一样，施瓦特卡的探险之旅也向人们介绍了一种新的探险方式。富兰克林史诗级的失败绝不是一个偶然。当时纵观全球，欧洲的探险家都试图在携带不适宜的装备和没有制订周全计划的情况下去偏远和不熟悉的地域探险。比如，在澳大利亚，伯克和威尔斯在1860年的远征就是在炎热的夏季前往澳大利亚贫瘠的内陆地区进行探险，他们使用23匹马和26匹骆驼托着包括“一只中国大锣、一个橱柜、一张沉重的木桌子和配套的凳子”[16]在内的大量辎重。同富兰克林的结局一样，伯克和威尔斯最后饿死在一个当地居民有充足食物的地方。

施瓦特卡并没有在北极探险的经验，但他是一位细心且能干的领导。他曾经是一位在美国西部服役的骑兵军官，因为了解原住民的传统知识而受人尊敬。在军队服役时，他利用业余时间取得了律师资格，并在一年后取得了行医资格。他的一位探险队友报告说：“他还有一项非常重要的技能，而这一技能对于不了解情况的人来说可能看起来微不足道，那就是他的胃喜欢并能消化脂肪。”[17]施瓦特卡决定只带够一个月的口粮意味着他和他的队友们不得不在海上生活，这同当地因纽特人的生活方式一样。就是说，在一年的大部分时间内，他们只能吃鱼和肉。而这样的饮食毫无疑问会引起包括维生素C缺乏病在内的一些疾病，以及缺少身体运动所需要的碳水化合物供给的能量。

最后，在整个旅程中，他和队员们杀死并吃掉的驯鹿、麝牛、北极熊和海豹的总数量为522只。曾经在长达两周的时间内，他们只能吃鸭子。当然，要适应这样的饮食需要时间。施瓦特卡在日记中写道：“第一次只吃驯鹿肉不足以让身体得到充足的营养，大家很虚弱，无法继续进行这一费力且艰难的旅程。但是这一情况在2~3周后有所好转。”[18]在维持这一饮食将近一年后，施瓦特卡的身体依旧健康，他能够在两天内行走65英里，直至遇到能够载他回家的捕鲸船。

施瓦特卡的经历本应该彻底拆穿关于因纽特人具有一些特殊的

进化优势，使其能够在一年中的大部分时间内只吃肉而幸存下来的神秘言论。但是他探险的这一方面经历几乎被忽视了，直到后来探险家兼人类学家菲尔加摩尔·斯蒂芬森在20世纪初也得到了相似的观点才引起人们的重视。[19] 斯蒂芬森从哈佛大学辞职加入了一个北极探险队，在遭遇了一系列不幸之后，他发现自己和一群因纽特人被困在了冬季的北极，不得已只好依靠因纽特人的救助求生——尤其是依靠他们的饮食，包括早餐和午餐食用冰冻的生鱼，以及晚餐食用白水煮鱼。他后来尝试吃了前一年留下的腐鱼肉，而这被当地人看作美味佳肴。后来令他吃惊的是："我觉得这种鱼肉的味道比我第一次吃到的卡蒙贝尔奶酪的味道还要好。"

在后来的探险中，斯蒂芬森和他的队友坚持只依靠因纽特式饮食，他在超过5年的时间里只吃鱼、肉和只喝水。他的饮食观点引起了争议，所以他和另一位探险家同意在美国肉类企业协会的资助下，以及在医生严密的监控下进行一年的全肉饮食测试。1930年发布于《生物化学杂志》上的测试结果显示，在该种饮食模式下，他们的健康状况良好。没有人患上维生素C缺乏病，这是因为动物的器官及其他部位的肉中含有维生素C。[20] 对斯蒂芬森而言，测试的初始阶段最为难熬，因为赞助者只给他们提供瘦肉。他说在北极时，因纽特人偏好最肥的肉，而瘦肉则被用来喂狗。在后来提供了较肥的肉后，他体内3/4的热量来自脂肪，而他的情况也开始好转。每隔几周，两人都会按要求围绕中央公园的大湖跑步，然后参加一系列的测试来评估他们的耐力水平，而结果显示，自此次测试开始以来，他们的耐力越来越好。

证明你能够仅靠肉类生存——尽管看上去了不起——与证明它是一种超级饮食截然不同，尤其与证明这能够加强耐力不同。斯蒂芬森坚持宣传高脂肪肉类饮食的益处，包括认为在"二战"时期，部队的紧急口粮应该是干肉饼，即一种由大量干肉和炼脂混合制成的食物，该食物是加拿大原住民和北方探险者世世代代的必备食物。这一想法在一个模拟亚北极作战任务的老兵排中进行了测试。发表于 1945 年《军事医学》杂志上的测试结果并不令人乐观："在进行干肉饼饮食的第一天，士兵们的士气就开始大跌；等到第二天，士兵们出现了严重的疲劳、虚弱甚至呕吐症状；到第三天时，整个排的战斗力已经满足不了军事行动的要求了。呕吐和疲惫让指挥官终止了该测试。"[21]

这一测试的失败和其他发现高碳水化合物饮食比低碳水化合物饮食能提高耐力的研究一起让运动员和科学家们暂时将低碳水化合物和高脂肪的饮食抛在了脑后。然而值得注意的是，1983 年麻省理工学院的医学研究者斯蒂芬·菲尼指出，首先，同施瓦特卡发现的那样，身体需要数周时间来适应几乎没有碳水化合物的饮食——而其他失败的测试则没有这么长的适应期。这些失败的测试也没有确保菲尼认为重要的盐分摄入，它们有时将"高脂肪"与"高蛋白"混为一谈。尽管我们大多数时候自然地认为全肉饮食就是高蛋白饮食，但是 1 盎司脂肪中所含的热量是 1 盎司蛋白质的 2 倍。菲尼还要求 5 名训练有素的自行车运动员连续 4 周完全采纳斯蒂芬森的饮食，即摄取的热量中有 83% 来自脂肪，15% 来自蛋白质，只有 2% 来自碳水化合物。而被低碳水化合物和高脂肪饮食群体推崇为权威的测试的结果显示，这些自行车运动员的最大摄氧量和在持续数小时的疲劳时间测试中的表现并没有变化。换句话说，只要有充分的适应时间，你的身体引擎可以像依靠碳水化合物那样依靠脂肪运转。[22]

对于运动科学家而言，这是一个很吸引人的结果。如同我们看到的那样，一位准备充分的运动员可以储存 2 500 卡路里的碳水化合物；而体重 150 磅的跑者在一场马拉松比赛中拼尽全力的话，需要消耗大约 3 000 卡路里，这些热量绝大部分来自碳水化合物。[23] 这就意味着他需要在比赛过程中进行能量补给，这会给他带来一些挑战，又或者他可以放慢速度。同时，无论他是否喜欢，比赛时他都会拖拽至少 30 000 卡路里（大多数人会拖拽 100 000 卡路里）的脂肪跑步。[24] 如果他能像菲尼测试的自行车运动员那样在中等强度的运动中使用身体中的脂肪储存，那么他将能进行更长时间的运动，而到那时，缺乏睡眠而非身体劳累就会成为一个更大的问题。

而实际上我们还应注意一些问题。菲尼测试 5 名自行车运动员的结果各不相同：一名测试者将运动至疲劳的时间从 148 分钟提高到 232 分钟，而另一位则由 140 分钟下降到 89 分钟。菲尼承认还存在着一种关键的抵消效应：尽管测试者们消耗脂肪的能力提高了，但是他们似乎失去了自行车快速冲刺时所需要的快速消耗碳水化合物的能力，导致“运动员们进行无氧运动的能力受到了严重限制”。

在接下来的几十年里，全世界的运动学家们在测试各种各样适应脂肪的做法时，都反复遇到了这一问题。最后，在开普敦大学 2005 年的一项权威研究中（信奉低碳水化合物和高脂肪饮食的蒂姆·诺克斯共同参与），自行车运动员们参加了一次 10 万米的计时赛，其中还包含 5 段 1 000 米的冲刺和 4 段 4 000 米的冲刺，来模仿环法自行车赛中爬坡路段的冲刺和闪避及突围情景。测试结果显示，遵循高脂肪饮食对运动员的计时赛成绩并没有影响，但是对冲刺成绩——在自行车比赛中决定胜负的关键因素——的确产生了影响。[25] 在对该实验的评论中，澳大利亚体育学院运动营养学主任，同时也是研究脂肪适应做法的领军人物露易丝·伯克宣布该实验对关于高脂肪饮食增加耐力的研究起到了一锤定音的效果。当时还是圭尔夫大学博士生的特伦特·斯特林沃夫给出了原因：高脂肪饮食不仅能加速脂肪燃烧，它实际上还能通过减少丙酮酸脱氢酶这种关键酶的活力，从而降低身体对碳水化合物的消耗。

燃料储备对耐力极限的作用当然取决于我们如何定义耐力。如果你只关心跑步的最远距离，而对跑步的时间和对手没有要求，那么你可能不会关注丙酮酸脱氢酶。但是如果你身处一个你进食能力受到限制的环境——比如穿越北极的探险，或者一次你只能食用你携带的食物的持续数天的超级越野赛——那么利用身体存储的脂肪的能力似乎会成为一种重要的优势。油箱容积越大，你便能跑得越远而无须补充燃料。

但是如果你的耐力观包含竞赛——在一分钟内尽力跑出最长的距离——那么，你对身体燃料的主要担心不仅包括距离问题，还包括速度问题。肌肉燃烧燃料的速度有多快？肌肉能以多快的速度来获取储藏于身体各个角落的这些燃料？在运动时，你能以多快的速度进行燃料补充？

在上一章我提到了海勒·格布雷西拉西耶于 2007 年创造 2 小时 04 分 26 秒的柏林马拉松世界纪录时的补水计划，其中就包括在比赛中饮用 2 升的液体。实际上，他既看重补水又看重能量补充。在比赛中，他喝掉的 2 升液体中，有 1.25 升是运动饮料（其余的是水），他也食用了 5 个运动果胶，这每小时能给他提供 60~80 克的碳水化合物。这一数值很关键，因为科学家们指出，我们在运动中每小时最多能吸收 60 克（约合 250 卡路里）的碳水化合物。而限制这一数值的是碳水化合物在肠道中会被血液吸收。

但是格布雷西拉西耶采取了当时被最新数据支持的做法，即如果你将两种不同种类的碳水化合物（如葡萄糖和果糖）混合在一起，那么它们会同时通过两种不同的细胞路径穿越肠壁，使得你每小时最多能吸收 90 克的碳水化合物。[26] 但是在运动中吃下这么多碳水化合物并不容易——这也是为什么耐克“破 2”团队的科学家们要耗费大量时间帮助他们的运动员（尤其是泽森内·塔德塞和勒利萨·德西萨）增加训练时的进食量。耐克团队也将不同的饮料混合在一起，为每位跑者调制既能增加吸收率又可以最大程度照顾他们口味的碳水化合物饮料。而普通大众会饮用一些常见的将葡萄糖和果糖混合在一起的运动饮料，比如能量棒和佳得乐。如果你每小时能够食用超过 60 克的碳水化合物，那么高吸收率会帮助你防止糖原储存耗尽现象的出现，并帮助你以较快的速度跑更长的距离而不会精疲力竭。

理论上说，这一能量补充计划背后的数学道理很简单：你需要吸收的卡路里就是你身体已储存的卡路里减去你要消耗掉的卡路里。但实际上，身体的工作机制非常复杂。斯堪的纳维亚地区的研究者们已经证明，肌肉中的糖原并不仅仅是作为能量储存，它们也会帮助单个的肌肉纤维进行有效的收缩。[27] 这意味着你在消耗身体糖原储存的同时，你的肌肉也会变弱，在你的糖原储存消耗殆尽之前你就会感觉劳累。实际上，你的肌肉拥有一个精密的自我防御机制，该防御机制完全独立于大脑工作，就相当于将汽车的最高速度与油箱中的燃油量联系起来。更重要的是，肌肉会优先消耗肌肉中的糖原，然后再消耗血液中的糖原——这意味着在实际情况中，包括佳得乐在内的世界上所有运动运料都不会无限地帮助你抵抗疲劳。

但是，运动饮料又惊人地有效，这毋庸置疑。如果你的身体能够储存支持 90 分钟或者更长时间运动的碳水化合物，那么为什么一些研究发现运动中来自运动饮料的表现加强效果只能持续半小时？[28] 此外，为什么这些碳水化合物在一喝下去的同时就会起效？答案很简单，这得益于你的大脑功能，也就是所谓的安慰剂效果。但这只是部分正确的解释。

领导葡萄糖和果糖混合研究的运动营养研究学家阿斯克·约肯德鲁普主持的一系列研究表明，以葡萄糖为主的运动饮料能够在一小时的自行车计时赛中强化运动员的表现。但是，如果运动员们是将葡萄糖注入血液中——这本应该是更有效的方式——而不是饮用葡萄糖，那么这种强化作用就消失了。于是，2004 年，约肯德鲁普和他的同事们又进行了另外一次测试：这次他们要求运动员们将运动饮料含在口中漱一下，然后将其吐出，结果发现这样也可以增强他们的运动表现。[29] 这表明将运动饮料含在口中比将其注入血液和肌肉中更重要。需要注意的是，这些研究都含有安慰剂效果对照，即所有的饮料都是一个味道。我们很容易认为这是大脑的安慰剂效果发挥了作用，但很多科学家对这一结论表示怀疑。

直到 2009 年，这一争议才被伯明翰大学的研究学者们平息。他们的研究证实了将碳水化合物饮料含在嘴里后再吐出可以增强运动表现。他们使用功能性磁共振成像展示出在测试对象将碳水化合物饮料含在口中时大脑中与奖励有关的区域的亮度增加的情况。[30] 重要的是，口含只有人工甜味剂的饮料时，脑部扫描和运动增益效果都没有出现任何变化，而当把无味且不易被察觉的碳水化合物麦芽糊精添加进去之后，上述效果便出现了。换句话说，甜味不足以激发出这种增益效果。这表明人的嘴里似乎包含之前（以及现在）不为人知的某种传感组织，能将大脑和碳水化合物的存在直接联系起来。如果用蒂姆·诺克斯的中枢管理机制理论来理解，那就是当大脑察觉到（或者被欺骗而相信）更多的燃料将被补给时，它便放松了安全警惕。

这些结果解释了为什么碳水化合物能够瞬间或多或少地增强运动表现，以及为什么研究发现运动表现的增强效果仅仅能维持半小时。另外一个方法则展示了大脑控制机制的复杂性：碳水化合物饮料的效果与你的饥饿程度或能量补充程度有关系。在 2015 年的一次研究中，巴西研究人员要求自行车运动员们在三种条件下完成一系列计时赛测试：一是非饥饿状态（早上 6 点吃早饭，上午 8 点进行测试）；二是饥饿状态（早上不吃早饭，上午 8 点进行测试）；三是严重饥饿状态（与饥饿状态类似，只是前一晚上进行锻炼后食用含有低碳水化合物的晚餐）。用运动饮料漱口然后吐出的做法在第三种测试中的增益效果最大，在第二种测试中的增益效果较大，而在第一种测试中则几乎没有增益效果。[31] 其他的研究也发现在少于 90 分钟的比赛中吞咽运动饮料的做法的作用方式相同：只有当比赛前你的身体缺少能量时才会有效果。

这些结论意味着在实际情况中，只要你不是在比赛前空腹，或者没有能量储备（专业运动员建议你不要这样做），运动饮料或其他短时间运动中的食用碳水化合物的增益效果便可有可无。从更深奥的理论层面上说，这些结论给我们提供了最有力的证据，来证明我们的大脑一直在关注我们的健康情况，而这一功能的运作方式超出了我们意识的控制范围，并且在我们出现生理危机很久之前便会发挥作用。

2013 年当《男士期刊》刊登一篇广为流传的文章[32]，介绍顶级的耐力运动员都放弃了由来已久的碳水化合物饮食而转向食用大量的健康脂肪时，低碳水化合物和高脂肪饮食方式已经在超级马拉松运动员中兴起，尽管这一饮食方式依旧让运动营养学家们怀疑。我们不难发现其中的原因：因食用低碳水化合物和高脂肪饮食而导致冲刺能力丧失的缺点对大多数超级马拉松运动员来说并不是一个大问题，因为他们在乎的是完成比赛的距离而不是要取得某个时间成绩或者赶超某个竞争对手。在持续 12 小时或者 20 小时，或者——比如说像在田纳西州举办的残酷的巴克利马拉松比赛——60 小时的比赛中，即使速度最快的选手也无法依靠完全消耗碳水化合物来维持某种高强度的配速，所以，燃烧脂肪的能力就成为新陈代谢方程式中的重要一环。此外，对于超级马拉松选手来说，另一个重大的挑战是能量补充：在比赛进行了 12 小时后要劝说顽固的胃部接受你吞咽下的运动果胶、香蕉或其他任何东西，而无须跑到路边的灌木丛呕吐。任何能帮助你减少对外在碳水化合物的依赖，并能帮助你依靠体内稳定的脂肪存储的东西，都是潜在的帮手。相似的观点也说服了其他一些参加包括铁人三项比赛和耐力自行车比赛在内的比马拉松比赛距离更长运动的运动员。

为了弄清楚高脂肪饮食能够产生多大影响，俄亥俄州立大学的杰夫·沃莱克组建了一个研究小组（其中包括低碳水化合物和高脂肪饮食研究的先驱斯蒂芬·菲尼），征召了20名优秀的超级马拉松运动员和铁人三项运动员参加一项测试。这些运动员中有一半人在数月前或者数年前就转向了低碳水化合物和高脂肪饮食。2016年发布在《新陈代谢》期刊上的测试结果显示，食用高脂肪食物的运动员消耗体内脂肪储存的速度是其他运动员的2倍。[33] 在一次中等强度的跑步机测试中，他们能量的88%是由体内的脂肪提供的，而主要依靠常规碳水化合物饮食的运动员们的能量中的56%是由体内的脂肪提供的。56%这一数字值得我们注意：即便是主要依靠碳水化合物饮食，你也依旧可以在运动中利用体内的脂肪作为能量供给。但是食用低碳水化合物和高脂肪饮食的运动员将这一能力提高到了一个史无前例的层面。沃莱克说："依靠传统饮食的运动员的脂肪燃烧效率相当惊人。"

然而，在新采用低碳水化合物和高脂肪饮食的运动员中，很少有人完全采纳施瓦特卡的饮食结构，即脂肪占据热量来源的80%且几乎不食用碳水化合物。比如，2015年创造美国赛道100英里跑纪录的扎克·比特和2012年创造美国西部100英里耐力赛纪录的蒂莫西·奥尔森（也是2013年《男士期刊》刊登的那篇文章中提及的运动员之一）都表示尽管他们总体上摄入的碳水化合物很少，但是在进行长距离训练和比赛前及比赛中，他们都会食用碳水化合物。[34] 比如，奥尔森会在长距离比赛的前一夜吃红薯，并在比赛中每小时服用1~2

个运动果胶（每个含 100 卡路里的碳水化合物）。

《男士期刊》里提到的另外两名运动员也有着相似的折中饮食。比如，两届奥运会铁人三项奖牌得主西蒙·维特菲尔德的“高脂肪”饮食实际上有 50% 是碳水化合物，30% 是蛋白质，20% 是脂肪——尽管不是像脱脂牛奶和蛋清那种饮食，但是相较于低碳水化合物和高脂肪饮食来说，他的饮食更接近标准的运动营养指导建议。[35] 当我询问环法自行车运动员戴夫·扎布里斯基低碳水化合物和高脂肪饮食的经验时，他表示这一研究很有趣，但是很难增强运动表现，并说：“对于轻松的长距离训练来说，这一饮食效果不错。但是对像环法自行车赛这种日复一日的比赛来说，你必须食用碳水化合物。”

面对网上论坛和社交媒体的极端化争论，你可能会想你必须做出选择：或者依靠燃烧脂肪，或者依靠燃烧碳水化合物，如果你选错了，那么结果可能会很遗憾。但沃莱克的数据显示，实际上我们会兼顾二者。考虑到二者互补的优势和缺点——碳水化合物会加快速度，但储能有限，而脂肪会限制冲刺速度，但储能充足，所以我们通过将二者的作用发挥到最大来追求露易丝·伯克所称的“代谢灵活性”便很有意义。实际上，像比特、奥尔森等超级长跑运动员，正是一边在关键训练和比赛前及期间进行既定的碳水化合物补充，一边保证体内的高脂肪含量储存。而与这一方法相反的做法——标准的高碳水化合物饮食并在每周通过训练将身体的碳水化合物储备消耗殆尽——则是伯克和世界上其他很多研究者在伯克于 2006 年宣布对高脂肪饮食的盖棺定论的研究后所追求的。

伯克是一位喜欢讽刺幽默且做事干练的澳大利亚人，她是运动科学界的一位奇才。她在 1990 年时就当上了澳大利亚体育学院运动营养系的主任，目前营养系已经发展成为拥有 16 名成员的院系。多年来，她致力于加强运动营养领域的科学严谨性，尽管她不是一名学者，但她已经在同行评议的学术期刊上发表了数百篇论文。

按照她的说法，她在澳大利亚体育学院的主要工作是“一线工作”，即帮助澳大利亚运动员在像奥运会等国际赛事中获得奖牌。她的经验是，无论同行评议的论文对有争议的话题如何进行讨论，聆听运动员的意见都很重要。在她职业生涯的早期，她和她的同事们相信运动员需要在比赛前适当服用高剂量的咖啡因来增强他们在比赛中的表现。但是她们没有搞清楚为什么自行车运动员坚持在数小时比赛的后程饮用消了气的可乐。为了证明自行车运动员是错误的，伯克和她的同事们设计了一个双盲和安慰剂效果对照的低剂量咖啡因训练测试——结果她们发现低剂量的咖啡因也能起到提高运动表现的作用，这也解释了为什么能量果胶中普遍会加入咖啡因。[36]

随着低碳水化合物和高脂肪饮食在耐力运动员中越来越受欢迎，伯克决定重新研究这一课题，对菲尼提出的施瓦特卡式饮食进行更为严格的测试。她们的研究被称为“超新星”研究，其中包含时间更长的 3 个星期的脂肪饮食适应期和菲尼制定的脂肪含量更高的饮食方式。这也是伊万 · 邓菲和其他竞走运动员在 2015 年年末来到堪培拉的原因——如果参加奥运会的运动员能够从低碳水化合物和高脂肪饮食中获益，那么这些获益者应该是他们。男子 5 万米竞走比赛属于奥运会比赛中距离最长的赛事之一，冠军成绩一般在 4 小时以内；此外，该项目的规则禁止运动员进行全力冲刺，所以低碳水化合物和高脂肪饮食造成的冲刺能力丧失就不算是一个大问题。

发布于 2017 年的“超新星”研究结果证实，耐力运动员在经历了 3 个星期的高脂肪饮食适应期后变成了惊人的脂肪燃烧机器。[37] 在按照 5 万米竞走比赛的配速进行的 2.5 万米计时赛的末尾，运动员们每分钟能够燃烧 1.57 克脂肪，这是遵循标准碳水化合物饮食的运动员的正常数值的 2.5 倍。这是一个好消息。但问题是，这些适应了高脂肪饮食的运动员的运动效率变得低下，维持他们正常配速需要消耗更多的氧气。这是因为要将脂肪或碳水化合物转化成肌肉收缩需要的三磷酸腺苷需要大量的新陈代谢反应：而脂肪反应则需要更多的氧分子。如果你是悠闲地散步，那么这不会产生问题。但如果你是在拼尽全力跑步（或竞走），那么任何消耗更多氧气的事物都会成为你的负担。因此，这些适应了低碳水化合物和高脂肪饮食的运动员在“超新星”研究的最后——也是最重要的真实测试，即 10 000 米竞走比赛中的成绩低于遵循高碳水化合物饮食的运动员的成绩就不足为奇了。

这对于那些想要采用低碳水化合物和高脂肪饮食的奥运选手来说是个坏消息，但是，如同伯克承认的那样，这还不是对高脂肪饮食盖棺定论的裁决。毕竟，非竞赛的超级耐力运动员们可能更愿意牺牲效率来换取无须在比赛中过多地补充能量的自由。在像铁人三项等距离更长但配速较慢的比赛中，牺牲效率不是一个太大的问题。最后，参加该测试的这些运动员在适应低碳水化合物和高脂肪饮食的几个星期内迎来了令他们振奋的表现：除了邓菲打破国家级 5 万米竞走的纪录，参加测试的一位非洲运动员在同一场比赛中也打破了非洲纪录，其他几名测试者也取得了个人的最好成绩。在 2016 年夏季奥运会上，邓菲赢得了世界的尊敬，因为他放弃了对让他变成第四名的一次判决的上诉。当时铜牌获得者日本选手荒井广宙在比赛的最后 1 000 米处撞击了邓菲被判取消了比赛资格，但随即裁判又改判日本选手没有犯规。邓菲在里约奥运会上虽然没有获得奖牌，但是他创造了另外一个国家级纪录，并因其所展现出来的体育精神而赢得了世人的尊敬。同时，这也使人们对低碳水化合物和高脂肪饮食迟迟未能被认可的益处继续保持兴趣。

伯克于 2017 年重新在堪培拉征召了更多的竞走运动员来参加

“超新星 2”研究的测试。这一次，她决定延长后续测试期，来查明为期 3 周的低碳水化合物和高脂肪饮食适应期所带来的新陈代谢益处是否不会立刻表现出来，而是要等到测试者们回归高碳水化合物饮食后才表现出来。在我撰写此书时，这一测试结果还没有出来。但无论结果如何，人们对低碳水化合物和高脂肪饮食兴趣的兴起意味着，在关于不同的新陈代谢燃料影响我们的耐力极限方面，我们会比以前了解得更多。伯克说：“营养学是一个循环性科学，你将会惊讶地发现原来有好多‘新观点’只是我们将老观点换了一个角度重新构想的产物。所以我们总是会看到新老观点循环出现，新观点在被证实之前看上去总是有些夸张。但是我们也会看到全新的科学出现。”

现在，伯克正在测试在训练中实行碳水化合物和脂肪“分段”使用法——她精心挑选了一些训练项目，让运动员们在体内碳水化合物储备充分时参与，而另一些项目则是在运动员体内碳水化合物储备消耗殆尽时参与。这样做的目的并不是增加比赛时脂肪的使用效率。相反，体内碳水化合物储备消耗殆尽就好比给运动员穿了一件负重马甲，是为了让其身体在训练时更加吃力以收获更好的锻炼效果。但是在体内碳水化合物储备消耗殆尽时训练的问题是训练质量较差，所以这种训练要和体内碳水化合物储备充分时的训练混合进行，以保证训练的强度。伯克和其他研究人员一起在 2016 年发布了使用“低碳水化合物睡眠”方案的一组研究结果，这些研究包括在傍晚时分进行体内碳水化合物储备充分时的高质量训练，随后运动员们食用含低碳水化合物的晚餐；第二天早饭前在体内碳水化合物储备低时进行中度训练。将这一过程在 6 天内重复 3 次，就会让 20 000 米的自行车骑行成绩提高 3%。[38]

这种方案（甚至使用“方案”这个词本身）让主动的无碳水化合物储备训练看起来相当严谨和科学。但是伯克也指出，很多领域的运动员们实际上在数年的训练中已经不自觉地使用了与此相同的训练方案，或是出于自主设计，或是出于必要性。自行车传奇运动员米盖尔·安杜兰在 20 世纪 90 年代的主要训练方法就是空腹进行 5 个小时的骑行；而严重依赖碳水化合物的肯尼亚运动员们由于在运动员生涯初期很贫穷，通常是饿着肚子进行训练。登山运动员们也学会了在为期数天的艰苦探险之旅中在不影响碳水化合物能力的条件下加速脂肪燃烧——这是在“精疲力竭”会带来致命后果的环境中学会的一种追求代谢灵活性的方法。

2000 年 6 月，登山运动员史蒂夫·豪斯、马克·德怀特和斯科特·拜克斯准备攀登德纳里山南壁，这是北美境内最高的山峰。他们选取了一条偏僻和困难的被称为斯洛伐克迪莱克特的线路。1986 年，该线路的第一次攀爬（与该线路同名）耗时 11 天，需要将 1 000 英尺长的固定绳索系在沿路的岩石和冰块上才能翻越。第二次攀爬耗时 7 天。而当豪斯和他的伙伴开始第三次攀爬时，他们没有携带帐篷或睡袋，只带了必需的最短绳索，因为他们计划一次完成整个路线。

从某种意义上说，登山是测试能量极限的一个理想的实验途径。在轻便式登山中，你必须携带你计划要食用的所有食物——这样你在垂直冰岩上奋力攀登时才不会有任何不适。一般登山时的强度能消耗你最大有氧能力的 65%~75%，是一种依赖体内丰富的脂肪储存的理想运动方式。豪斯和他的教练斯科特·约翰斯顿在《新登山者训练：登山运动员手册》一书中解释道：“你背包中的食物很沉重，但我们的身体已经随时携带了很多能量，而关键是你要训练你的身体并有策略地进食，这样你就会燃烧身体里所储存的能量而无须携带很多的食物了。”这意味着你必须确保在平衡的训练饮食中获得足够的脂肪（豪斯自己则将饮食中的脂肪含量由 5% 增加至 30%）；还要进行足够的中等强度的耐力训练；或许早上第一件事就是进行数小时的空腹训练，这是豪斯曾测试的方法，并发现很有用。

这是约翰斯顿和豪斯给著名的登山运动员和山地向导艾德里安·巴林杰的建议。[39] 巴林杰在 2016 年不携带氧气攀登珠穆朗玛峰失败后便向二者求助。加利福尼亚大学戴维斯分校的运动表现实验室发现，巴林杰的新陈代谢在心率保持较低的 115 次每分钟的情况下从主要依靠脂肪转向了主要依靠碳水化合物。在接近珠穆朗玛峰峰顶的“死亡地带”时，他的进食欲望降低，消化和其他身体功能丧失，而只依靠碳水化合物让他失去了能量，浑身止不住地颤抖，双手麻木以致无法使用保护他的登山扣。然而他做出了明智之举，在离顶峰还有 2 小时的距离时选择了放弃。

为了帮助巴林杰有效地利用体内的脂肪储存，约翰斯顿告诉他应该在训练时增加饥饿耐力训练，并转向高脂肪饮食。对他来说这一转变刚开始很困难：巴林杰在之前跑 12 英里所花的时间现在只能气喘吁吁地跑 7 英里。但不久后，他便可以进行 5 小时的训练而不需要吃任何东西。加利福尼亚大学戴维斯分校的运动表现实验室证实，4 个月后，在他的饮食由脂肪转为碳水化合物时，他的心率从 115 升高到 141，这让他在中等强度的攀爬中可以更多地依赖脂肪，而将体内的碳水化合物保留至真正需要的时候。2017 年春天，他和搭档克里·理查兹决定重新尝试攀登珠穆朗玛峰，而约翰斯顿和豪斯则远程监控他们的实时心率。在通往比北美最高峰还高的前进营地的 12 英里的攀爬过程中，他的心率一直维持在 120 以内；两天后，在攀爬北坳时，他的心率维持在 125 以内。这与他前一年的心率相差甚远。5 月 27 日，巴林杰在比梅斯纳尔和哈伯勒晚了将近 40 年后，成为极少数在不携带氧气的情况下成功登顶珠穆朗玛峰之巅的登山者。

但是如果你认为这是依靠脂肪储存的胜利，你或许就错了。豪斯说过，你训练的是如何燃烧脂肪，但是你需要靠碳水化合物去竞争。换句话说，如同露易丝·伯克建议的那样，你爬山时会在利用碳水化合物的情况下尽力将每种新陈代谢方式的作用发挥至最大。2000年在斯洛伐克迪莱克特路径上，豪斯和他的伙伴们携带了144个能量果胶——全部是碳水化合物。他们预计在48小时内每人每小时只吃一个果胶。通过携带轻便的补给品和利用体内的脂肪储备，他们平衡了对外部碳水化合物的需求，他们认为可以在耗光所有补给品之前刚好登上顶峰。

在攀登了24小时之后，豪斯、德怀特和拜克斯已经无法回头：他们没有足够的固定锚来帮助他们沿着他们上来的路线下去。随着时间的流逝，他们忍受着困倦、寒冷和疲劳。在岩石和冰层之间来回攀爬时，他们需要停下来两次打磨已经变钝了的攀登工具。48小时后，他们所带的两个用来融冰的炉子已经没了燃料。好在劳累和高海拔引起的恶心让他们的运动果胶还够用。但他们身体的能量储备已经非常低了，这很危险，且危险的症状越来越严重。德怀特后来回忆说："抽筋现象非常严重，且我们出现了至今还难以忘怀的幻听症状。"[40]

换句话说，豪斯和他的搭档们在攀爬冰冻的山峰时脑海里回响的正是限制他们体力的因素。这些限制因素包括我们在前六章中探讨过的因素，还包括最致命的身体危机，在这种情况下则是肌肉因缺少燃料而无法收缩。在这一危机出现之前，我们会收到一系列持续变强的警示信号。燃料不足的警示信号尤其强烈和醒目，并提供了身体进行无意识预期调整的最有力证据：将运动饮料含在嘴里然后吐出产生的运动表现增强效果；肌肉纤维在能量储存半满状态下的效能受损。但是人们还是可以暂时忽略这些警示信号。对于大多数美国登山者而言，德怀特的观点是："他们很怕饥饿，否则他们就不会携带那么多的食物了。"

豪斯、德怀特和拜克斯继续挑战着他们的身体极限。在意识模糊的状态下，他们在试图绕过德纳里山南壁的一座巨大的冰塔时迷了路。但是他们最终在冰塔和最陡峭的岩壁之间找到了一条可以攀爬的混合地形路线，然后回到了预定的路线。最终，经过 60 个小时不间断的攀爬，忍受着劳累、饥饿、脱水和困顿的他们终于成功登顶。像马拉松运动员在跌跌撞撞冲过终点之后还要慢跑一段一样，他们得继续行动——因为他们必须到山下去。

破 2

2017 年 3 月 6 日

一场灾难正在我们面前慢慢降临。始建于 1922 年，被誉为速度殿堂的意大利蒙扎赛道经常举办史诗级的方程式赛车比赛，见证了无数速度纪录的诞生（最高速度是哥伦比亚车手胡安·巴布罗·蒙托亚在于这里举办的 2005 年一级方程式赛车意大利大奖赛中创造的 231.523 英里每小时，而用这一速度跑完马拉松比赛耗时则不到 7 分钟），同时，在早期规则混乱的赛车时代，有超过 50 名车手和 40 名观众命丧于此。而在意大利北部明媚的早春三月的这一天，运动员们的领跑者们却成了一个问题。

基普乔格、塔德塞和德西萨准备跑一场半马作为将于 5 月初举行的全程比赛的一次预演。当耐克公司的"破 2"团队在 2016 年 12 月宣布要重新挑战 2 小时的马拉松纪录时，这场挑战赛的大部分细节没有被公布，这让人既感到好奇又感到气愤。由于没有公布比赛用鞋和破风方案，大多数观察人士认为要么是耐克公司在通过这么一个不可能实现的目标哗众取宠，要么是他们打算在比赛中采用下坡线路，或使用带轮子的跑鞋或其他作弊手段。那天早上早些时候，该团队通过新闻发布会公布了挑战赛的细节。现在，在全世界跑步人士的密切关注下，耐克公司的科学团队将会验证他们所有的努力和在实验室制订的仍不完美的计划在现实世界中的效果。

在离半马比赛开始还有几个小时的时候，耐克新一代产品研发中心总监布拉德·威尔金斯带我快速参观了比赛赛道。这条全长 1.5 英里的“小赛道”的平整度几近完美，每圈的总起伏只有 18 英尺。蒙扎赛道仅高出海平面 600 英尺，这意味着运动员们每呼吸一口都会有充足的氧气保证——这一海拔高度会避免出现我之前在海拔 1 900 英尺的堪培拉遭遇的问题（详见本书第 131 页）。在赛道最后通往终点的大直道上，威尔金斯介绍了计时垫子的功效，它们每隔 400 米便会无线传输一次运动员实时的配速（在正式挑战赛时每隔 200 米便会进行一次数据传输），耐克团队在赛道上安装的气象装置能够收集赛道上关于温度、湿度、风速等数据信息。该赛道 5 月初的温度应该在 50 华氏度左右，这种凉爽的温度可以避免运动员出现过热症状，并将脱水的风险降至最低。而威尔金斯承认，今天的风速不利于比赛——如果比赛当天出现这种风速的话，那么比赛便会被取消，这也是为什么最后的正式比赛日期是一个为期 3 天的窗口期而非一个精确的日期。他抬头望了一眼只有稀稀疏疏几片白云的蓝天严肃地说：“作为一名生理学家，另外一个我不喜欢的因素就是太阳。它会带来太多的辐射热。”

最后，随着一声沉闷的汽笛声，运动员们出发了，他们前面有一辆由一级方程式赛车试驾员驾驶的流线型黑色特斯拉（尾气零排放）在领跑。[1] 第一批的 6 名领跑者很快排成 3 排并组成了箭头方阵跑在前面。这一方阵是由风阻实验和新罕布什尔州的一名空气动力学奇才通过电脑模拟流体动力学设计出来的最佳抗风阻方阵。这一阵仗相当壮观——但是它没坚持多久。其中一名领跑者不久就崴了脚，而另外一名领跑者无法维持稳定的配速。尽管替补领跑者很快补充上来，但是由于配速变得过快，运动员们吃力地跟紧彼此，艰难地保持着他们经过精密设计的队形。很快，领跑队伍的箭头方阵变得杂乱无章，无法完全为基普乔格和他的队友们挡住空气阻力。

更糟糕的是，在比赛还没有过半时，德西萨开始掉到了队伍的末尾。威尔金斯坚信半马是一个需要精密安排的运动；而场上这些运动员平时的训练强度很大，有报道称德西萨每周的训练量超过了 200 英里。威尔金斯说："我们不是在测试他们的能力，我们是在测试我们自己（的产品）。"而此时德西萨被队伍拉开的距离渐渐由几英尺变成了几码，最后落后了几十码。在终点线的工作人员很担心地彼此交换了眼神。尽管这次投入了几百万美元的比赛严格按照科学方法来准备，并请了世界顶级的运动员参加，但他们可能要遭遇失败了。

我职业生涯中第一次收到仇恨邮件——指责我是耐克公司雇用的骗子，因为我报道了耐克公司的"破 2"项目，人们认为我犯了参与破坏跑步纯洁性并将跑步变成猎奇的低俗表演的罪行。尽管我对这种过激指责感到惊讶，但是我明白了其中的原因。跑步的低起点是其本质上的特点；这也是为什么很多跑步冠军都来自世界上最贫穷的国家，以及为什么跑步运动的管理机构国际田径联合会拥有 214 个会员单位，比联合国的成员国数量都多。马拉松本身历史悠久，而精密的跑鞋、箭头式破风阵型及由公关能力强大的大公司策划的蔑视规则的展示都与之格格不入。

一些批评家指出，现在与罗杰·班尼斯特当时能在参加医疗研究的午歇时间一边锻炼一边还能在 1 英里赛中"破 4"的时光不一样了。这种观点在某些方面的确有道理——但是"破 2"和"破 4"之间又有很多惊人的相似之处。首先，班尼斯特的成绩是依靠一系列精心设计的计时赛段取得的，并不是在与约翰·兰迪或其他"破 4"运动员在一起竞争时取得的。1953 年，班尼斯特参加了一场高中集会的特殊表演赛，在比赛的前两圈半，他由一名运动员领跑，而之后则由之前一直在赛道中慢跑的牛津大学队友克里斯·布拉舍领跑。班尼斯特最后 4 分 02 秒的成绩并没有被认定为英国纪录，原因是它违反了今天耐克公司“破 2”挑战违反的同一领跑者规则——但是那次比赛有其意义所在。班尼斯特后来回忆说：“比赛让我知道我与纪录只遗憾地差了 2 秒钟，我确信我会打破这一纪录。”[2]

耐克公司的科学家们基本上沿用了这一逻辑：如果基普乔格或他的队友能够在蒙扎赛道人工设定的环境中成功“破 2”，那么这会鼓励其他马拉松运动员某一天在大城市举办的正规马拉松比赛中同样“破 2”。换句话说，是大脑决定了人类能力的界限。

这又让我想起了关于攀登珠穆朗玛峰时携带氧气的话题。20 世纪 20 年代，当第一支英国探险队试图征服珠穆朗玛峰时，科技尚不发达，一些探险人士认为借助科技登顶不符合体育精神，且会给他们想要取得的这项成就抹黑。[3] 当 1953 年埃德蒙·希拉里和丹增·诺盖征服珠穆朗玛峰时，他们借助了额外氧气的帮助。25 年之后，梅斯纳尔和哈伯勒在不携带氧气的情况下成功登顶。如果之前没有前辈们攀登路线的开辟和攀登经验的分享，那么这二人还能成功登顶吗？尽管没有什么是“不可能的”，但我认为二人恐怕不会成功。

跑鞋也引发了一个问题。在半马比赛当天，《纽约时报》公布了耐克公司新鞋的一张模糊的电脑扫描图片。[4] 该照片是由耐克“破 2”团队的竞争对手，即另外一支“破 2”团队的负责人亚尼斯·比兹莱迪司发给该报的。照片里的碳纤维鞋底看起来像是机场安检中发现的一把隐藏刀片。《纽约时报》声称，这种鞋底“能起到弹弓或投石器的作用，来帮助跑者加速”。那么使用耐克公司声称能够提高运动员 4% 跑步效率的这种跑鞋真的公平吗？

从某种程度上说，跑步面临着20世纪90年代自行车运动管理机构决定“禁止”借助技术来打破1小时赛纪录，以及2010年国际泳联决定禁止使用聚氨酯“速度型泳衣”时一样的问题。科技在不断发展，但当它发展到实际上是由科技本身来决定胜者时，问题就出现了。2016年奥运会前三名的马拉松运动员实际上都穿着被伪装过的耐克公司称作Vaporfly的新款跑鞋。2016年奥运会女子马拉松冠军也穿着同款跑鞋。穿了同款跑鞋的还有2016年伦敦、芝加哥、柏林和纽约马拉松比赛的冠军。如果我们对人类的身体极限感兴趣，那么，一个马拉松比赛实际成绩为2小时03分的运动员依靠穿超级跑鞋而实现“破2”的做法还有什么意义呢？

当傍晚的太阳西沉到空荡荡的看台后面时，基普乔格开始进行最后一圈的冲刺，这时上述的问题被我暂时抛在了脑后。塔德塞跟在他后面，但是前者看起来依旧相当轻松和毫不费力。基普乔格最后的撞线成绩为惊人的59分19秒，然后他慢跑到附近的一个体重秤上由安德鲁·琼斯来帮他计算排汗量。塔德塞的成绩为59分43秒。他本可以跑得更快，但是按照赛前的部署，他此次的目标为60分钟。而德西萨尽管出师不利，但他依然坚持完成了比赛，成绩为1小时02分56秒。

在放松下来和汗干了之后，他们和蔼地回答了各路记者的提问。除了体育记者，现场还包括设计、健康和时尚领域的记者。德西萨提到了比赛中恼人的受伤；基普乔格则回答了一些无聊的问题（你赛前吃饭了吗？“我吃了午饭。”比赛中你有没有吃东西？“没有，比赛中我没有吃。”这会有什么问题吗？通常你在比赛中会吃东西吗？“没有问题，马拉松比赛不需要吃东西。”）然后我提出了一个我很看重的问题：你跑出59分19秒的成绩耗费了你几成的体力？95%、98%还是100%？他笑了笑说：“60%，这相当于我日常的训练水平。”

第二天天气晴朗，阳光明媚，风平浪静，仿佛印证了威尔金斯关于比赛3天窗口期的观点。“破2”团队的科学和执行部门开始进行总结。负责跑鞋的人员仔细研究了运动员们穿跑鞋的情况，查看鞋面上的折痕或者鞋底的磨损情况来做改进。德西萨很后悔，并同意放弃在比赛最后时刻选择的传统宽松短裤而改穿新款的高科技紧身短裤。生理学家们则开始筛选运动员们在赛前吞咽下的测量身体核心温度的药片和粘贴在身上的肌肉氧气和皮肤温度传感器收集的数据来查明他们维持配速的时间是否延长了一倍。一个令人振奋的消息是：基普乔格的核心温度自始至终都没有发生变化，也没有出现一丝过热的状况。已经迫不及待要开始分析的威尔金斯说：“今天有一件事情非常了不起，那就是没有人获得过59分19秒的半马成绩数据，而我们现在拥有了该数据。所以，当我们将这些数据输入我们的模型中时，我们就会找到我们想要的答案！”

尽管基普乔格的表现相当亮眼，但他的成绩并非史无前例。在他之前已经有33名运动员的成绩甚至超过了59分19秒，然而他们没有一个人能够实现“破2”的目标。基普乔格声称他只耗费了60%的体力有可能是在虚张声势，或者是给自己壮胆。但是到2017年5月6日，即暂定的“破2”挑战赛的日期（之所以选定这一天是因为它正好是班尼斯特1英里赛“破4”的纪念日），一切都会大白于天下。

在接下来数周的采访中，基普乔格一次又一次地提到了信念这一主题。他对一名询问他在俄勒冈州耐克总部进行的生理测试的结果的肯尼亚记者说：“结果就是我已经准备好应对这一未知的挑战，办法就是相信自己。”[5]他还对另一名记者说：“差别在于想法，你觉得‘破2’不可能，而我觉得它是可能的。”[6]

那么这位已经站在职业生涯顶峰十年之久的奥运会马拉松冠军决定将大脑的极限设定进一步扩大的想法现实吗？如果现实的话，那方法是什么呢？

Part III

第三部分
突破耐力限制

第 11 章　大脑耐力训练

训练“非主观的自我意识”：学会监测你的身体是如何感知的，

同时对这些感知暂停主观上的判断。

在本书的前几章中，我提出了一个重要的选择，即在关于耐力的“人体机器”的观点和“大脑决定一切”的观点之间做出选择。前者认为耐力极限是指你的肌肉无法获取足够的氧气或者你体内的燃料消耗殆尽，而后者则认为耐力极限是一种选择或者一种自我保护行为。在前六章中，我们试图明确到底列举出来的各种各样的极限挑战的事实能够支持哪一种观点。但我不得不承认，当我开始写这本书的时候，我才意识到答案没有我当初想象的那样明显。

我们回想一下蒂姆·诺克斯对于奥运会马拉松比赛季军在比赛结束后环绕场地挥舞国旗时的评论：“你注意到他还活着吗？这就意味着他本可以跑得更快。”然而，在一些情况下——在一些极其特殊的情况下——当人们达到耐力极限时，死亡的确会降临：亨利·沃斯利精疲力竭后倒在了南极；麦克斯·吉尔平在高温下跑到身体细胞都停止了工作；徒手潜水运动员们在体力耗尽之后葬身海底。在这些例子中，你可以说当时的环境非同寻常，或者存在像感染等一些外在因素的干扰。但事实是，有时候人们的身体极限是如此具体和固定。比如，有时候，无论是谁被困在汽车轮子底下，你都不可能抬起那辆汽车。

在接受这一从某种程度上说令人沮丧的事实的同时，我们仍应去思考一下贯穿于前六章的一条主线。你如何达到你要么放弃，要么从跑步机上跌落下来的耐力极限，取决于一些特定的条件——你是否身处缺氧的高山地带，或者身处干燥炎热的沙漠之中，或者拼尽全力让燃料耗尽的肌肉再收缩一次。但是每次在你远没有达到身体耐力极限之前，你便会感受到身体的反应。起初，你或许不会注意到这一微妙的身体变化，但是当维持配速越来越吃力时，你就会发现你无法一直保持这样的配速——你必须停下来。这时，你身体的核心温度依然保持在正常范围之内，你的肌肉也有充足的燃料和氧气供应，运动时新陈代谢产生的副作用还不足以积累到影响你运动的程度。但只有你的大脑知道麻烦即将来临，而你的身体状况则依旧正常。

塞缪尔·马卡拉认为这种不断加重的吃力感很重要，并且我们会根据吃力感来调整我们的配速，当吃力感超出我们愿意承受的范围时，我们便会停止运动。相反，诺克斯根据包括艾伦·圣克莱尔·吉布森在内的合作者的研究得出了这样的结论：吃力感是帮助我们远离危险的内在神经回路的一种有意识的表现。[1] 马卡拉最有影响力的贡献是其理论的简单性：他自己将物理学上能够解释整个宇宙的大统一理论与对人体耐力极限的解释做了类比。但我又想到了物理学中另外一个相似的例子：关于量子力学不同诠释之间的争论（哥本哈根解释、多世界诠释和德布罗意–玻姆理论），这些诠释都使用了相同的公式，做出了相同的预测，它们只是对同一个事物的不同思考而已。

2009 年，诺克斯的学生罗斯·塔克在《英国运动医学杂志》上就“表现的预期调节”这一主题发表了一篇文章，在文章中，他试图解释大脑到底是如何在危险到来之前让你减速的。[2] 到底是什么机制能够综合身体温度、氧气水平、燃料存储等信息，并能对包括心情、前一晚的睡眠情况等更微妙的信号做出反应？塔克认为柏格主观疲劳等级便可以对此做解释，他自己将这些心理和生理信号描述为“有意识 / 口头的表达”。此外，随着身体温度上升或者碳水化合物存储降低，吃力感便会增加：它不会等到灾难降临，它会预测到即将发生的灾难。

按照塔克的公式，配速是将比赛中任意阶段你所感受到的吃力感和在该阶段你所预期的吃力感进行比较的产物——这是一种你从经验中发展和调整而成的内在功能。按照柏格度量表，如果比赛开始时的吃力感是 10（最高为 20），而你预测到达终点时的吃力感为 20，那么比赛中途的吃力感应该是 15。相反，如果你在中途时的吃力感为 16，那么你会有强烈的降速意愿——即便此时你离最高等级 20 还很远。按照这一理论，我从 1 500 米比赛转到 5 000 米比赛时感到吃力（详见第 3 章）就是因为我的这一内在功能出现了问题。每次比赛在第四个 1 000 米时我都会感到无法维持我的配速，这是因为我预期的吃力程度和实际的吃力程度不匹配，而不是因为我的身体到达了极限。这也是在我以为吃力程度达到最高等级的最后一圈时还能够突然加速的原因。

这是关于耐力如何被分配的真正解释吗？或者仅仅是对耐力感受的描述？这正是人们激烈争论的焦点。没有人能够在比赛中真正地计算并有意识地说出此时此刻自己的吃力感在柏格度量表中的准确对应；相反，这一过程是悄悄进行的。马卡拉与塔克和诺克斯意见相左的是相关的决定和计算是有意识和主动发生的还是无意识和不自觉地发生的。此外，他们对于在产生吃力感时身体对大脑进行反馈的作用的意见也不相同：马卡拉认为这些反馈产生的是疼痛感和不舒服感，而非吃力感，相反，吃力感是由大脑向肌肉输送的信号决定的。[3] 而他们的争论带来的一个大问题就是到底哪一方是正确的。从实际情况和字面意思上看，以及考虑到吃力感比任何其他生理测量都要准确的事实，吃力感能够决定你能坚持运动的时间长短。

如同埃莫·菲利普斯关于区分 1879 年北方保守浸信会大湖区理事会和 1912 年北方保守浸信会大湖区理事会那个著名的笑话里讲的一样，最激烈的争论往往发生于细微分歧大量产生的时候。[4] 当然，很多关于大脑在人体耐力中发挥作用的问题还没有答案。但是在我看来，马卡拉、塔克和诺克斯在关键问题上的观点现在是一致的，那就是吃力感很重要。

一旦你接受了这一结论，你肯定会问我们如何通过训练改善吃力感。目前的标准，也是最好的做法，就是通过身体训练来实现这一目标。如果你想以 5 分钟每英里的配速轻松跑步的话，那么你需要在户外按照此配速进行大量的训练。长此以往，你的心脏会变得强壮，你的肌肉会产生更多能产生能量的线粒体，你体内会生成新的毛细血管来促进富含氧气的血液循环。这些变化会让你在保持每英里 5 分钟的配速时遭受较少的生理压力，它们也会让肌肉和心脏传向大脑的紧急信号变弱。当你保持这一配速越轻松时，你便可以维持这一配速跑得越久。通过吃力感而不是最大摄氧量来解释训练的效果是一种巨大进步，但是这还不足以真正告诉我们关于如何训练的一些新内容。

然而还有一个重要的不同结论，那就是吃力感不再只是让你慢下来或者停下来的生理压力的副产品。按照以吃力感为中心的观点，如图 4–1 所示，吃力感是让你慢下来或停下来的原因。任何能让大脑的吃力感加重或减轻的因素都会影响你的耐力水平，即使这一因素对你的肌肉、心脏或最大摄氧量没有造成任何影响。这也是塞缪尔·马卡拉于2010年在澳大利亚会议上的发言吸引我的地方，这也是他自己总结出来的最重要的观点。这也是军方会资助他研究咖啡因口香糖的原因，这种口香糖能够阻止大脑中引起疲劳的化学物质的堆积，从而改变大脑的吃力感。这也是他表示与吃力感相关的词汇的潜意识图像，比如笑脸和苦脸都能够改变大脑的吃力感，从而增强或减少耐力的原因。这也是为什么他提出了“大脑耐力训练”的观点。

在我第一次在坐落于英国海边小城查塔姆郡的肯特大学风景如画的校园跑步时，我在路边的灌木丛中呕吐了两次。[5] 我说服《跑者世界》杂志的编辑把我送到马卡拉的实验室去学习更多的大脑训练理论，这样我就可以一边准备自己人生的第一次马拉松比赛，一边亲自测试这些理论。在我到来之前不久，马卡拉的同事阿莱克西斯·梅杰以一种新的以吃力感来测量最大摄氧量的方法为基础发表了一篇饱受争议的文章。[6] 与传统上让测试者进行速度固定增加的“无脑”测试不同，梅杰让测试者们根据逐渐增加的主观吃力感去跑步或骑行。最后的结果虽然饱受争议，但是显示出这些测试者在新的测试中取得了比在传统测试中更高的最大摄氧量——如果你相信最大摄氧量代表氧气消耗的生理极限，那么这个结论对你来说无异于一个悖论。

经常穿牛仔裤和拖鞋且为人不拘一格的资深讲师梅杰准许我参加这一新的测试，这让我有机会将其和我之前参加的传统测试进行比较。他让我戴上面罩，并将与天花板连接的安全吊带系在我身上。他开玩笑说：“以防万一，因为测试的最后阶段会非常艰苦。”为了让吃力感相对稳定（比如在第一阶段为12），我不得不在每段测试的开始就加快速度，等到我双腿疲劳时，在每两分钟的阶段再逐渐降低速度。在让吃力感达到20的最后两分钟全力冲刺阶段的测试中，我不得不在一开始就表现得像在进行100米冲刺那样，然后将跑步机的速度逐渐降低，以防我筋疲力尽时被甩出去。老实说，在疲惫边缘保持身体平衡非常难。好在我最终安然无恙地完成了测试。

梅杰的研究与在开普敦的诺克斯的学生团队的另外一项研究共同发表在《英国运动医学杂志》上。[7]后者由诺克斯的学生费尔南多·贝尔特拉米主持，他也使用了能够产生比“最大”的最大摄氧量更高的摄氧量这一与传统方法“相左”的新方法。在这一研究中，测试者们一开始也是在加速奔跑，然后逐渐降速以便让他们在疲劳时仍旧能够在跑步机上。贝尔特拉米这一研究令人好奇的一个细节是，当测试者们再次回到实验室按照传统方法进行测试时，他们的最大摄氧量得到了提高。对于兼任跑步教练的贝尔特拉米来说，这意味着达到更高水平的耗氧量的事实改变了大脑的相关设置。因此，他一直在测试这一新方法以便让它成为新的训练手段，比如，他在训练将要参加在巴塔哥尼亚举行的 10 万米比赛的运动员们时便使用了这一方法。

调整大脑设置的观点引起了一个由来已久的争议：对一名成绩为 2 小时 30 分的马拉松选手和一名成绩为 3 小时 30 分的选手来说，谁的训练会更辛苦?（如果故意吹毛求疵的话）一般来说后者会更辛苦，毕竟他（她）需要提高身体极限来减少额外 1 小时的比赛时间。但是我一向认为关于这一问题的更合适提法（当然，按一般情况来说）在于看重训练的时间和强度，而不仅仅是比赛的时间。毫无疑问，训练本身能够增强肌肉和心脏功能，但是它也会改变大脑设置。如同我们在本书第 5 章讲述的那样，训练有素的超级马拉松运动员比普通人有着更高的疼痛忍耐力，甚至在一年的时间里，运动员的疼痛忍耐力会随着训练周期的变化而出现反复。从这一点看，所有的训练都是大脑训练，即使训练本身与大脑无关。

当我手表的闹钟开始响起时，我立刻下床，穿好我的跑步短裤和运动鞋，涂好防晒霜，坐在了电脑前。现在是5月中旬一个星期天的早上7点整，我在肯特大学已经待了几个月，这时离我人生的第一场马拉松比赛还有两周，那也将是重要的最终测试时刻。电脑屏幕上显示的是一款20世纪80年代画质的游戏，画面上一条空旷的道路延伸向远方并消失在飘有几朵白云的蓝天尽头。在长舒了一口气后，我集中精力，点了一下代表开始的蓝色键，开始进行沉闷的测试。屏幕上各种各样的形状开始闪烁，有时会出现在这条道路的左侧，有时会出现在右侧。当出现三角形时，我需要尽快点击屏幕侧面对应的按钮，通常这需要几百毫秒的时间。当出现圆形的时候，我不需要做出任何反应。如果我在2秒的时间内没有做出反应，或者我做出了错误反应，屏幕就会变成红色，电脑会发出生气的嗡嗡声。

测试就是这么简单。在接下来的一个小时里，我唯一的任务就是专心致志地分辨这些令人心烦的图形。这些图形闪烁的速度很快，我根本没有时间去想别的，或查看时间或向窗外望一眼。但偶尔我也会走神。我在想外面有多热，我是不是应该早点儿开始——然后就听到电脑发出了嗡嗡声，屏幕变红了。我测试的时间越长，犯的错误便越多。当测试结束后，我已经出现了只有趴在电视前看几个小时的电视才会出现的头昏脑涨的状况。然后我喝了一杯水，走出房间，开始在阳光下跑步。

跑了2英里之后，我开始逐渐降低配速。我计划进行一个15英里的分段配速跑，最后的6段，我会用马拉松比赛的配速去完成。我的双腿感觉良好，但是我的吃力感和手表上显示的分段时间一直不匹配——我维持配速时感到格外吃力，因此我不得不专心致志地保持配速。我再一次集中精力来完成一个任务：不去想屏幕上的各种图形，而是让双腿继续动下去，以完成我的分段目标。等到我的大脑聚焦在这一个任务上时，我的吃力感让我感觉就像是在跑马拉松比赛的最后

15 英里而不是前 15 英里，这意味着我的计划在起作用。

尽管所有的训练或许都是关于大脑的训练，但我在马卡拉的实验室里仍学到了利用大脑中限制耐力的具体功能的技巧。如同我们在本书第 4 章看到的那样，马卡拉和其他研究者发现了一种叫作“反应抑制”的关键认知特点，它能够抑制你的初始本能。英国朴次茅斯大学的心理学家克里斯·瓦格斯塔夫将这一特点对运动员的重要性具体展示了出来。[8] 他要求自行车运动员观看一段 3 分钟的视频，视频中“一个亚洲女性让自己呕吐，然后吃掉了自己的呕吐物”。一些测试者被要求在观看视频时抑制住他们的情感反应，并尽量表现得冷静，而另外一些测试者则没有被要求这样做。在随后进行的 10 000 米计时赛中，那些观看视频表现冷静的运动员一开始的骑行速度就较慢，且吃力感更重。在 1 000 米之后，尽管这些人的骑行速度较慢，但他们的主观吃力感达到了 15，而另外那群人的吃力感为 12。这是一个巨大的差异。

那么你如何改善你的反应抑制能力呢？这依靠的是按照一个系统的方法不断抑制你的反应。马卡拉的心理疲劳研究就包含了一系列标准的认知任务，将这些任务稍加改变就可以用于认知控制的不同方面，其中就包括反应抑制。在我参加了梅杰的最大摄氧量测试后，马卡拉又将我介绍给了他的博士后研究助理沃尔特·斯塔亚诺。斯塔亚诺将我领进了一间铺有地毯的房间，墙上挂着尤塞恩·博尔特的大幅海报，房间内还有一辆被电脑屏幕和很多缆线包围着的运动自行车。在将电极固定在我光秃秃的头顶以测量我的脑部活动后，他让我骑在了自行车上，并告诉我按照屏幕上的指令以轻松的配速骑行。我的任务是，当以道路和天空为背景的屏幕上出现 5 个闪烁的箭头时，我要忽略其中的 4 个，而按中间箭头的指示方向按下对应的键。我仔细阅读了两遍指令以防止出错。

由于我记得马卡拉警告我说这种测试会相当残酷，我问："就这些吗？"

斯塔亚诺回答说："是的，就这些。你准备好就可以开始了。"

刚开始的时候测试非常简单。时间慢慢地在流逝，箭头则不断地出现，难度并没有增加。但是我很快就出现了想要做别的事情的强烈意愿，任何事情都可以。我走神了：我开始想我要询问马卡拉的问题，以及在午餐开始前我是否还有时间回趟宾馆。突然，嗡嗡声响起来，电脑屏幕变红了：我按下了错误的键。我出错了，我重新将注意力集中于屏幕之上。过了一会儿，我认为时间已经过得差不多了，于是，我问斯塔亚诺我进行了多长时间的测试。他笑着说："才 5 分钟而已。在心理疲劳测试中，测试者通常要做 90 分钟的测试。"我突然明白了为什么马卡拉的测试者们都那么恨他。

在英国国防部国防企业中心的资助下，马卡拉过去数年一直致力于测试各种大脑耐力训练方案——一周 3~5 次，每组耗时 30~60 分钟，或坐在电脑前或骑在固定运动自行车上。除了使用闪烁的箭头，他还尝试了包括图形和字母在内的其他认知任务。为了帮助我准备春天在渥太华举行的马拉松比赛，他帮助我设计了一个为期 12 周的训练计划，一周 5 天，循环完成 3 种不同的认知任务（箭头、图形和字母）。开始时，每组的测试时间为强度较轻的 15 分钟，然后测试时间依次递增，如果一切顺利，时间会增加至 90 分钟。通过触发与心理疲劳，尤其是与反应抑制有关的神经传导物质的增加，我们希望我的大脑能够适应这种残酷的训练，以及我忍受心理疲劳的能力能帮助我在相同的吃力感下维持较快的配速。

在这里我应当明确承认一点：我并没有评估心理训练是否能够真正有助于我跑马拉松。这也是我选择马拉松这一我从未跑过的距离作为测试的部分原因——避免与以前参加的比赛进行可能产生误导的对比。我没有把这一测试看作一种“研究”，而是将其看作一次发现大脑耐力训练到底能给我带来什么感受的机会。我能够忍受它，喜欢它，还是根本无法接受它？为了实现这一目的，当我回家开始为比赛而训练的时候，我力图消除内心的所有疑问，全心遵循这一训练方案。

然而这并不容易。一开始我每 5 分钟就会换一个训练任务，想通过任务的多样性来消除无聊感。但是当我给马卡拉发邮件来确认这一方法的正确性时，他这样回答道：“无聊是产生心理疲劳的重要特性，因此也属于大脑训练的效果。每次做任务时应当尽量延长时间。”几周之后，我可以将训练时间延长至半小时了。遵照马卡拉的建议，有时候我在完成任务之后，趁心理疲劳之时会立刻进行跑步训练。我吃惊地获得了非常熟悉的感受：这与在劳累了一天或者旅游归来之后马上跑步的感觉一样（这也是为什么马卡拉给出的关于将大脑训练融入你日常生活的实际性建议就是，你应该时不时地在工作了一整天后再去健身房锻炼，而非总是在精神放松的时候去锻炼）。随之而来的问题与其说是我不能跑得更快，倒不如说我感觉跑步变得更加困难了，可我又说不出其原因。我在跑步过程中会查看我的配速，然后意识到我需要加速，但是我无法唤起我加速的意愿。

在离正式比赛还有 10 周的时候，我跑了一场半马来测试我的体能。我对自己跑出的 1 小时 15 分钟的成绩感到满意，但是我对自己的吃力感分配感到失望。我在第一个和最后一个 5 000 米时的速度最快，而中间路程的配速最慢——跑步时专注力的失败让我想起了我曾经跑 5 000 米比赛时的遭遇。于是，我计划在 4 周之后再跑一场半马，同时，我将大脑训练时间由 60 分钟延长至 80 分钟。这一次，我跑进了 1 小时 13 分钟，且我的分段配速做得也不错：在中半程我的配速稳中有升，这一次最后的几英里路程成了我配速最慢的阶段。令我感到奇怪的是，后程配速的减缓正是我努力要克服的问题。或许，仅仅是或许，我的大脑训练开始起作用了。

在渥太华比赛当日，我半程时的成绩为1小时18分25秒，这使我取得2小时37分（根据我的半马成绩，这一目标虽有挑战性但也非常有希望达成）的最终成绩都在掌握之中。我的呼吸很均匀，我的双腿感觉良好，我的大脑全力聚焦在维持配速上。当然，这种感受是马拉松运动员在比赛半程时的普遍感受——我知道真正的考验还没有到来。我准备了很多额外的方法来帮助我在后半程比赛中控制我的吃力感。为了利用将碳水化合物含在嘴里能欺骗大脑的方法，我一有机会就会含一口运动饮料，然后再吐出去。根据被马卡拉证实的脸部表情与吃力感有关系的研究，我事先在比赛沿途安排了我的朋友和家人让他们提示我保持微笑。

在我跑过一个弯道时，我看到我的朋友香农在路边举着一个巨大的黄色牌子，上面写着：还记得我给你带回的缅甸菜被我吃光了的事吗？她曾经破纪录地从华盛顿特区（我曾经工作了几年的地方）我最喜欢的一家饭店买了我最喜欢的一道菜，然后在冰雪路面上驱车10小时带回来给我当作惊喜。但是我的一位朋友错误地告诉她我当时不在家，于是当我给她打电话的时候，她刚好吃完最后一口她不远万里带回来的菜。这时，她的丈夫杰夫就站在她身旁，手里也举着一个大牌子，上面写着：她很抱歉！看到两块牌子，我含在嘴里的一口动乐饮料划出一道蓝色的弧线，从我嘴里喷了出来，我笑了起来。

很快，我便稳稳地超越了其他跑者。这并不是因为我在加速，而是因为其他人都在降速。实际上，我做的就是将每一分段的时间差维持在几秒之内，并且我的注意力还很集中。我在3万米处的成绩为1小时51分35秒，依然将2小时37分的目标牢牢掌握在手中。看起来，我的计划将会完美实现。然而我面临的一个问题是我的股四头肌开始有酸痛感。由于我大多数的训练都是在山地硬土路上进行的，我的双腿并不适应平整的沥青路面传回的反冲。

我的妻子、母亲和父亲在比赛关键的最后 10 000 米的沿途分别给我加油助威。每次我看到他们一边举着牌子或者戴着滑稽的帽子一边尖叫着给我加油时，我感觉我越来越难以在脸上呈现出笑容来。我回想起了马卡拉告诉我的吃力感和疼痛的区别。我们通常认为比赛很“痛苦”，但实际上身体疼痛与吃力感完全是两码事，吃力感是继续前进的想法和不断增加的停止意愿相冲突的结果，这通常会限制比赛时的速度。而我的股四头肌带给我的是疼痛，是由双腿肌肉纤维的物理损伤造成的，这种如同电流刺激的疼痛是我在电脑前花费数小时进行的大脑训练所无能为力的事情。很快，这种疼痛就到了无法忍受的地步。跑过 3.5 万米时，我按下了我手表上的按键。我的配速依然可以保证我耗时 2 小时 38 分完成比赛，但是我的双腿快要坚持不下去了。

在比赛的最后 4 英里时，我出现了幻觉，感觉比赛是在“倒退”，我在中途超越的那些人开始反超我。更奇怪的是，虽然我股四头肌的疼痛开始严重，但我的吃力感却在减轻——我的呼吸和心率在下降，因为我的双腿无法再快速运动以保证它们的高频率迈动。我开始慢跑，虽然感到很沮丧，却无能为力。我停下来查看分段配速，并重新计算了我的完赛时间，因为除了要跑起来，我还必须使出全部的精神动力才能完成比赛。

赛后，我还要花心思将我的经历写成一篇杂志文章。在跌跌撞撞地冲过终点线后，我的成绩为 2 小时 44 分 48 秒，这一成绩让我十分沮丧。关于大脑训练是否真正有效的说法，我还能说什么呢？赛后我联系了马卡拉，向他汇报了我的遭遇，我想知道的是，在比赛最后阶段的降速是否应该归咎于疼痛而不是大脑训练的失败。他回答说：“当然！你的肌肉疼痛太严重了，以至于限制了你的表现。”他解释说，双腿的肌肉纤维受伤和脚踝受伤一样，都能导致你无法完成比赛。在大多数情况下，运动只会产生中度的肌肉疼痛并被严重的吃力感限制。但是，在我看来，有时候情况恰恰相反。

最后，我从这次经历中悟出了一些道理。首先，大脑耐力训练的确很枯燥；其次，这一训练非常耗时间。对于任何有体育追求但不得不兼顾家庭和工作的人来说，专门抽出时间进行马拉松训练非常辛苦。每天增加一小时或更多时间的训练更是难上加难，尤其是这些训练不一定奏效时。这也是为什么马卡拉最近的大多数研究都采纳了综合训练的方法，即测试者们既参加身体训练也参加心理训练。2015年，斯塔亚诺和马卡拉发表了刚解密的由军方资助的一项研究的成果。[9] 在该研究中，35 名测试者每周 3 次、每次 1 小时在固定运动单车上骑行。一半的测试者们在骑行的同时进行了大脑训练，使用了我之前使用的字母测试法。12 周之后，只进行身体训练的测试者的运动至疲劳时间延长了 42%；而同时参加两种训练的人的运动至疲劳时间则延长了 126%。这种混合型方法的时效性更强，且比我之前单纯的大脑训练的枯燥性更低——且效果更明显。我想，会有很多人愿意尝试这种枯燥性更低的训练方法。

但这并不意味着大脑耐力训练已经发展得很成熟了。总体上说，大脑训练，尤其是作为避免认知下降的工具，近些年来饱受争议。尽管目前它已经成为一个价值 10 亿美元的行业，但是 2016 年针对所有发表的大脑训练研究成果的分析表明，目前没有证据能够证明其具备“通用性”——训练坐在电脑前对闪烁的字母或图形做出反应并不能帮助你记住电话号码或者在考试中取得好成绩。[10] 那么它能帮助你提高马拉松比赛成绩吗？在由不同实验室的研究人员完成这一研究并进行证实之前，我们持保留意见。

另外值得注意的一点是，马卡拉最具影响力的研究成果都是在之前未受过训练的测试者身上取得的——这些人其实在任何情况下都可以改善其运动表现。那么这些成果也适用于那些完成身体耐力训练所要求的心理任务的运动员吗？或许在长时间骑行或越野赛中几小时的专心致志已经让你的心理能力到达了“收益递减”的拐点。马卡拉可能意识到了这一点，他目前正在计划征召优秀运动员参加大脑训练。这也是为什么他与澳大利亚体育学院的研究者合作研究本书第65页提到的优秀自行车运动员的大脑——因为要弄清楚如何改善我们的大脑，一个方法就是研究那些优秀运动员的大脑。

2008年北京奥运会女子200米自由泳最后50米时，萨拉·伊萨科维奇做出了转身蹬腿的动作，突然她感到自己没有触碰到任何东西。这位20岁的斯洛文尼亚运动员没有像以往那样蹬离泳池壁，相反，她感觉她的脚趾只是刚刚触碰到泳池壁而已。伊萨科维奇后来回忆道：“我失误了！怎么这个时候会失误呢？然后在电光石火间，我立马又集中精力投入比赛中了。”[11] 在肾上腺素的加持下，她游完了最后50米，但因0.15秒之差与金牌失之交臂，只斩获了一枚银牌。

奥运会运动员通常身强体壮，但如果他们心理不强大，不能摆脱挫折并快速应对突发情况，那么他们的身体优势就会荡然无存。2013年我再见到伊萨科维奇时，她已经是加利福尼亚大学圣迭戈分校的一名助理研究员，与神经科学家和精神病学家马丁·保罗斯合作来找出优秀运动员身上能够将他们与普通人区分开来的神经特点，即那些让她本人在北京比赛时重新振作而非束手就擒的心理技能。保罗斯向我解释说：“我们通常会想如何帮助大脑减少失误。而这一次，我们的目标是，是否可以利用神经科学，尤其是大脑造影技术，来弄明白如何让大脑运转得更好。”

自 1986 年从德国来到加利福尼亚大学圣迭戈分校，保罗斯很快就适应了加利福尼亚的生活方式（尽管他同时还在俄克拉何马州的桂冠大脑研究所兼职）。他是一名狂热的自行车运动爱好者，同时，30 年的禅宗冥想修行让他成了一个极其冷静的人——他说：“我一般早上 5 点钟起床，5 点 10 分的时候便开始打坐。”他主要研究焦虑和成瘾时的内感作用——大脑对身体内在信号的监视，比如温度、饥饿、血氧水平等。他发现，焦虑的人容易对负面刺激产生过激反应，会形成一种特殊的脑活动模式。而优秀的耐力运动员则能产生一种恰好相反的反应模式。他想弄清楚通过训练是否可以让前者的反应模式变得同后者一样。

在一个晴朗的秋日，伊萨科维奇带我从保罗斯的实验室穿越加利福尼亚大学圣迭戈分校的校园，来到了参加他们研究的测试者们进行大脑造影的建筑内。测试者们爬进一块由 3 辆特斯拉汽车大小的磁铁组成的圆柱形内孔中进行功能性核磁共振扫描，来检测氧气消耗的微妙变化，以确定大脑不同区域的不同功能。身处能够引起幽闭恐惧症的狭小空间内的测试者们完成了如同马卡拉所使用的一系列简单的认知测试，同时他们通过一根特制的管子进行呼吸。秘密在于，测试会间隔性地且无事先通知地限制通过这根管子的氧气供给，使得测试者们暂时出现呼吸困难（当然不会有窒息的危险）。在我参观的那天，一名测试者正在参加针对青少年吸毒者的研究项目，该研究是为了发现青少年吸毒者对这一“厌恶刺激”的反应模式。

保罗斯和他的同事们发现，大脑中检测身体内部感觉信号的岛叶皮层的活动出现了变化。在 2012 年开始的一系列研究中，研究者们对久经沙场的海军陆战队士兵、优秀的越野运动员和普通人分别进行了上述核磁共振扫描测试。[12] 一些测试对照组的测试者（普通人）表现得很恐慌，测试不得不终止；而那些受过训练的测试者（前两种人）则表现得很轻松。事实上，对照组的测试者在呼吸受限时的认知任务测试中表现得更差，而那些受过训练的测试者则表现得更好——正是这种表现，能够让你在最危险时，无论是身处激烈的战场还是耗时数天的越野赛，依然可以在压力下取得更大的成就。

在呼吸限制开始之前，运动员们的岛叶皮层就已经显示出高度的活跃状态——这与认为他们更擅长检测他们体内信号的观点一致。保罗斯的同事罗莉·哈泽对我说："一般来说，运动员们对他们的身体意识很敏感。"他们处于一种预警状态，做好了应对随时出现的各种不适的准备。当氧气供应开始受限和不适感开始出现时，相反的情况出现了：运动员们的岛叶皮层活跃度变低，而对照组及出现焦虑和相关问题的测试者们的岛叶皮层则变得异常活跃。

保罗斯将这些发现与诺克斯和其他研究者对吃力感在耐力中的重要性的研究直接联系了起来。首先，增强了的身体内部意识能够让优秀运动员们对不适进行预知和准备，来避免塔克描述的预期吃力感和实际吃力感不符的严重问题的出现。然后，消除对不适的自然反应（或过度反应）——马卡拉所描述的反应抑制——能够让他们继续前行。

那么你应该如何训练你的岛叶皮层呢？保罗斯的方法反映了他对佛教的偏爱。毕竟，优秀耐力运动员特有的身体内部意识听起来与佛教的冥想概念很相似。而近几年来，冥想已经成为一种主流时尚，带来了最畅销的应用程序，以及关于其对从抑郁到普通感冒等症状都有疗效的广泛宣传。冥想从佛教中分离出来的时间还要追溯到 20 世纪 70 年代，当时马萨诸塞大学的一名身为禅宗教徒的研究员乔恩·卡巴金开办了一门为期 8 周的"冥想减压"课程。保罗斯解释说，训练的目标就是培养“非主观的自我意识”：对于马拉松选手来说，腿疼和呼吸急促只是用来调整配速的中立性信息源，而非造成恐慌的充满感情色彩的警告。他说：“你应该学会监测你的身体是如何来感知的，同时对这些感知暂停主观上的判断。”

与马卡拉当时的大脑训练理念的情况一样，第一个对保罗斯计划感兴趣的也是军队。身居圣迭戈市让他很容易就和海军健康研究中心的研究者、附近的彭德尔顿军营，以及在圣迭戈湾对面的科罗纳多海军两栖基地驻扎的包括海豹突击队在内的特种部队进行合作。保罗斯和哈泽的同事道格拉斯·约翰逊在加利福尼亚大学圣迭戈分校和海军健康研究中心下属的作战性能部门分别任职，2016 年，他发表了一篇由自己主持的研究的相关文章。在研究中，他的测试对象是在派往阿富汗之前接受训练的 8 个排的海军陆战队士兵。[13] 其中 4 个排的士兵接受了专门为他们制定的卡巴金为期 8 周的冥想课程，用来查明这些新兵的大脑反应模式是否能被改造成之前研究中久经沙场的海豹突击队士兵和优秀运动员的反应模式。通过大脑扫描，那些接受正常训练的士兵的岛叶皮层在呼吸受限时活跃度异常高——这在料想之中，而那些受过冥想训练的士兵的岛叶皮层活跃度则降低了。尽管这一结果仍需要进行进一步测试，但这一研究的目标是希望对压力的抑制能力的增强，能够帮助士兵们在战斗时处理不可避免的问题，以及减少患上创伤后应激障碍的概率。

当然，运动员的需求和士兵们的不一样，所以哈泽和保罗斯决定与加利福尼亚大学圣迭戈分校冥想中心的研究者们合作，开发一款专门针对运动表现的训练项目 mPEAK，即冥想的表现提升、意识和知识（Mindful Performance Enhancement, Awareness & Knowledge）。该项目由卡巴金的减压课改造而来。这一训练项目将重点更多地放在了与运动有关的技能上，比如专心致志，正视疼痛而不是避免疼痛，并通过教授自我同情技能来处理运动员们普遍遇到的问题，比如完美主义。该训练项目还包括哈泽所称的“经验性练习”的内容，比如通过吸管呼吸，以及将手放进冰桶里并维持尽可能长的时间。

为了测试这一项目，哈泽与美国小轮车队的7名奥运会车手进行了合作。[14] 小轮车手被要求在不能失误的情况下沿着具有挑战性的赛道完成一系列激烈和紧张的自行车比赛。大脑扫描又一次显示，这些运动员的大脑对像呼吸限制等压力性的困难展示出了更理想的反应，而教授环节则让车手们介绍当压力出现时他们脑海中的想法是什么。第一想法很明显——哈泽说：“一般都是‘我不能呼吸了’，‘我需要氧气’，‘如果不能得到足够的氧气，我就要失去知觉了’。”——但是决定你如何对这些感受做出反应的还有更深层次的或积极或消极的想法。从主观上讲，心理测试显示，小轮车运动员们展示出了对身体感受更高的敏感性，美国国家小轮车队的主教练看到了他们的表现的提升。该教练说：“他们在比赛开始时的肢体语言变得更为冷静。[15] 他们握紧车把的双手没有过多的动作，且出发时速度较快。”

目前来看，我们很难将马卡拉或者哈泽和保罗斯的大脑训练方法定义为博人眼球的哗众取宠。毕竟这些方法都是建立在被充分研究的概念之上的，但是从理论到实际的道路上，仍旧充满永不停息且被过分夸大的理念。所以，我们必须耐心等待。与此同时，马卡拉正在与一家应用程序开发商合作，使得他的大脑耐力训练方案可以随时随地方便实施。哈泽和她的同事们对一支高中长曲棍球队也进行了多次测试，并且提交了有史以来最伟大的耐力挑战请求：为美国国家航空航天局测试潜在的执行火星任务的宇航员。一个有意思的理论是，“你所需要的东西”毕竟不是与生俱来的。或许，经过后天足够的努力和脑力上的努力，你能够通过训练而获得它们。

或许还有捷径可走。

第 12 章　激发隐藏耐力

大脑不同区域的“处理回路”与动机、吃力及疼痛的关系。

突然，砰的一声，像枪声一样的巨响在这间改造而成的仓库的墙壁上形成了回响。[1] 在片刻的安静之后，所有人都冲向他们的自行车，看一看到底是谁的车胎爆了。而我却更担心房间远端躺在一张牙医椅上接受大脑刺激测试的那个人，此时他正大汗淋漓地被各种线缆包裹。而那台大脑刺激器就像一只装有两个握把的乒乓球拍一样。我合上了我用来记录的笔记本，起身过去查看他的情况。如果我们不小心使蒂姆·约翰逊的大脑“爆胎”了，我可不想把这件事记录下来。

我现在位于红牛公司在加利福尼亚州圣莫尼卡市的一片低矮工业区的全球总部，正在参加一项被该公司称为“耐力计划”的开拓性训练营兼科学研究的实验。5 名世界顶尖的自行车运动员和铁人三项运动员来到这里——据我所知是出于自愿——参加该研究。在研究中，他们将由几名来自不同国家的研究人员通过言语督促和大脑刺激反复达到他们的耐力极限，而这些研究人员则会测量运动员们的每一次抽搐和心悸。他们寻求的一个重要问题是：大脑在设定我们身体耐力极限上发挥了什么作用？我们是否可以通过用微电流刺激大脑的运动皮层来改变这些极限，将其提高到更高的水平呢？

为了找到答案，红牛公司聘请在纽约伯克康复中心和威尔·康奈尔医学院工作的澳大利亚神经生物学家迪伦·爱德华兹和戴维·普特里诺设计了一个为期5天的测试方案——该测试前3天在位于圣莫尼卡的红牛公司总部进行，另外2天在沿着405号公路开车20英里的卡森市的斯塔布中心自行车馆进行——测试中会使用电磁大脑刺激、末梢神经刺激、肌电图、脑电图，以及一系列其他测试工具来弄清楚当运动员一次又一次接近身体耐力极限时，中枢（大脑）疲劳和末梢（肌肉）疲劳产生的影响分别是什么。

6次全国自行车越野赛冠军约翰逊在那巨大的声音响起前的几分钟对我说："我认为我的大脑就是一个工具。"他说比赛既是他同其他竞争者的较量，也是他与他自己大脑设定的身体耐力极限的较量。幸运的是，那个巨大的声音并没有给他的大脑造成任何损伤。但是约翰逊的大脑让其中一台大脑刺激机器发生了短路。由于备用设备还在路上，测试不得不暂停几个小时。我因此抓住这一机会向佩珀代因大学的运动医学教授、红牛公司聘请的此次项目的首席生理学家霍尔顿·麦克雷询问了这一项目的最终目标。

这位身材修长且腰板笔直的南非人回答说："发现疲劳的本质。为什么我们会降速？为什么我们要决定降速？"20世纪80年代末，麦克雷在开普敦读博期间曾与——猜猜是谁——蒂姆·诺克斯一起研究耐力训练对乳酸盐生成的影响，他本人深受诺克斯关于大脑在运动中发挥作用的理论的影响。但是红牛公司追求的是提高运动员的身体耐力极限，让他们在比赛中获得优势，仅仅提出中枢管理理论并不能满足他们的需求。此外，诺克斯和马卡拉之间的深奥争论也不符合他们的要求。麦克雷一脸严肃地说："我们知道大脑中肯定有某个区域能够决定运动表现。我们的目标就是看一看我们能否操纵这个区域。”

在弄清楚电为何物很久之前，人们就已经用电来刺激大脑进行娱乐和牟利。2 000 多年前，罗马皇帝克劳狄的宫廷医生斯科尼波利乌斯·拉格斯就推荐使用活电鳐——一种一次可以产生 200 伏电流的鱼类——放在人的前额来治疗头痛，世界其他文化也曾利用能产生电的鱼类来做很多事情，比如治疗癫痫和驱魔。[2] 到 18 世纪末，路易吉·伽伐尼和亚历山德罗·伏特之间的伟大辩论让世界知道了“动物电”这一事物。伽伐尼的侄子乔瓦尼·阿尔迪尼很快便使用“电疗法”在博洛尼亚帮助人们治疗抑郁（同时也用电流来消除刚被斩首的犯人脸上扭曲的表情[3]）。从那以后的两个世纪里，各种各样的大脑电流刺激行为时而兴起，时而消亡，产生的结果也好坏参半。

现在，有关电流和大脑的谈论仍旧会让人们提起《弗兰肯斯坦》（一本受阿尔迪尼的公开电流治疗展示启发而写成的书）或电影《飞越疯人院》。当天早上，第一位在那张牙医椅上接受电流刺激的运动员——超级山地自行车运动员丽贝卡·鲁西说：“我的第一反应是‘这种方法和 20 世纪 50 年代人们使用的电休克疗法有什么不同？’我在想，他们要对我的大脑做什么呢？”但是爱德华兹和普特里诺使用的是被称为经颅直流电刺激的方法，鲁西最终在能够帮助她了解更多她赢得比赛所依靠的身体隐藏能量的承诺的吸引下同意了这一测试。她说：“如果你正被一头狮子追赶，或者汽车轧倒了一名婴儿，你便想拥有额外的能量。我认为，在‘关于如何训练以激发这种能量’上，我们只是发现了冰山一角。”

从功能性角度讲，大脑就相当于一个巨大的电路——一张由相互联系的神经元组成的巨网，这些神经元通过释放电流来相互交流。

而在以前，电击疗法（现在被称为电休克疗法）中的电流强度相对较大，会刺激相关的所有神经元放电，造成大脑休克。而在经颅直流电刺激的方法中，电流的强度是电休克疗法的 1/1 000~1/500——这一强度不足以刺激神经元放电。但将这一微弱电流维持 10~20 分钟会改变神经元的敏感性，有利于它们放电（或者，如果将电流反方向运行则会阻碍神经元放电）。电流本身并没有什么作用，但是它会让大脑对接下来将要发生的事情的反应有所变化。

这种方法操作起来很简单——简单到令人难以置信：你将两个电极连接到一个电压电源（一块 9 伏的电池足矣）上，两个电极的另一端连接在头部的两侧。电极的准确放置位置决定了电流会流经大脑的哪个区域。毫无疑问，经颅直流电刺激的方法的确有效。2013—2016 年，研究者们发表了 2 000 多篇研究文章，这些文章探讨了利用这种方法来进行包括改善学习、治疗成瘾和抑郁，以及改善患有神经疾病病人的行走能力在内的潜力。一项报告记载了一位患有中度帕金森病的 79 岁阿根廷男子的情况，经过治疗后，他在跳探戈舞时上身旋转的速度明显加快[4]；在另一项报告中，士兵们提高了他们在虚拟现实模拟中发现狙击手的能力[5]。

同样毫无疑问的是，对经颅直流电刺激方法的过度吹捧，早就背离了研究人员（以及热情的个人实施者）的初衷，因而引发了人们的怀疑。在 2016 年的一次会议上，纽约大学的盖伊尔吉·布萨基展示了一份尸体研究的结果，结果显示在连接到头骨的电流中只有 10% 的电流能够进入大脑，这一结果让一位经颅直流电刺激方法的研究人员声称这一领域“充满着谎言和伪科学”[6]。因此，当我在红牛公司总部观察这一方法的使用时，我是带着怀疑的态度来审视让我感到吃惊的结果的。当然，电流能够改变大脑功能听起来是合理的——但是要加强耐力，你首先要准确地知道大脑的哪个区域设定了你的耐力上限。

在2012年伦敦奥运会结束的几周后，我来到苏黎世报道一项世界级田径盛会，这一传统的赛季末超级盛会在过去几年见证了20多项世界纪录的诞生。但是我没有参加早上有尤塞恩·博尔特和其他明星参加的媒体活动，而是选择坐上有轨电车前往苏黎世大学位于该市北郊的一个卫星校园。我要会见的是神经心理学家卡伊·卢茨，他正在开创一项耐力研究的新方法。数年来，像诺克斯等研究人员思考的问题是，当我们筋疲力尽时，我们的大脑中会发生什么。卢茨在高级神经影像学方面研究了15年，他想到了一个看似意义重大的理念：为什么不在大脑内部寻找答案呢？

老实说，在运动时观察大脑的内部情况从技术上讲非常具有挑战性，即便是现在也只能在特定的条件下实现——当然，批评家们会说这属于特殊情况。诺克斯在核磁共振机器中放置自行车的做法，即测试者平躺在一块巨大的磁铁孔内通过传动轴蹬骑，并没有得出任何有意义的结论。而卢茨对耐力极限的兴趣是由他早期为揭示牙疼秘密而进行的大脑造影研究激发出来的，他采用了一个更加谨慎和系统的方法。这位说话温柔且一丝不苟的德国研究者在完成了他的博士学业后来到瑞士，他首先做了一个相对简单的实验：测试者们被要求进行手部握力测试。[7]他们要重复时长为13秒的手掌紧握动作，而所需的握力经过准确计算后刚好让测试者们在一半时间时无法继续完成紧握动作。功能性核磁共振扫描显示大脑的两个区域——岛叶皮层和丘脑——在测试者们失败时显得更加活跃。测试结果能说明问题，因为上一章中马丁·保罗斯的研究也发现岛叶皮层能够监视来自身体其他部位的信号。卢茨说："岛叶皮层不光是对肌肉信号有反应，也参与了听到心脏剧烈跳动的情感反应。"

核磁共振扫描在发现大脑的哪个区域参与了当前的身体活动方面很有帮助，但是在查明这个区域具体发挥了什么作用方面作用不大。主要是因为这种扫描速度太慢：要得到准确的成像，每次扫描要在2~3秒内完成。此外，核磁共振扫描只是间接测量了大脑的活动：扫描只能测量大脑不同区域的血液流动变化，而这一变化是在你使用完大脑的该区域之后才出现的。相反，脑电图则能提供实时的大脑脑电流状况，尽管相关数据较为复杂，且解读较困难。卢莰解释说："我们首先使用核磁共振扫描确定要查看哪些区域，在此之后再使用脑电图进行具体的检查。"

在脑电图研究中，测试者们头戴一顶像浴帽一样的帽子，上面装备了128根用来测量大脑活动的银制电极，然后他们在固定的自行车上蹬骑30~40分钟，直到精疲力竭。测试者们要尽量保持头部固定不动，并双眼直视前方画在一张纸上的十字符号来避免影响脑电图测试的眼睛移动。由于脑电图数据的即时性很强，数据解读很能说明问题。在运动员们即将精疲力竭之前，监测身体内部状况的岛叶皮层与向腿部肌肉发送命令的运动皮层之间的交流明显增多。换句话说，大脑在运动员们的双腿无法动弹之前就知道他们即将达到身体的耐力极限，这似乎证明诺克斯的预期调节理论有效果。[8]

负责该研究的卢莰的博士研究生在发给诺克斯的邮件中一语破的："你看，我们已经发现了所谓的中枢管理机制！"

对于任何对大脑刺激能激发运动员潜力感兴趣的人来说，卢莰发表在2011年年末的研究结果在大脑的两个区域——岛叶皮层和运动皮层描绘了一个明确的目标。抑制岛叶皮层神经元——卢莰理论中的中枢管理机制——的兴奋度，你便可以减弱岛叶皮层发出的刹车信号，从而让你的运动皮层继续向肌肉发出运动指令。或者，你可以增强运动皮层的兴奋度，让其中的神经元忽略掉刹车信号而继续发出运动的指令。

后一种方法，即刺激运动皮层，在 4 年前由米兰大学的阿尔贝托·皮里奥利发表的一篇相对晦涩的研究文章中已有提及，而皮里奥利也是经颅直流电刺激方法的开创者之一。他发现，相较于接受虚假刺激的测试，对运动皮层进行 10 分钟的真正经颅直流电刺激能够让测试者的屈肘肌（肱二头肌弯曲时用到的肌肉）在持续的收缩运动中提高 15% 的表现。这一结果似乎也印证了大脑刺激能够在疲劳出现时增强运动皮层的信号输出。[9]

在卢茨的研究结果发布后不久，其他研究者也开始进行岛叶皮层刺激实验。2015 年，由北里奥格兰德联邦大学的亚历山大·冈野领导的巴西研究团队发表了对 10 名国家级自行车运动员大脑刺激的测试结果。[10] 这一次，自行车运动员们接受了对颞叶和岛叶皮层耗时 20 分钟的经颅直流电刺激——由于大脑的构造问题，对岛叶皮层进行电流刺激必须经过位于其上方的颞叶。在强度渐增的疲劳骑行测试中，相较于接受发挥安慰剂作用的虚假刺激，接受真正经颅直流电刺激让运动员们的最大能力提高了 4%。更令人吃惊的是，运动员们测试完后的吃力感比测试之前的还要低——这一结果与岛叶皮层监测全身信号并评估其重要性的观点相一致。

我们很容易将这些研究结果看成最终能拼成大脑如何控制耐力的完整图片的碎片——毕竟岛叶皮层在这些研究中被持续提及的事实支持了这一想法。但是想要完全弄明白这一问题非常不容易。比如，冈野的测试者们的心率也出现了变化，这表明对大脑的刺激也改变了中枢神经系统的功能。经颅直流电刺激毕竟是一种较为粗糙的工具：它无法单独对大脑的某个区域进行刺激，这是因为电流不得不从头部一侧的电极穿越大脑的其他区域到达另一侧的电极。当我询问皮里奥利如何解释他自己的研究结果时，他也不愿意将经颅直流电刺激简单地描述成抑制传向大脑的信号或强化其指令输出：他说很可能是这两种情况的综合。

所以，让我们暂时先别急于总结假定的中枢管理机制是如何工作的。随着大脑造影和大脑刺激技术的进步，这些最初的研究结果能够为研究者提供有力的帮助；同时，后续的研究表明，大脑的其他区域也能影响耐力，这些区域包括前额皮质（在身体疲劳时看似会缺乏氧气）及前扣带皮层（与吃力感联系密切）。[11] 对利用脑电图研究岛叶皮层的卡伊·卢茨来说，这些区域并不是相互孤立的。相反，他将动机、吃力感及疼痛看作既相互区别又相互关联的因素，它们通过大脑不同区域间独立的“处理回路”来影响耐力。皮里奥利和冈野的研究中最确定的结论是，肯定有一个相对简单但又很有影响力的区域在起作用：作为一种原理的证明，在涉及操纵大脑来提高耐力方面，某些区域在某种程度上似乎发挥着作用。而这就足以吸引整个体育界的目光。

从家乡俄勒冈州飞到红牛总部参加该项目的超级铁人三项运动员杰西·托马斯说：“如果我没有数错的话，现在至少有 17 台设备连接在我的身体上。这还不包括连接到我头部的设备——那里有 30 根电线。”一群科学家和技术人员把托马斯围了个水泄不通，他们将他连接到各种设备上以进行另外一组最大运动量的测试，其中包括最后一项在固定自行车上进行 4 000 米全速冲刺计时赛。除了大脑刺激，红牛公司的科学团队还要测量各种让人眼花缭乱的变量，包括血样和尿样、脑电波、大腿弯曲角度、肌肉细胞的氧饱和度等。托马斯说：“如果你后退一步，想象自己在高处向下望着这一情景，你会感到这一幕很搞笑。我们怎么会这样做？”

红牛公司的极限探险和开拓进取的精神既体现在其高性能的研究项目上，也体现在运动员选拔和广告设计上（当然，这些方面是相互联系的）。而菲利克斯·鲍姆加特纳破纪录地在同温层进行的以最高每小时 833.9 英里的超声速跳伞，就是红牛公司将噱头和科学结合在一起的最佳写照。该公司也有从各体育行业挑选出顶级运动员，然后将他们用全新的方式呈现出来的传统——比如将冲浪运动员、滑雪运动员和单板滑雪运动员送到夏威夷学习自由潜水和屏息技巧。类似地，红牛公司的大脑刺激训练营不仅是为了让运动员们相信自己的能力比其意识到的要大得多，同时也是为了科学。

澳大利亚神经科学家爱德华兹和普特里诺决定利用这一机会来收集一些特殊的数据，以此来强调运动训练与大脑和脊椎等的疾病的康复之间的联系，这是他们的主要研究兴趣。普特里诺说："康复和高强度训练并不像人们想象的那样是两种不同的事物。无论你是一名高水平的运动员，还是一名与闭锁综合征做斗争的人，你都要与肌肉疲劳问题做斗争。"而对使用经颅直流电刺激来帮助那些通过漫长且艰苦的过程重新学习走路的瘫痪病人的研究也是受到普特里诺 2007 年对皮层运动区的刺激的启发。正因如此，爱德华兹和普特里诺被红牛公司选中对运动员进行相同的测试。普特里诺解释说："我们的大脑向我们的肌肉不断输送信号。随着我们变得疲劳，这些信号会变得越来越弱，大脑就会做出选择。但是大脑的选择并不总是正确的。"

该实验的一个关键点是，运动员们只有一半的时间会接受真实的大脑刺激。他们在 4 天的时间内要完成 6 次 4 000 米全速冲刺计时赛测试，首先是在实验室可控的环境下完成，之后会移到自行车馆进行。但是在每次计时赛之前，他们都会经历全部的测试流程。一半时间指的是电流通电一分钟后会被关闭。为了展示这一实验，爱德华兹让我戴上了一个镶嵌了 8 个电极的氯丁橡胶帽，然后打开了电流。我立刻隐约感到有数千只蚂蚁在我头皮上乱爬，但是很快这种感觉便消退了，我也不清楚是否还有电流在刺激我的大脑（实际上，即便在我摘下帽子之后，我仍在想象有蚂蚁在我头皮上爬行）。所以，在任何一次计时赛测试中，运动员们无法知道他们的大脑是否正在接受电流刺激。理论上，只有计时的秒表知道。

2016 年 3 月，金州勇士队的大前锋詹姆斯·迈克尔·麦卡杜在推特上晒出了自己在训练室的一张照片，照片中，他拿着一副银色的头戴式耳机。[12] 尽管你从照片中无法观察该耳机的细节，但它在耳罩内侧上方装有微型的软塑料尖钉，这些软钉能够轻轻地贴紧你的头盖骨，向大脑传输电流脉冲。这副耳机是由硅谷的一家名叫光环神经科技的初创公司研发的，该公司承诺其产品能够通过专利技术“神经刺激”来“改善力量、爆发力和灵活性”——这一方法其实是由经颅直流电刺激改进而来的。麦卡杜在推特上写道：“感谢光环神经科技 @HaloNeuro 让我和我的队友能够进行体验！我对体验的结果很期待！”

随着赛季的进行，金州勇士队以从未有过的轻松状态碾压对手，最终以 73 胜 9 负的成绩结束了新的常规赛季。没有人将他们的胜利归功于这一高科技耳机的使用（该队的一位教练证实使用该耳机的队员人数不详），但是这一高科技设备符合该球队科技乌托邦的渊源。2010 年，硅谷的风险投资家们收购了当时效益低下的金州勇士队的经营权，该球队也获得了“科技之队”的名声，并开始按照沙山路上风险投资家们非正统的以数字分析为基础的方法进行训练。金州勇士队也是最早热衷于采用科技产品的球队，这些科技产品包括治疗时差的“智能睡眠面罩”、测试膝盖和脚踝压力的穿戴式身体感应器等。现在，他们也是第一支尝试进行大脑刺激的球队——他们的对手（更不用说球迷和业余球手了）不难发现，金州勇士队正在赢得更多的胜利。

光环神经科技于 2013 年由丹尼尔·赵和布雷特·温盖尔共同创立，二者曾经一起共事于一家采用另外一种大脑刺激方式治疗癫痫的公司。光环神经科技耳机的工作方式与红牛公司让自行车运动员接受的测试一样（这并不是巧合，因为在光环神经科技公司网页显眼的位置上，你会发现被该公司聘为顾问的红牛公司高性能研发部总监安迪·沃尔什的名字）：通过电极让电流刺激运动皮层；你也可以根据目标运动，通过调整来集中刺激与上身肌肉、下身肌肉或二者同时相关的大脑区域。该公司声称，在热身阶段戴上该耳机并通过相关应用程序让其工作，你的大脑就会学习为肌肉输送“更强和更同步的”信号。

尽管皮里奥利和冈野的研究让人们对经颅直流电刺激用于体育的做法兴趣大增，但是随后产生的结果喜忧参半。2017 年年初，由阿莱克西斯·梅杰领导的肯特大学耐力研究团队研究了目前关于经颅直流电刺激影响耐力（他们将耐力定义为进行 75 秒以上的持续运动）的文献。[13] 他们查看的另外 10 份研究结果也发表于 2013 年或之后，且这些研究使用的方法各有不同：不同的刺激时间、电流、电极放置位置、运动等。12 项研究中有 8 项显示测试者的耐力得到了提高，而其余 4 项则没有变化。光环神经科技公司与美国国家滑雪队等合作进行了未公开发表的实验性测试，并声称在训练中反复使用大脑刺激之后，跳台滑雪队队员的推进力显著增强——但是他们没有使用安慰剂对照法。该公司称其计划将研究结果提交给有同行评议的期刊，但是其最初的策略则是硅谷的通俗做法，即将设备分发给像麦卡杜这样的著名运动员使用，期待受到他们的好评。

所以我们现在很难对光环神经科技公司的耳机做出任何有根据

的评价。当我给《纽约客》杂志撰写关于该耳机的文章时，金州勇士队正在为卫冕而努力。我想这种耳机最不济也能扮演一种强大的安慰剂角色——它虽然是根据真正的科技研发而来，但效果完全是心理安慰。最后金州勇士队输给了由勒布朗·詹姆斯率领的克利夫兰骑士队。但当该公司打电话要提供给我这样一副耳机让我亲自体验时，尽管我不信任个人主观的设备评价，但我还是决定尝试一下。我自己穿戴上全球定位手表、心率监测器及高科技的多轴加速计来分析我的步伐参数，我想我应该能够测试出大脑刺激能否对我的跑步产生可以衡量的影响。

这里我要解释一下，作为报道体育科技的记者，我每天都会收到大量要我测试新产品的请求，这些产品包括听起来美味的能量棒、超级复杂的电子自适应 T 恤、跑步指导应用程序、步伐分析器等。而我无一例外都拒绝了这些请求，因为我的目标是对产品是否有用进行评论，而非根据我的喜好进行评论。当我确实无法从喜好角度进行评论时，前者就变得较为容易。我要的是数据而非感觉。所以我同意尝试光环神经科技公司的耳机的做法与我之前的做法大相径庭——而这也反映出大脑刺激的理念的确很让人感兴趣。你只需要让一些电子穿过你大脑的特定区域就可以轻松释放出你体内隐藏的耐力储备的想法着实吸引了我。我觉得我要用这种方法揭开 20 年前在舍布鲁克的那天晚上释放出我作为一名 1 500 米运动员的潜力的一个语言误解的秘密。

这副耳机不会进行无痛的刺激。耳机上面有 3 块电极板，每个板上面有 24 根泡沫塑料长钉。每次使用前，你需要在生理盐水中浸泡这些长钉以让其顺利将电流通向大脑。由于我是光头，且加拿大严酷的气候让我的头皮变得异常坚硬，为了让耳机上代表电极接触良好的绿灯发光，我不得不使劲按压耳机，好让泡沫长钉深深嵌入我的头皮。有时，我无法让其嵌入头皮，而有时当我完成嵌入后，打开通电开关，即便是将电流量调至最小，我也会有一种剧烈的灼痛感，我很难忍受长达 20 分钟的神经刺激。我感到很沮丧且不舒服，当完成神经刺激之后跑步时，我感觉更糟。需要强调的一点是，这只是我的主观感受，并不代表该耳机没有功效。但是我很高兴，因为至少我不会花 750 美元去购买一副这样的耳机了。

如果大脑刺激真的起作用，那意味着什么？一个很明显的结果就是大脑兴奋剂技术的出现。这也是当我问询亚历山大·冈野关于他的研究产生的影响时他承认的一点。按照他的观点，这一技术“相较于其他药品服用来说益处颇多，比如现在没有公认的方法能够可靠地检测出一个人最近是否真正使用过大脑刺激疗法”。人们认为经颅直流电刺激的安全风险很低（尽管一些研究人员指出这一观点缺少长期的研究，尤其缺少对年轻人大脑发育研究的支撑），但是强化大脑从伦理道德方面肯定会引发诸多争论。从个人角度讲，我真心希望反兴奋剂机构能够在大脑兴奋剂技术广泛使用之前主动禁止这一技术的使用。这是因为，想象 16 岁的自己为了获得比赛优势而不顾一切地在头皮上插满电极的画面让我感到不舒服。但是我完全理解有些人不同意禁止这样一种似乎安全且以非侵入式的方法来提高运动表现的做法。[14]

对于像阿莱克西斯·梅杰等研究人员来说，经颅直流电刺激只是一种研究工具而非取得优势的手段。这就如同在他早期的研究中使用泰诺林增强耐力是为了展示疼痛的重要性一样，而经颅直流电刺激的方法则提供了一种前所未有的工具来查明不同感受和大脑区域在调节耐力方面的作用。在实践层面，梅杰最近的研究有望取得方法论上的突破，以及解释目前已引起混乱的貌似矛盾的研究结果。大多数经颅直流电刺激方法会将两个电极放置于头部的两侧，这意味着你用电极正极增强了一些神经元的兴奋度，而用电极负极抑制了另外一些神经元的兴奋度。因此，由一个电极带来的益处会被另外一个电极带走，当然这取决于电极的放置位置。梅杰做出了一些改变，他将电极正极放置在了肩膀而非头皮上来刺激运动皮层。结果相当振奋人心：测试者的吃力感减少了，且运动至疲劳的时间延长了23%；而将正极放置在头皮上，这两个参数则没有发生变化。[15]

然而将实验室研究转化成真实世界的竞争优势依然困难重重。在我来到加利福尼亚的第四天，我想到了这一问题，当时红牛公司聘请的这些自行车运动员和科学家一起前往斯塔布中心自行车馆参加最后一轮的测试。在离开了实验室的可控环境及没多大用处的固定自行车后，我们更容易将枯燥的“最大主动收缩”“任务失败”等空洞讨论与真实竞争的复杂现实联系起来。在当天进行的第一次4 000米测试中，自行车越野赛运动员蒂姆·约翰逊取得了测试的最快成绩，时间为5分20秒。而超级铁人三项运动员杰西·托马斯以2秒之差屈居第二。几小时后，在接受另外一轮大脑刺激后，托马斯将他的成绩提高到了5分10秒，他站到了场边欢呼，而约翰逊则随着车轮沿着场地划出完美的等高曲线而奋力想要再次创造最快成绩。

计时器在约翰逊快速冲过终点时定格在了5分17秒。他在冲过终点后重新绕回来时气喘吁吁地问：“我赢他了吗？”而托马斯则大笑起来，尽情享受着胜利的快乐。他说：“这是我完成比赛时间的同一句话。我俩想法一样。”他环视了架设在内场的价值不菲的机器、手提电脑和信号发射器，感应器和电线从他的短裤中凸了出来。他说：“你们进行的这个测试就是让两个骑自行车的人努力击败彼此。”

从那以后我就一直在思考大脑刺激的做法——它作为研究工具的潜力，以及它匆忙（至少我的个人感受如此）和不成熟的商业推广，它对自我运动改善产生令人满意的影响的可能性——还有托马斯最后的评论。因为在二人较量后的第二天早上，也就是我去机场之前，我拦住了一位科学家并看了一眼他们的随机测试方案。在这两场较量中，获胜者都接受了虚假的大脑刺激，而失败者则接受了真正的大脑刺激。当然仅从这么一次实验中，你无法确认经颅直流电刺激的做法有用还是没用，但是这给过度吹捧大脑刺激方法的人浇了一盆冷水。

我想，或许电极问题并不重要。从红牛公司的角度看，无论是进行大脑刺激还是屏息训练，将运动员们聚集到这样的训练营中的目的，都是让他们明白他们的能力比他们想象的要大得多。尽管大脑刺激可能是也可能不是一种有效激发隐藏耐力的手段，但是毫无疑问，参加训练营的这些运动员都知道了他们还有隐藏的耐力可以使用。最后，当两名自行车运动员较量时，相信自己可以做得更好或许才是真正的秘密武器。

第 13 章　信念效果

自信能够让你更加拼搏，它也会以更加难以察觉的方式发挥作用。

在 2003 年樱花 10 英里跑的前一天晚上，我仔细研究了精英组的参赛运动员名单。男子组大概有 24 名运动员，他们大部分来自肯尼亚，参与争夺此次在华盛顿特区举办的总奖金为 30 000 美元的知名赛事。尽管我在赛道赛和越野赛上经验颇丰，但这是我第一次正式参加奖金丰厚的公路赛。比赛的前 12 名选手会获得现金奖励——我看了一下竞争对手的名字，然后在谷歌上搜索了他们过去的成就，我感觉我能不能获奖还是个未知数。

第二天早晨比赛一开始，我和其他 15 000 名跑者就从开满樱花的国家广场出发了。精英组的选手很快便把大部队甩在了后面，但是真正的竞争还没有开始。在比赛的前 2 英里，所有人都在边等待时机边观察对手，他们各自迈着步子聆听着对手的喘息声。最后来自肯尼亚的双子星，也是前三次比赛冠军的获得者——约翰·科里尔和鲁本·切鲁约特一马当先地冲在了前面。这时大家的配速在加快；队形紧凑的精英组开始火力全开，决战开始了。

从某种意义上说，比赛中你迈出的每一步都是一种微观决定：

是加速、减速，还是保持目前的配速呢？但是有些决定比其他决定更重要。随着科里尔和切鲁约特渐行渐远，他们身后的精英组选手们开始了激烈的角逐。我不得不决定我该如何进行追赶。我倒不担心我的配速和分段时间问题。在过去的十年里，我参加了足够多的艰苦比赛，所以我能准确地知道我能够维持什么样的配速，以及无法维持什么样的配速。我的体能没问题，并且老实说，我也想获得奖金，但是我能克制住自己且很务实。当我周围的其他选手们开始突然加速至接近冲刺的速度时，我选择稳定加速至我在剩下的 8 英里的比赛中能够坚持到底的配速。很快，精英组剩下的选手们便在我眼前消失了。但是我希望我至少还能够再看到他们其中的一些人。

我对比赛下半程依然记忆犹新——一一追逐的快感，我开始追上并赶超前面的选手。他们有些人在拼尽全力，而有些人则几乎是在慢跑，你甚至都可以想象出他们身体里那台过热的“引擎”冒出了黑烟。在比赛的最后时刻，我追上了几年前创造该项赛事历史第二快成绩的肯尼亚人西蒙·罗诺，将自己的名次提高到了第 12 名。这意味着我有钱拿了！在比赛还剩下几百码距离的时候，在路边为我欢呼的朋友向我指了指前面另外一名蹒跚着朝终点跑去的肯尼亚运动员。于是我低头猛冲，在即将越过终点线的那一刻超过了他，让我的奖金从 200 美元增加到了 250 美元。

在那之后的数年时间里，我一直将这一经历当作一个凯旋的故事与别人分享——谦虚地炫耀我高明的配速策略。对自己的身体极限了如指掌并在该极限允许的范围内去竞争让我击败了那场比赛中一半的精英选手。我当时认为另外一半的精英选手就是跑得比我快，我无论如何都无法击败他们。直到 10 年后我参加了更多的相同比赛之后，我才开始怀疑我的这一最初论断。

2011 年多伦多湖滨马拉松比赛的前一天晚上，里德·库赛特反向躺在宾馆的床上，将双腿抵在床头板上，此时他很清醒。[1] 窗外，一阵疾风沿着一览无余的湖滨大道一掠而过。第二天他将为获得参加伦敦奥运会比赛的资格而努力。他的大脑在飞快地运转，计算不同距离路段需要的不同配速，以及不同情况下的应对措施：2 小时 11 分 29 秒的成绩可以帮助他获得参加奥运会比赛的资格；而 2 小时 10 分 09 秒或者每千米 3 分 05 秒的配速就可以打破由杰罗姆·德雷顿保持了 36 年的加拿大马拉松比赛纪录。他平时就是遵照这一配速来训练，让他的双腿得以适应的。

在樱花 10 英里跑中，领跑方阵由东非选手组成，其中大部分选手来自肯尼亚和埃塞俄比亚，他们也希望跑出比德雷顿创造的纪录还要快几分钟的成绩。但是这与库赛特无关。对他来说，取得奥运会参赛资格或者打破纪录将 36 000 美元的奖金收入囊中的唯一敌人是计时器。

但是他还是感觉有些不大对劲。最后，他拔掉耳机，从床上下来，到楼下的酒吧找到了与他长时间合作的当时正在喝啤酒的教练戴夫·斯科特–托马斯。他说："明天我想和那些顶级运动员一起冲在前面，我想让你告诉我这种想法是不是过于疯狂。"斯科特–托马斯从 1998 年就开始与库赛特合作，帮助他慢慢地从一名大学替补队员成长为一名世界顶级的长跑运动员。系统的计划和务实的目标是他们师徒关系的基石。但是在库赛特不确定的表情下面，斯科特–托马斯看到了坚定的信心。于是他点头说："有什么不可以的呢？想干就干！"于是计划了数月的策略就此被放弃，库赛特上楼躺在床上，几分钟后就进入了梦乡。

第二天早上，比赛像以往一样如火如荼地开始了，数千名选手冲过了起跑线，像从尘封已久的火山中喷发出来的岩浆一样沿着大学路迤逦前行。我坐在队伍前方四五十米远的媒体车上，将头探出了车窗，看到跑在队伍前面的选手渐渐形成了领跑方阵：东非选手跑在最前面，后面是为争取奥运会参赛资格而努力的加拿大选手，他们后面是顶级的女子选手，跑在队伍最后的是业余选手。随着比赛一点点进行，我和其他记者疑惑地看了看彼此并皱起了眉头。11 位领跑者在路上形成了一个不规则的箭头方阵。其中 10 人是肯尼亚和埃塞俄比亚运动员，但是在方阵的末尾，我们吃惊地看到了一抹火红色的头发。随着选手们跑过 5 000 米的标志，库赛特看了一下自己的手表，他按下一个按键后继续与领跑者一起领跑。我们现在意识到他的快速起跑并不是一个错误：库赛特抛弃了几天前在赛前新闻发布会上公布的谨慎的配速方案，他正在跑向胜利。

这时候，我已经完全熟悉了公路赛的典型模式，即东非运动员咄咄逼人地拼命领跑，后面北美运动员清醒谨慎地你追我赶。我想这些不同——虽不是普遍存在但具有代表性——可以用简单的经济学原理解释。我与由农民转行而成运动员的约瑟夫 · 德里图一起待过一段时间，他向我讲述了他在北美比赛第一个年头的经历。[2] 那年，他通过比赛赢得了 600 美元的奖金，这笔钱足够他买两头小牛犊。第二年，他的表现更好，于是他花 2 500 美元购买了 1/4 英亩① 的土地，在上面建造了一栋五居室的房子，并买了一头奶牛。他自豪地说："那是第一头为我们家供奶的奶牛。"对于像我这样的人来说，跑出个人最好成绩，即使在只奖励前五名选手的比赛中获得第六名也算是一种胜利。而对于德里图来说，取得个人最好成绩就意味着可以拿到奖金养家糊口。

但是对那些真正去过肯尼亚并了解这些充满斗志的运动员的人

① 1 英亩约为 4 047 平方米。——编者注

来说，这一解释并不能完全说明问题。比如，库赛特每年都要在肯尼亚固定待几个月，与当地运动员一起在高地稀薄的空气条件下训练。在对他们信心打击极大的训练季，他注意到肯尼亚运动员和西方运动员有着截然不同的心态。[3] 在训练时，那些肯尼亚马拉松新秀会跟紧顶级运动员——通常是国际大赛的冠军们——的步伐，直到他们无法跟住时才放弃或降速。而库赛特和其他西方运动员则选择稳健但持久的配速。有时候库赛特会邀请朋友到小镇伊坦（Iten）周边的山区去观看每周进行的著名的法特莱克训练法①的训练。超过 200 名运动员会超过他们，在土路上掀起阵阵红色的尘土；他们中大约有 1/3 的人在不到半程的时候便会放弃训练。

在听到足够多类似的故事之后，我开始认真思考一个明显的问题。由于肯尼亚人在马拉松运动上的表现的确优异，我是应该去模仿他们的跑步方式还是对之嗤之以鼻呢？毕竟，盲目崇拜“均衡配速”的确会限制我们的表现。如果你要进行一个完美配速的比赛，那么就意味着你实际上在比赛刚开始的时候就决定了你要以多快的速度来完成整个比赛。这样，你就失去了给自己创造惊喜的机会：你从发令枪响的那一刻就已经限制住了自己可能取得的成就。所以，这种方法可能总体上会产生较好的结果，但是它不太可能带来意外，比如让人感到惊讶的或快或慢的成绩。

我在樱花 10 英里跑中击败了一些顶级选手，比如该赛事前冠军西蒙·罗诺。罗诺如果采取保守的比赛方法，我是没有机会击败他的。但是同时我也输给了一些没那么有名的选手，比如另外一名肯尼亚选手弗朗西斯·科姆。科姆的比赛风格跟我的风格很相像。在回

---

① 法特莱克训练法是一种加速跑与慢跑交替进行的中长跑训练方法，是无氧训练的有效方法之一。——译者注

顾科姆的比赛历史时不难发现，我们之间的不同之处在于他的跑步风格更具攻击性，而且偶尔会有超常的发挥，比如他在那次比赛中领先我 1 分 30 秒冲过了终点。但是他的超常发挥并不稳定，他有时候发挥得很出色，有时候又表现得很糟糕。但这种风格在我看来也是一种不错的选择。库赛特在 2011 年多伦多马拉松比赛中的表现似乎也属于这种风格：顶级选手们在半程结束后依然保持着可以在 2 小时 08 分完赛的配速。而这一成绩比加拿大纪录快了 2 分钟，比库赛特的个人最好成绩快了将近 3.5 分钟。即便是这样，库赛特依然紧紧跟住了他们。

那么，如果不是为了钱，肯尼亚人为什么会这样去比赛呢？根据电影制片人和前优秀运动员迈克尔 · 德尔蒙特的说法，答案是信念。德尔蒙特曾在肯尼亚马拉松文化圣地花费了数月的时间拍摄关于由马拉松运动员转为政治家的韦斯利 · 科里尔的名为《超越》的纪录片。他说即使是资历最浅的肯尼亚运动员，每天早上醒来时也会信心满满，相信他们是最棒的。他们在训练中跟紧顶级运动员是因为他们相信他们可以击败这些前辈，如果残酷的事实证明他们还不具备这一实力，那么他们第二天会重整旗鼓再次挑战。在由几代肯尼亚马拉松运动员创造的国际主导地位的推动下，这种信念成为一种实现自我抱负的箴言。

对于身处学术圈的体育科学家们来说，安慰剂是一个他们不喜欢的词。因为安慰剂效果歪曲了他们的实验结果，让江湖骗子们通过推销无效的运动表现增强剂来发家致富。但那些与顶级运动员在实际情形中打交道的研究者则与这些科学家大不一样。2013 年，澳大利亚体育学院的心理学家休纳 · 哈尔森和戴维 · 马丁受邀在《国际运动生理学与运动表现期刊》上发表了一篇评论文章来讨论安慰剂与“信念效果”的不同。[4] 在文章中，他们指出，“信念效果”是提高运动员表现的很有价值的途径，应该予以鼓励和利用，而非打压。毕竟，如果豪言壮志能够让你跑得更快并赢得比赛，谁会在乎这些效果是否只存在于你的大脑中呢?

事实上，哈尔森和马丁认为“真正的”机能增进（运动增强）辅助与“虚假的”信念效果之间的界限比大多数人，甚至大多数科学家想象的要模糊得多。他们引用了运动科学家特伦特·斯特林沃夫的一个结论，后者同时也指导自己的妻子——参加了两届奥运会 1 500 米比赛的希拉里·斯特林沃夫的训练。在 2013 年的一次会议上，斯特林沃夫列出了各种各样能够将运动表现提高 1%~3% 的运动补充剂和训练方法，其中包括咖啡因、甜菜汁和高海拔训练。理论上说，将这些方法一起使用便可以训练出超级运动员；而实际上，将所有这些方法一起使用的研究得出的结论是总体运动表现提高了 1%~3%。如果各种方法一起使用的叠加效果只相当于一种方法的效果，即所谓 1+1+1=1，那么这就表明很多被证明有效的“不同”训练辅助方法至少在某方面都作用于一个目标：大脑。

斯特林沃夫强调说这并不是为安慰剂正名。他说：“在我看来，安慰剂是一种直接的欺骗，即给运动员提供一种惰性物质，却告诉他（她）这是另外一种物质。除了研究，我从不这样做。”但是利用信念效果则不包含任何的欺骗；相反，它能够“随着时间的推移与你的运动员和教练员系统地、稳定地培养出最大的信任、信念和创造出最有力的效用证据”。他指出，在实际情况中，你提供的建议要具有真实且有证据支撑的生理益处，同时记住“你选择的词语，你提供的信息量，以及你表达的方式都决定着你的方法对运动表现的最终影响”。

我们想一下被大家熟知的训练后进行冰块浴的效果吧。[5] 人们认为这样做有利于消炎并加快肌肉恢复。所有运动员都极其信任这种方法；同时，研究人员也发表了诸多研究文章分析其效用，但是他们的结论大多模棱两可。如果你询问运动员在训练后第二天的身体酸痛感如何，答案会让你觉得冰块浴起了作用；但如果你进行血液测试来寻找肌肉损伤减少的证据，结果恐怕不尽如人意。

当然，我们很难进行有“安慰剂对照”的冰块浴研究，毕竟你无法掩饰将自己浸泡在冰水中的事实。[6] 但是，澳大利亚的维多利亚大学的研究人员在 2014 年的一项研究中解决了这一问题。他们比较了自行车骑行训练后 15 分钟的冷水浸泡、温水浸泡及温水中添加“恢复药膏”浸泡的效果。该研究的负责人戴维·毕晓普说：“我们确保所有测试者都目睹了我们向温水中添加恢复药膏的举动，并向他们介绍了我们编造的关于证实该‘药膏’有极强恢复功效的一些研究。”

在接下来的两天时间里，研究人员测试了参与者们的腿部力量——这是最重要的身体恢复结果。的确，冰块浴在为期两天的恢复期内比温水浴的效果要好得多。但是添加恢复药膏后的温水浴和冰块浴的效果不相上下，甚至前者要稍好于后者——尽管所谓的药膏实际上是丝塔芙温和洁肤乳。除了进行冰块浴和药膏浴的运动员们的确在两天的恢复期后感觉更好的事实，你可能会认为这一研究结果彻底推翻了冰块浴的功效。同斯特林沃夫一样，毕晓普将信念效果看作教练和运动科学家们可以利用的重要手段。液体肥皂并不能长时间地骗人（最终运动员们会因从队友身上散发出来的相同香味而拆穿这一把戏）；同时，我们在推荐可能对消炎起作用并有利于身体恢复的冰块浴时要秉持公道和良心。

如果你觉得这听起来有点儿像自欺欺人的强词夺理，或许你该听听那些兜售能量饮料的替代疗法专家的说辞，我保证你会感到不爽。我已经撰写了几十篇关于冰块浴的研究文章，但是仍然没有得出合理的结论。我目前的建议是，如果你喜欢冰块浴并觉得它对你有帮助，那么你就继续使用它。如果你不喜欢冰块浴，或者没有尝试过它，那么你没有必要非得尝试。我对在狭小空间内接受数分钟超冷氮蒸汽淋浴的冷冻疗法感到更加厌恶。对这种疗法的相关研究同样没有得出明确的结论，尽管从我的角度出发，我理解人们内心的矛盾，但是斥巨资来购买安慰剂听上去并不可取。

我们还应当指出刻意区分“真实的”和“虚假的”效果的二分法还面临着另外一个问题，那就是安慰剂也可以产生可以测量的生物化学变化。而这一具有变革意义的发现是由加利福尼亚大学旧金山分校于 1978 年在对牙齿手术患者的恢复研究中总结出来的。[7] 为了阻止疼痛，患者们或接受了少量吗啡的静脉注射，或接受了少量不起作用的生理盐水的静脉注射。如同事先预期的那样，一些接受了生理盐水“安慰剂”注射的患者的确感到疼痛有所减缓。随后研究人员又在注射时加入了一种叫作纳洛酮的药物，该药物能够阻隔身体阿片样物质受体来解决吗啡和海洛因注射过多的问题。这种做法让那些接受生理盐水注射的患者的疼痛感立刻恢复，而这表明原来的止痛效果是由于体内分泌的类似吗啡的内啡肽的增加。

其实并不只是内啡肽起了作用：后续的研究展示出了很多能对安慰剂引起的预期做出反应的不同信号通路，其中就包括内源性大麻素系统，其在体内能产生类似大麻的物质，同时也属于身体的免疫系统。而将这些反应进行处理的则是大脑的预期和奖励系统，而该系统则受神经递质多巴胺的影响。在处理过程中，一种叫作儿茶酚-O-甲基转移酶的基因能够影响你大脑前额叶皮层分泌多巴胺的多少：那些拥有该基因某一种版本的人分泌多巴胺的数量是那些拥有与之相反版本的该基因的人的 3~4 倍。[8] 哈佛大学医学院安慰剂研究项目的研究人员在使用虚假针灸疗法治疗肠易激综合征时发现，那些能够分泌更多多巴胺的人对安慰剂治疗有更强烈的反应——这就进一步证明那些对安慰剂有反应的人不只是在凭空臆想出效果。[9]

那么这与耐力极限有什么关系呢？最简单的理解就是，当你服用了安慰剂之后，如果你确实相信它会让你跑得更快，那么安慰剂便会有效果。坎特伯雷大学研究体育运动安慰剂的研究员克里斯·比迪曾让一组自行车运动员进行了一组 10 000 米的计时赛。这些运动员被告知他们在测试前会服用不同剂量的咖啡因，但是并不知道具体的剂量。如同他所期待的那样，那些认为自己服用了中等剂量咖啡因的车手的成绩提高了 1.3%，而那些认为自己服用了较高剂量咖啡因的车手的成绩提高了 3.1%，而那些认为自己服用了一点点安慰剂的车手的成绩则下降了 1.4%。[10] 实际上，车手们服用的都是安慰剂。而成绩的提高，包括比赛中疼痛和吃力感的变化，完全是由他们的期望决定的。

相似的信念效果也可以在不使用具体安慰剂的实验中体现出来。比如，调查发现你对某种运动越痴迷，你就会变得越迷信。众所周知，篮球巨星迈克尔·乔丹在他职业生涯的全部比赛中都在其球衣里面穿上他高中时期的球衣。由于对乔丹等超级体育明星类似的行为很感兴趣，德国科隆大学的研究员林恩·达米希着手测试幸运物是否真的会起作用。[11] 在一项研究中，她发现相较于“这是所有人都用过的球”这样的话，“给你球，现在它成了你的幸运球”这样的话会帮助高尔夫运动员将推杆的准确率提高 33%。其他研究则发现，如果测试者们将幸运物带在身边，那么他们会定下更高的目标，且不会轻易放弃——这就证明了心理学家们所称的“自我效能”，或者对自己的能力和成功的信心能够改变他们的行为，帮助他们实现抱负，这与肯尼亚马拉松运动员那种信心爆棚的跑步如出一辙。

所以自信能够让你更加努力拼搏——它也会以更加难以察觉的

方式发挥作用。告诉跑步运动员他们看起来很放松会让他们以较少的能量消耗维持相同的配速。[12] 给橄榄球运动员的赛后总结，重点是他们做对了什么，而不是他们做错了什么，这种影响会持续一个星期，而收到正向反馈的球员的睾酮水平会更高，下场比赛中的发挥会更好。[13] 甚至做好事——或者幻想在做好事——也能够通过提升自我控制感而提高耐力[14]：有研究表明，给慈善机构捐助 1 美元能够让测试者们举起 5 磅重的时间延长 20%。而令人担忧的是，他们从干坏事中能获得更多的力量——网上跑步论坛里长期讨论的一个理论就是 800 米跑的最佳方式就是让运动员“满怀仇恨”地去跑。[15]

当然，这并不是建议你在参加下次比赛前先去抢劫一家便利店。就其本身而言，大多数上述例子并不是什么正统的训练方法。有时候，当你退一步时，你会有海阔天空般的发现。当我在开普敦拜访蒂姆·诺克斯的时候，我问他，他的有关大脑对耐力作用的理论对训练有什么帮助。如果真的存在中枢管理机制的话，我们能够驾驭它吗？他则用一段个人经历回答了我。20 世纪 70 年代初，他是南非大学皮划艇联队的队员，他和队友们每天要固定进行 6 次 500 米距离的全力划训练。他说：“有一天下午，当我们划完第 6 次的时候，我们准备将赛艇送回艇库。这时我们的教练说‘不行，你们再划一次’。于是我们重新划了一次。然后教练说再划一次，于是我们又接连划了 4 次。如果在这之前你问我们是否能够进行如此大强度的训练，我们肯定会说不能。”这一认识从他作为运动员到后来作为科学家一直伴随着他，他回忆说：“你必须让运动员知道，在他们的职业生涯中，他们的能力比他们想象的要大。”

这一认识与前波士顿马拉松冠军和《跑者世界》杂志资深编辑安比·波夫特描述的“这绝对是全世界你可以使用的最好的跑步训练”的观点有很多相同之处。[16] 波夫特当时正在撰写一篇耶鲁大学的研究报告，在该研究中，一组测试者的食欲激素在饮用了被告知为“任性的”高热量奶昔之后激增，而在饮用了被告知为“明智的”低热量奶昔之后则无变化——实际上这两种奶昔完全一样。波夫特总结说，由于他相信大脑控制着身体，他的超级训练方法就是在进行完5次1英里全力冲刺跑后，他的教练会告诉他再练一组。他写道：“从这种训练中，你会明白你的实际能力永远比你想象的要强很多。这或许是你能从跑步中学到的最有用的一点。”

大量具体的体育研究也支持了这一观点，这些研究使用了各种各样的欺骗方式让运动员进行比平时强度更大或时间更长的训练。[17] 通过修改温度计设置来显示虚假的低温能够抵消减少耐力的高温的一些影响。将时钟拨快或拨慢，或者瞒报运动员跑过的距离，都能在不同的情况下提高或降低运动成绩。一些研究还使用虚拟现实技术让运动员与之前比赛中的虚拟自我进行竞争——本质上说这是运动员有信心可以完成的基准目标。而实际上，即便偷偷将虚拟自我稍微加速，运动员们也完全跟得上。2017年法国的一项研究表明，与成绩提高了2%的虚拟自我进行比赛时，你会发现结果有惊喜；与成绩提高了5%的虚拟自我进行比赛，当你意识到自己无法跟上时，你会感到很沮丧。[18]

欺骗对你的帮助很有限。即使你的教练喜欢使用欺骗的训练方式，很快，在每次训练时你也会时常由于识破了他的把戏而忍不住大笑起来。对波夫特来说，真正起作用的就是被大家普遍接受的那个道理。他写道：“欺骗并不是这一现象出现的根本原因——它只是帮助这些结果令人吃惊的诱人故事出现而已，而真正起作用的则是坚定的信念。”

在赛程过半之后，库赛特开始被领跑方阵甩在后面。在我们从媒体车上无法看到他的身影后，我们无奈地摇了摇头：信心很重要，但是马拉松比赛像严厉的《圣经·旧约》一般惩罚了过度的自信。但几分钟后，我们吃惊地发现库赛特又从远处追了上来。他低下头，咬紧牙关，艰难地追上了领跑方阵，而在3万米处时，领跑方阵中只剩下了6名选手。在路边的电视直播采访中，他的教练直言不讳地解释了他刚才短暂落后的原因："他在22千米处时不得不去上了个大号。"

对库赛特而言，与顶级的肯尼亚选手进行竞争的强大信念来自他与他们的共同训练。在多伦多马拉松比赛结束的几个月后，他又回到了位于东非大裂谷山区的训练圣地伊坦，与超过200名包括世界顶级选手和新手在内的肯尼亚马拉松运动员一起每周沿着小镇外的山间土路进行著名的法特莱克训练。这一训练方法的内容很简单：2分钟的全力跑和1分钟的慢速跑交替结合，并重复20次。如同在比赛一样，运动员们都会拼尽全力并尽量坚持到他们无法坚持为止。尽管他们中没人想要落在这名唯一的白人选手身后，库赛特还是通过努力以靠前的名次完成了训练。等他浑身沾满红土并大汗淋漓地慢跑回小镇时，很多运动员朝他鼓掌祝贺。他们告诉他，他现在可以朝着2小时05分的目标发起冲击了——这是信心和足足一小手推车咖啡因片提供的能量共同作用的结果。[19]

这种后天获得并可以转移的信念——如果他人能获得，那么我也可以获得——在最高水平的体育比赛中也能发挥作用。为什么几乎每一项人类耐力测试的纪录都在进一步被打破？你或许在想，这是我们在训练、营养、补水、恢复等方面的知识在不断进步，加上像冷冻疗法等神奇技术的发展共同作用的结果。但是人们同样热衷于将这些知识和技术运用到包括赛马和赛狗在内的非人类体育项目中。此外，由于部分国家和地区赌博的合法化，在当地，赛马的经济利益比人类耐力比赛的经济利益要大得多。在20世纪前半叶，纯种赛马和人类比赛的速度以相同的速率在提升。但是，根据诺丁汉大学研究学者戴维·加德纳在 2006 年的研究，自 1950 年以来，肯塔基赛马大会和埃普瑟姆德比赛马大会的获胜成绩一直没有提高。[20] 而在相同时期内，奥运会马拉松比赛等重大赛事的获胜成绩却提高了 15%。

赢得马拉松比赛和赛马比赛都属于生理上的成就。二者的差异在于马拉松冠军懂得超越现状，取得进步。肯塔基赛马大会中一匹叫作“秘书处”（Secretariat）的赛马于 1973 年创造的 1 分 59 秒 04 的纪录至今没有被打破。2001 年，一匹叫作莫纳克斯（Monarchos）的赛马成为肯塔基赛马大会中第二匹跑进 2 分钟的赛马，它以 5 个身位的领先优势赢得了比赛的冠军。那么它能够挑战“秘书处”的纪录吗？如果“秘书处”与莫纳克斯同台竞技的话或许有可能。但是只有人类懂得与虚拟的对手进行竞争：如果你知道某人在某地耗时 1 分 59 秒 04 跑过了某一距离，那么你知道你可以耗时 1 分 59 秒 03 来跑完同样的距离——你可以指导自己的训练并执行相应的比赛计划。

当然，相信你自己能够用 2 小时 05 分跑完马拉松和真正去实现这一目标是两回事。哲学家们也对合理信念与真正信念进行了区分。[21] 你可以有充分的理由相信某事（比如你的车现在在车库），即便最后事与愿违（因为它被偷了）。相反，你也可以无理由地相信某事，而结果心想事成（比如你真的抽到一张王牌）。根据一些哲学家的观点，知识要求的是合理的真正信念。对于运动员来说，获得对自己能力合理的真正信念的最简单的方法就是对自己的能力进行测试：无论你取得过什么成绩，你之后都可以多次取得相同的成绩。但是诺克斯、马卡拉及其他的学者提出了这样的问题：对我们大多数人而言，这种不断被证实的信念是否让我们不再重视我们真正的能力。其实，要想取得未知的成就——比如要将马拉松纪录提高 3 分钟，而不是埃鲁德·基普乔格希望的 3 秒钟——就需要一个富有想象力的突破。

在比赛中，即将到达 3.5 万米处时，选手们正在进行一段爬坡跑，这时库赛特冲到了方阵最前面。随着库赛特继续领跑，曾经跑出 2 小时 08 分成绩的尼克松 · 莫奇齐姆被渐渐甩在了后面，并退出了领跑方阵；后来他放弃了比赛。对于剩下的选手来说，他们必须逆着风继续向前。这时，库赛特的股四头肌开始有疼痛感，他的步伐开始变慢，并且有些踉跄。最后，在距离终点还有 2 英里多一点儿的时候，他的两位竞争对手——一位取得过 2 小时 07 分的成绩，另一位取得过 2 小时 05 分的成绩——开始加速，随后绝尘而去。随着库赛特在风中继续踉跄前行，毫无疑问，他将与打破国内纪录失之交臂。但是在媒体车上的记者们则很兴奋地在交谈着。尽管他的身体出现了糟糕的状况，但他还是以 2 小时 10 分 55 秒的成绩取得了第三名，这也是加拿大历史上第二快的马拉松成绩，同时他也取得了参加奥运会比赛的资格——但是让我思考的并不是他的成绩，而是他如何取得了这样的成绩。

本书并不是一本训练手册。但是如果不去思考如何突破人类耐力极限的最好方法，我们就无法弄清楚人类耐力极限的本质。最后，突破耐力极限最有效的方法依然是最简单的——简单到我们很少去提及它。如果你想跑得更快，那么没有什么方法比于 1991 年发文预测 2 小时马拉松挑战的梅奥诊所生理学家迈克尔 · 乔伊纳写下的那三句训练箴言更有效的了：

> 跑过足够多的里程
>
> 训练时的配速要快于比赛配速
>
> 偶尔休息 [22]

乔伊纳是世界上人类耐力生理学领域顶尖的专家之一，但是他戏称自己为“科技白丁”。在一次关于体育科技未来和运动表现提升的会议上，他拿出他那根古董式的 1972 年拳击手训练跳绳作为道具。相比日复一日、年复一年的更为基础性的大脑和身体训练任务来说，所有现代体育科学的噱头——高山帐篷、心率变异性追踪、生物工程运动饮料——不过是一点儿补充。

实际上，运动科技承诺的每一项结果在某些时候都会限制运动员的发挥。骑车时要保持某一具体的心率或功率输出的目标相当于强行维持匀速的配速：这虽然会减少精疲力竭的风险，但也剔除了取得突破性的可能。如同著名田径教练史蒂夫·马格内斯写的那样，依靠科技装备，比如佩戴具有 GPS 的手表进行跑步，“削弱了认知和行动之间的纽带”。[23] 生态心理学家经常使用摩托车骑行做例子。你可以通过摩托车的状态及路边飞驰而过的参照物来监测你的车速，或者你也可以通过时速表来监测车速。尽管后者更为精确，但是专家们认为它不是衡量你是否在安全骑行的一个很好的标准。同理，在进行自行车骑行时，你在决定加速或减速之前查看功率仪的行为实际上增加了一个额外的认知步骤，即依赖于外部并不完美的装置来决定你的感受，而不是依赖于你的感受本身。

假如训练的基本内涵很简单且被人们充分理解的话，那么关于大脑隐藏的能量储备的这项研究还能给我们带来新的发现吗？蒂姆·诺克斯对我说：“我想，所有伟大的教练还是会利用大脑的这一能力的。”但并不是所有人都有一名伟大的教练，或者都有教练。的确，我个人也认为我们大多数人能够找到更好的方法来利用那些“隐藏的能量”。尤其对于那些已经达到高水平并可能最大限度地发挥身体增益潜力的运动员来说，这也是进一步提高运动表现的一个未开发的领域。或许大脑训练、大脑刺激等方法真的会产生作用，并帮助人们预测和不断实现运动改善。又或许，我们不得不依靠自我鼓励等基础性的方法来发挥我们的信念效果。

当然，信念的作用经常被夸大。就如同在罗杰·班尼斯特证明4分钟跑完1英里是可能的之后，马上就出现了声称这一成绩很容易实现的自励书一样。老实说，训练就像蛋糕，而信念就是糖霜——但有时候正是这层薄薄的糖霜决定了蛋糕口味的好坏。自塞缪尔·马卡拉在2014年的研究显示简单的自我鼓励能够在自行车骑行测试中将运动至疲劳的时间延长之后，陆续又有研究证实了这一方法能够改变配速和吃力感的关系。英国的一项实地研究发现，自我鼓励式谈话训练能够增强在夜间举行的60英里艰苦的超级马拉松比赛中运动员的表现。[24] 本书第8章中描述的斯蒂芬·张的研究发现，在接受了针对炎热天气的自我鼓励式训练后，自行车运动员们在95华氏度高温天气下的比赛中的表现有所提高。如果在花费十年时间撰写了耐力训练最新研究的内容之后，我有机会回到过去改变我的训练内容的话，我想对那时充满疑惑的年轻的自己给予的最大建议就是进行自我鼓励式训练——同时勤奋训练，一丝不苟。

其实说到底，让我对以大脑为中心的耐力研究这一新浪潮感兴趣的并不是它提高运动表现的潜力。对于世界上数百万人而言，耐力挑战是介于爱好和成瘾之间的事物，是一种与健康无关的残酷的自我测试。为什么呢？如果体育竞赛只是血管输送能力比赛——测试谁的血管能够输送最多的氧气及供应最多的血液——那么竞赛本身就毫无悬念可言。因为只要比赛一次，你就会知道自己的耐力极限。但实际上事情并非这么简单。

我大一在田径队的时候曾经与一名我心仪的女子篮球队队员进行了一次令我沮丧的交谈。当时我和她都有比赛要参加，我们在讨论紧张的问题。她问："你为什么紧张？跑步虽然不像在尖叫的观众面前罚篮，但难道不是发令枪响后大家拼命向前跑，然后跑得快的人赢得比赛吗？”我试图向她解释每一场激烈的比赛都是突破身体耐力极限的尝试。如果我在 800 米训练中最多能跑 2 分 10 秒，那么在比赛中我有可能跑到 1 分 55 秒。你是无法预测你能如何利用身体隐藏的能量的，关于我到底能利用多少可以让比赛变得精彩和激烈的这些能量，我能做的只有等待（这个女孩儿从没跟我约会过）。

现在如果说我在赛前一点儿也不紧张则有些夸张，我只会稍微紧张一下而已。我在比赛开始前会提醒自己，我最大的竞争对手就是善意的大脑保护回路。20 年前我在舍布鲁克完成的 1 500 米比赛成绩的突破中领悟到了这一点，但是它对我的影响一直在带给我惊喜。我很渴望在未来学习到更多的关于大脑对哪些信号有反应，这些信号如何被处理，以及——是的——它们是否可以被改变等方面的知识。但是现在我清楚的一点是，当真相被揭开时，科学早已证实了运动员们一直遵循的道理：如果你愿意相信自己的话，你总是能取得更大的成就。

破 2

2017 年 5 月 6 日

在耐克公司的重装加持下，这场马拉松“破 2”的挑战变得让人感到既滑稽又无聊。如果一切按计划进行，那么挑战中将没有加速，没有突围，没有后来居上，甚至连比赛配速都没有一丝变化：比赛只有 3 名选手、领跑的箭头阵型和计时器。尽管它并不对公众开放，但该挑战赛还是成了意大利最炙手可热的非正式比赛。塞缪尔 · 马卡拉成长于距离蒙扎 25 英里远的小镇布斯托阿西齐奥，此时他从肯特大学学术休假回到老家照顾他的母亲。我在自己能力范围内想尽一切办法让他成为一名正式的媒体评论员，因为我十分想听到他对此次终极耐力测试的实时评论。在挑战将于早晨 5 点 45 分开始的那天，我 4 点钟给他发短信确定他是否会参与评论工作。他立刻回了消息说：“我正等着你的短信呢，一晚上都没睡！”

披着朝霞朦胧外衣的这座一级方程式赛车场最后的准备工作正在安静而又忙碌地进行。在经历了一段漫长且无眠的红眼航班旅程，为赶报道而忙忙碌碌了一整天，以及只休息了寥寥数小时之后，我已经度过了自己的疲劳期，在肾上腺素和涂抹了能多益巧克力酱的牛角面包的帮助下，我反而感到兴奋异常。当人们在推特上询问我对此次挑战的预测时，有时候我会回答基普乔格和耐克公司的胜率为1%~10%；有时我会贴上电影《洛奇3》中克拉伯·朗（T先生）大喊“预测？那就是无尽的痛苦”的动态图片。想到这一挑战，我自己的双腿就像灌了铅一样沉重，并且我自己有再熟悉不过的感受，我从长期的跑步生涯中明白这一挑战无关身体，而在于心理。我对基普乔格充满了同情与爱怜，我知道，他是主动来挑战人类未知的身体耐力极限的。

比赛开始后，运动员们很快就会维持一个固定且看上去毫不费力的配速。在半马挑战失败后，领跑的那辆特斯拉汽车配备了激光照射系统，能够在车后6米距离处的跑道上形成一块绿色箭头状楔形区域，为领跑者做引导。本次挑战赛配有30名领跑者，他们全都是世界上一流的马拉松运动员，且他们花了一整周的时间练习领跑阵型和交接。每跑完长度为1.5英里的一圈之后，6名领跑者中的3名便会向旁边散去，同时有3名替补者会从两边加进队伍。而基普乔格、塔德塞和德西萨则被动地以固定配速跟在后面，那些高度紧张且承担挑战失败风险的领跑者及他们的交接则成了这场挑战赛的主角。整个挑战赛如同一场毫不费力并令人有些昏昏欲睡的极简主义芭蕾舞。

但是变故很快就出现了——快到超出了所有人的想象。刚过10英里后，德西萨就开始落在了后面。然后，还不到半程时，塔德塞也落在了后面。在一场争分夺秒、全力以赴的挑战赛中，这意味着二人几乎没有机会挑战成功了。对于这场无论耐克公司事先怎样准备的盛大表演来说，其成功机会都突然变得渺茫起来。现在只剩下两种可能了，要么基普乔格挑战成功，要么整个表演彻底失败，而后者的可能性越来越大。最近几周我读过一些文章解释了为什么2小时跑完马拉松的目标是荒唐的，以及告诫人们如果运动员执意要以任性的配速参与挑战的话，那么他们将为自大付出沉重的代价。这些预言失败的事先警告让我感到担忧。

但是随着领跑者和他们唯一的追随者用 59 分 54 秒跑过半程，我突然感到一阵喜悦。我在推特上打出了这样一段话："基普乔格现在已经创造了半马比赛的最快成绩。"

从半程之后，我几乎没有再往笔记本上记东西。和所有现场观众及几百万在线观看的观众一样，我把精力全部都集中到了基普乔格身上——他轻盈的步伐、放松的脸颊及超冷静的目光吸引着所有人。起初，我们只希望他能坚持足够长的时间，赢得人们的尊重即可。但是随着他跑过一圈又一圈，以及时间一分一秒地流逝，我们越来越感觉我们将见证奇迹的发生——无论最后的结局如何，基普乔格的速度已经超过了所有人能够想象到的人类最快速度。在比赛 90 分钟过后，我发现马卡拉也在终点的人群当中。他惊讶地朝我挤了挤眉，我也朝他挤了挤眉。然后我们又安静地注视着赛道。此时无须多言。

我在直播间进行评论的时候心想："是的，他有可能完成挑战。"

等我穿过迷宫般的走廊，下楼来到赛道旁的时候，距比赛结束还剩下两圈——这时基普乔格开始令人难以察觉地步履蹒跚起来。他的脸部紧绷，偶尔的微笑流露出了痛苦的表情。领跑者的箭头队形有些松散，因为他们在决定是要跟上能完成"破 2"目标的特斯拉配速，还是要降速为基普乔格破风。而基普乔格此时的配速已经比其目标配速慢了 10 秒。

我想起在多米尼克 · 米克尔莱特的配速研究中提到的世界上最伟大的耐力运动员与那些 11 岁的少年有一个共同点，那就是他们在接近终点时还可以进行冲刺。基普乔格的双腿越来越沉重，他肌肉中积累的代谢物越来越多，且身体的能量储备越来越少，他的身体显示他已经到达耐力极限，无法再维持他的配速。但是当终点就在眼前时，他的大脑还能够激发其体内的隐藏能量来完成最后的冲刺吗？

基普乔格的脚步没有停下来，他没有像塔德塞和德西萨那样出现"撞墙"现象。而后两位则分别比他落后了6分钟和14分钟。但是他同样无法再加速了。在拼尽全力冲过终点后，基普乔格的成绩定格为2小时0分25秒。在停下来短暂休息后，他跑向了他的教练帕特里克·桑，后者没说一句话，只是紧紧地拥抱了他。随后，他轻轻地俯下身子，仰面躺在地上，用手捂住了眼睛。我身边的人都在欢笑、击掌并发出最激动的尖叫。尽管基普乔格没有成功"破2"，且由于配速问题也没有打破世界纪录，但我见证了对人类耐力极限的追求的一个具有划时代意义的时刻。由于基普乔格的表现，未来的马拉松成绩一定会改观。

在接下来的数周里，人们会无休止地讨论基普乔格这一突破性成绩背后的关键因素是什么。他所穿的新式跑鞋如果发挥了作用的话，到底发挥了多大作用呢？基普乔格在比赛最后关头使用的浓缩在特殊水凝胶里、能促进吸收的瑞士试验性运动饮料是否帮助他抵抗了疲劳？[1]那辆领跑的特斯拉汽车车顶上装载的巨大计时器是否激发了他体内隐藏的能量？如同小约翰·帕克的《雨中的3分58秒》一书里记述的那位1英里赛的主人公感叹的那样："他们想方设法地想知道这一突破背后的'秘密'是什么。"

甚至耐克公司也无法回答这些问题——倒不是因为这些问题属于机密（尽管本身是），而是他们也无法知晓答案。几周后，在丹佛召开的一次会议上，科罗拉多大学的学者沃特·胡格卡莫和罗杰·卡拉姆展示了他们对耐克公司这款新式跑鞋独立测试的结果。[2]结果表明，这款跑鞋可以平均提高4%的跑步经济性。然而这并不能证明它可以提高4%的马拉松成绩，除非你相信基普乔格穿普通跑鞋只能跑出 2 小时 05 分的成绩。此外，科学家们对外部优势发挥多大作用的看法也不尽相同。我粗略地估算了一下，这双跑鞋能够帮助他提高 1 分钟的成绩——当然这里面还包括基普乔格本身知道他穿的是世界上被测试过的最快的跑鞋这一心理优势。

然而在比赛结束后，我脑海里想的却是截然相反的一个问题：如果在最后两圈时他有竞争对手的话，那么他还能跑多快呢？我们知道，相较于与计时器赛跑，即便与虚拟的竞争对手一起比赛也可以提高 1%~2% 的运动表现。如果有对手和他一起比赛的话，他能否像常见的其他创造纪录的选手那样在比赛的最后关头发起冲刺呢？经过仔细考虑，我觉得答案是不太可能。耐克这一挑战赛的特点——提前熟知的比赛、狭小的场地及无须各种战术考量——足以让基普乔格充分发挥自己的能力。由于不用担心竞争对手施压，他可以放松地奔跑，直到精疲力竭。在 3 月的半马比赛中，他声称的只消耗了他 60% 体力的事实在这里也不适用。

在比赛结束几分钟后，他笑着承认："今天我耗尽了 100% 的体力，但是你知道的，我们都是人。"

然而对于那些熬夜或者半夜起床收看比赛直播的观众来说，正是他的人类脆弱性这一事实将这一比赛变成了一种扣人心弦的挑战。也正是这一点，让在自行车赛道上和山地越野赛道中遭遇耐力极限的我们与那些提升人类耐力极限的人连接在了一起。没有事情是必然的，也不是所有事情都可以简单地用数学去解释。我认为基普乔格与那些真正达到身体能力上限的人没有区别。他的表现让我对未来充满激动之情——因为正如他在蒙扎赛道群情激昂的人群中温文尔雅地肯定的那样："现在我们距离另一个全新的世界还有 25 秒远。"

致谢

对本书做出极大贡献的是那些本书中阐述其研究的科学家。我对他们深表感谢——既然书中提到了一些科学家的名字，在这里就不再一一感谢了——感谢他们对我邮件的回复，不厌其烦地通过电话为我解疑释惑，他们中有些人甚至还邀请我去他们的实验室进行体验。第 3 章中的图表数据由罗斯 · 塔克提供。蒂姆 · 诺克斯、塞缪尔 · 马卡拉、阿莱克西斯 · 梅杰、吉约姆 · 米列特、斯蒂芬 · 张、约翰 · 霍利、罗莉 · 哈泽、马丁 · 保罗斯、卡伊 · 卢茨和罗杰 · 卡拉姆，尤其是马克 · 伯恩利对本书手稿的准确性进行了校对。我个人对书中还存在的问题负责，但是若没有他们的帮助，存在的问题会更多。

我要感谢我的两位文稿代理人，威廉 · 莫罗出版社的瑞克 · 布罗德海德和皮特 · 哈伯德，是他们的指导和耐心让原本冗长、阅读性差的博客文章变成了一本真正的图书。我还要感谢《跑者世界》杂志的编辑们，尤其是克莉丝汀 · 芬尼西、杰里米 · 基恩、安东尼 · 利德盖特，他们通过给我安排报道来对本书进行支持。本书中出现的一些报道之前也发表于《跑者世界》杂志上，此外也发表于《纽约客》、《海象》杂志及《环球邮报》上。尽管我的报道在很多出版物上经过了大篇幅的修改，但是其中一些原创性的句子依然是我能够想到的最佳描述或解释。

得克萨斯大学奥斯汀分校 H. J. 拉彻尔 · 斯塔克体育文化运动中心（H. J. Lutcher Stark Center for Physical Culture & Sports）的辛迪 · 斯莱特帮我找到了一份苏联时期的晦涩研究，而根纳季 · 舍纳则慷慨地为我进行了翻译。我的叔叔沃尔夫 · 拉斯穆森在电话中帮我翻译了 19 世纪德国的期刊文章。

我对人体耐力（以及其他所有问题）的思考离不开与新闻界和其他领域的同事和前辈的交谈。因此，我尤其想感谢安比 · 波夫特、迈克尔 · 乔伊纳、大卫 · 爱泼斯坦、克里斯蒂 · 阿什万登、史蒂夫 · 马格内斯、布拉德 · 斯图尔伯格、乔纳森 · 瓦伊、泰瑞 · 洛夫林及斯科特 · 道格拉斯。没有和他们的交谈，我可能会很快就完成此书的创作，但是那样此书的价值会大打折扣。

最后，最重要的是，如果没有家人的支持，我将无法完成此书的创作。我的父母，莫伊拉和罗杰，不辞辛苦地帮我搜集材料和照顾孩子；从更深层次上说，他们在我生命中给予我的无法估量的支持使我能够实现我的作家梦。我还要对我生命中最亲密的朋友，也就是我的妻子劳伦，以及我的孩子们艾拉和娜塔丽说：感谢你们的付出！我爱你们！

注释

破 2　2017 年 5 月 6 日

1. 该数字为保守估计：根据耐克公司的官方统计，有 1 310 万人通过推特、脸书和优兔在线观看挑战直播。另外有 670 万人收看了第二周播放的挑战视频，这一数字并不包括大量观看挑战的中国观众人数（观看渠道未统计）。

2. 详见《应用生理学杂志》1991 年第 2 期第 70 卷上发表的《建模：基于生理因素的最佳马拉松表现》（"Modeling: Optimal Marathon Performance on the Basis of Physiological Factors"）一文。

3. 这一细节和其他细节是从与乔伊纳的多次谈话中得知的，但是他在《跑者世界》杂志官网上发表的《请相信：马拉松"破 2"很快就会实现》（"Believe It: A Sub-2 Marathon Is Coming"）一文中反复提及了这一细节。

4. 详见迈克尔·乔伊纳等人发表在 2011 年《应用生理学杂志》第 110 卷（第 275—277 页）的《两小时的马拉松：由谁在什么时间实现？》（"The Two-Hour Marathon: Who and When?"）一文；同期还刊登了 38 种回应。

5. 详见 2014 年 11 月发表于《跑者世界》杂志的《马拉松“破 2”需要什么条件？》（“What Will It Take to Run a 2-Hour Marathon?”）一文。

6. 在《福布斯》杂志发布的全球体育品牌 40 强价值排行榜中，耐克公司的市值为 150 亿美元，遥遥领先排名第二的娱乐体育节目电视网（ESPN）。

第 1 章　耐力不仅仅是自我控制

1. 出自鲁德亚德·吉卜林《报答与仙女们》（*Rewards and Fairies*）作品集里的诗《如果》（“If—”）（伦敦：麦克米伦出版社，1910）。

2. 详见 2004 年 1 月 26 日塞巴斯蒂安·科（Sebastian Coe）在《每日电讯报》发表的《兰迪：真正的惜败之人》（“Landy the Nearly Man”）一文。

3. 在尼尔·巴斯科姆（Neal Bascomb）的《完美一英里》（*The Perfect Mile*）（伦敦：柯林斯维罗出版社，2004）一书中被引用。这一权威的解释也说明了兰迪随后比赛中的一些细节问题。

4. 详见阿尔弗雷德·兰辛（Alfred Lansing）的《耐力》（*Endurance*）（纽约：基础读物出版社，1959）一书。

5. 马卡拉根据罗伊·鲍迈斯特（Roy Baumeister）等人于 2007 年在《心理科学研究的现状》第 6 期第 16 卷上发表的《自我控制的优点模式》（“The Strength Model of Self-Control”）一文中提出的体力定义的基础上提出了“吃力的认知过程”这一定义。

6. 详见科克·盖恩斯（Cork Gaines）2015 年 6 月 4 日在商业内幕（*Business Insider*）网上发表的《自 2010 年以来勒布朗·詹姆斯的出场时间要比其

他任何一位美职篮球运动员都多，而且要多得多》(“LeBron James Has Played More Minutes Than Anyone in the NBA Since 2010, and It Isn’t Even Close”) 一文；美联社 2015 年 5 月 25 日刊登的汤姆·威瑟斯（Tom Withers）的《勒布朗·詹姆斯在战胜老鹰队的比赛中累到筋疲力尽》(“LeBron James Pushes Himself to Total Exhaustion in Win Over Hawks”) 一文；以及《体育画报》2015 年 6 月 12 日刊登的克里斯·曼尼克斯（Chris Mannix）的《詹姆斯率领的骑士队还有体能储备来备战决赛吗？》(“Do LeBron, Cavaliers Have Enough Left in the Tank to Survive NBA Finals？”) 一文。

7. www.SpeedEndurance.com 网站于 2009 年 8 月 21 日和 2010 年 3 月 17 日分别刊登的文章，即吉姆森·李（Jimson Lee）的《尤塞恩·博尔特 200 米比赛的分段时间、速度储备和速度耐力》(“Usain Bolt 200 Meter Splits, Speed Reserve and Speed Endurance”) 及《有记载以来的最高速度和最快衰减》(“From the Archives: Maximal Speed and Deceleration”)；罗尔夫·格拉博纳（Rolf Graubner）和埃伯哈德·尼克斯德福（Eberhard Nixdorf）于 2011 年在《田径新研究》第 2 期第 1 卷上发表的《2009 年世界田径锦标赛中短跑和跨栏项目的生物力学分析》(“Biomechanical Analysis of the Sprint and Hurdles Events at the 2009 IAAF World Championships in Athletics”) 一文。

8. 博尔特比赛后程的加速可以理解为他的最高速度比别人更快，这样即便是在最后 20 米与其他选手同样降速，他也可以一骑绝尘。但是专家得出的一致结论为，他尤其擅长在后程进行“速度保持”。

9. 详见伊斯雷尔·霍尔珀林（I. Halperin）等人于 2014 年在《欧洲应用生理学杂志》第 7 期第 114 卷上发表的《在重复最大自主肌肉收缩中的配速策略》

（“Pacing Strategies During Repeated Maximal Voluntary Contractions”）一文。

10. 关于与 1 英里“破 4”挑战的对比，详见 2017 年 5 月 5 日 www.Psych-Central.com 网站上刊登的克莱尔·德罗迪克-娜娜（Claire Dorotik-Nana）的《4 分钟 1 英里赛、2 小时马拉松赛，以及成绩认可障碍的危险》（“The Four Minute Mile, the Two Hour Marathon, and the Danger of Glass Ceilings”）一文。关于怀疑的观点，详见 2013 年 5 月 6 日 www.LetsRun.com 网站上刊登的罗伯特·约翰逊（Robert Johnson）的《马拉松“破 2”的秘密》（“The Myth of the Sub-2-Hour Marathon”）一文，以及罗斯·塔克在体育科学（Science of Sport）网站上发表的《马拉松“破 2”和 1 英里赛“破 4”》（“The 2-Hour Marathon and the 4-Min Mile”）一文。

11. 详见迈克尔·希尔德（Michael Heald）于 2012 年夏天在《螺旋桨》（*Propeller*）杂志上发表的《应该像数学那样有规律可循》（“It Should Be Mathematical”）一文。

第 2 章　人体是一部机器

1. 关于沃斯利 2009 年探险和沙克尔顿 1909 年探险的内容均来自沃斯利于 2011 年所著的《追随沙克尔顿的脚步》（*In Shackleton's Footsteps*）一书，若有例外另行注释。

2. 这一数字经常被认为是“97 英里”，由于沙克尔顿（和沃斯利）当时使用海里为单位来报告距离，比我们更熟悉的法定英里要长 15%。本书所有的距离单位都为法定英里单位，若有例外另行注释。

3. 详见英国广播公司 2016 年 1 月 26 日《新闻之夜》(*Newsnight*)的采访。

4. 详见蒂姆·诺克斯在 2006 年《心脏基础学研究》(*Basic Research in Cardiology*)第 101 卷(第 408—417 页)上发表的《耐力运动的极限》("The Limits of Endurance Exercise")一文。同时也参见诺克斯的《缺氧与血液循环》(*Hypoxia and the Circulation*)一书,编辑为 R. C. 罗奇(R. C. Roach)等人(纽约:施普林格出版社,2007)。

5. 详见弗雷德里克·霍普金斯和沃尔特·弗莱彻于 1907 年在《生理学期刊》第 4 期第 35 卷中发表的《两栖动物肌肉中的乳酸》("Lactic Acid in Amphibian Muscle")一文。

6. 详见 L. B. 格拉登(L. B. Gladden)于 2004 年在《生理学期刊》第 1 期第 558 卷上发表的《乳酸代谢:第三个千禧年的新范式》("Lactate Metabolism: A New Paradigm for the Third Millennium")一文。

7. 这一描述出现在很多现代教材中[比如,查尔斯·M. 蒂普顿(Charles M. Tipton)于 2014 年编辑的《运动生理学史》(*The History of Exercise Physiology*)一书],但是它的出处很难去验证。贝采利乌斯于 1808 年第一次发表了他对从被屠宰动物的肌肉中提取出的乳酸的发现[详见他的瑞典语著作《动物化学讲稿》(*Forelasningar i Djurkemien*)第 176 页],但是很多化学家并不买账。1846 年,当德国化学家尤斯蒂斯·冯·李比希声称自己发现了这一现象时,贝采利乌斯愤怒地回击称自己在 1807 年就发现了这一现象[详见 1848 年《化学和矿物学发展年度报告》(*Jahresbericht über die Fortschritte der Chemie und Mineralogie*)第 586 页]。但是贝采利乌斯自己从未公开发表声明称乳酸浓度取决于死前的运动剧烈程度这一观点。相反,贝采利乌斯的发现的第一次公开发表出现在 1842 年卡尔·莱曼所著的教科书《生理化学教材》(*Lehrbuch der physiologischen Chemie*)中的第 285 页。1859 年，生理学家埃米尔·杜·博伊斯·耶蒙德（Emil du Bois-Reymond）写信给莱曼询问这一描述的出处。莱曼回答说，是贝采利乌斯写信给自己告知了被捕获的动物肌肉中乳酸浓度要高于正常值，而那些死前腿部被夹板固定的动物的肌肉中的乳酸浓度则较少[详见 1859 年《实用化学期刊》(*Journal für praktische Chemie*)第 240 页；该描述重印于 1877 年的《普通肌肉神经医学论文集》(*Gesammelte Abhandlungen zur allgemeinen Muskelund Nervenphysik*)中的第 32 页，并标注来源于私人信件]。

8. 在理解乳酸时经常被提及的概念是由斯万特·阿累尼乌斯提出的，这一概念来自帮助他获得 1903 年诺贝尔化学奖的研究。

9. 根据本特·索伦·约根森（Bent Søren Jørgensen）于 1965 年在《化学教育期刊》(*Journal of Chemical Education*)第 7 期第 42 卷上发表的《详探贝采利乌斯和活力论》("More on Berzelius and the Vital Force")一文，贝采利乌斯曾经支持和拓展了不同的"活力论"观点。

10. 详见李大斐（Dorothy Needham）所著的《马奇纳·卡尼斯》(*Machina Carnis*)一书（剑桥大学出版社，1972）。

11. 琳达·格迪斯（Linda Geddes）于 2016 年 1 月 27 日在《自然》杂志上发表的《可佩戴汗液传感器为实时身体化学分析打下基础》("Wearable Sweat Sensor Paves Way for Real-Time Analysis of Body Chemistry")一文。尽管我们还不清楚汗液中的乳酸盐水平与血液或肌肉的状况有多紧密的联系。

12. 详见克里斯托弗·索恩（Christopher Thorne）于 1989 年在《田径统计》(*Track Stats*)第 3 期第 27 卷上发表的《三一学院伟大的环校园跑：事实》

（“Trinity Great Court Run: The Facts”）一文。关于环校园跑的路线有不同的“正确”说法，所以，弗莱彻抄近路的做法并不是他品格有问题的表现。

13. 详见伦纳德·希尔于 1908 年在《英国医学杂志》第 2492 期第 2 卷上发表的《氧气和肌肉运动治疗方法》（“Oxygen And Muscular Exercise as a Form of Treatment”）一文。

14. 详见《纽约时报》1943 年 10 月 23 日发表的《英国游泳运动员杰贝兹·沃尔夫逝世，享年 66 岁》（“Jabez Wolffe Dead: English Swimmer, 66”）一文。

15. 详见约翰·霍伯曼（John Hoberman）在《运动能力提高、人性和道德》（*Athletic Enhancement, Human Nature, and Ethics*）一书（纽约施普林格出版社，2013）第 263 页引用的 T. S. 克劳森（T. S. Clouson）于 1883 年 12 月在《大众科学》月刊上发表的《从医学角度看待女性教育》（“Female Education from a Medical Point of View”）一文（第 215 页）。

16. 详见威廉·范德克鲁特（William Van der Kloot）在 2011 年《皇家学会记录与回顾》（*Notes & Records of the Royal Society*）第 65 卷（第 393—410 页）上发表的《镜子与烟雾：A. V. 希尔、他的敌人和“一战”中高射机枪科学》（“Mirrors and Smoke: A. V. Hill, His Brigands, and the Science of Anti-Aircraft Gunnery in World War I”）一文。

17. 详见 A. V. 希尔和哈特利·勒普顿于 1923 年在《医学季刊》第 62 期第 16 卷上发表的《肌肉运动、乳酸和氧气的供给与利用》（“Muscular Exercise, Lactic Acid, and the Supply and Utilization of Oxygen”）一文。随后章节的相关内容也来自该文，如有例外另行注释。

18. 详见 A. V. 希尔所著的《肌肉活动》（*Muscular Activity*）一书（巴尔的摩:

威廉斯·威尔金斯出版社，1925）。

19. 在希尔 1923 年发表于《医学季刊》的文章中，他解释说该实验是在“周长为 92.5 码的环形草地跑道上完成的”。作为希尔在曼彻斯特大学的研究的合作者兼测试者的休·隆（Hugh Long）回忆说：“我们上楼和下楼跑步，或者围绕教授的后院跑步，研究人员间隔性地从我胳膊中抽取健康血样。”详见 1978 年《英国皇家学会院士传记回忆录》第 24 卷《阿奇博尔德·维维安·希尔：1886 年 9 月 26 日—1977 年 6 月 3 日》（“Archibald Vivian Hill. 26 September 1886—3 June 1977”）一文中的第 71—149 页。

20. 详见希尔的《肌肉活动》一书第 98 页。

21. 详见希尔 1925 年 10 月 10 日发表于《自然》杂志上的《运动记录的生理基础》（“The Physiological Basis of Athletic Records”）一文。关于希尔的肌肉黏滞性观点，参见《人体肌肉运动》（*Muscular Movement in Man*）一书（纽约：麦格劳-希尔出版公司，1927）。关于钝钢锯片计时装置的细节，参见希尔 1927 年 8 月发表于《科学美国人》上的《运动员们是机器吗？》（“Are Athletes Machines?”）一文。

22. 详见斯特凡诺·哈特菲尔德（Stefano Hatfield）2016 年 1 月 31 日发表于《独立报》上的《媒体上看不到的南极探险家亨利·沃斯利的另一面》（“This Is the Side of Antarctic Explorer Henry Worsley That the Media Shies Away From”）一文。

23. 详见爱德华·埃文斯（Edward Evans）所著的《与斯科特一起向南极进发》（*South with Scott*）一书（伦敦：柯林斯出版社，1921）。

24. 详见刘易斯·哈尔西（Lewis Halsey）和迈克·斯特劳德（Mike Stroud）于

2011 年在《当代生物学》第 12 期第 21 卷上发表的《斯科特凭借当今的生理学知识能存活下来吗？》（“Could Scott Have Survived with Today’s Physiological Knowledge?”）一文。

25. 详见希尔的《人体肌肉运动》一书。

26. 详见 A. V. 希尔、C. N. H. 隆和 H. 勒普顿于 1924 年在《皇家学会报告》（*Proceedings of the Royal Society*）B 刊第 96 卷（第 438—475 页）上发表的《肌肉运动、乳酸和氧气的供给与利用》（“Muscular Exercise, Lactic Acid, and the Supply and Utilization of Oxygen”）一文。

27. 详见查尔斯·蒂普顿编辑的《运动生理学史》一书（伊利诺伊州香槟市：人体动力学出版社，2014）。

28. 详见由小大卫·巴塞特（David Bassett Jr.）2002 年在《应用生理学杂志》第 5 期第 93 卷上发表的《A. V. 希尔的科学贡献：运动生理学先驱》（“Scientific Contributions of A. V. Hill: Exercise Physiology Pioneer”）一文。

29. 详见艾莉森·乌瑞恩（Alison Wrynn）于 2010 年在《历史上的体育》（*Sport in History*）第 1 期第 30 卷上发表的《美国运动成绩的科学研究》（“The Scientific Study of American Athletic Performance”）一文。

30. 详见 S. 罗宾森（S. Robinson）等人于 1937 年在《科学》杂志第 2208 期第 85 卷上发表的《人类能力新纪录》（“New Records in Human Power”）一文。

31. 详见《生物学史杂志》（*Journal of the History of Biology*）2015 年第 48 卷（第 391—423 页）上发表的《运动的能力和能力的运动：哈佛大学疲劳

实验室、长跑和消失的工作》(“The Power of Exercise and the Exercise of Power: The Harvard Fatigue Laboratory, Distance Running, and the Disappearance of Work”)一文。

32. 详见 A. D. 霍普金斯(A. D. Hopkins)1985 年发表于《内华达》(*Nevada*)杂志 5 月和 6 月刊的《胡佛水坝：传奇的建造者们》(“Hoover Dam: The Legend Builders”)一文；安德鲁·邓巴(Andrew Dunbar)和丹尼斯·麦克布莱德(Dennis McBride)合著的《建造胡佛水坝：大萧条之口述史》(*Building Hoover Dam: An Oral History of the Great Depression*)一书(拉斯韦加斯内华达大学出版社，2001)。

33. 详见托德·塔克(Todd Tucker)所著的《伟大的饥饿实验》(*The Great Starvation Experiment*)一书(明尼阿波里斯：明尼苏达大学出版社，2006)。

34. 详见亨利·朗斯特里特·泰勒(Henry Longstreet Taylor)等人于 1955 年在《应用生理学杂志》第 1 期第 8 卷上发表的《最大摄氧量是心肺功能的客观测量手段》(“Maximal Oxygen Intake as an Objective Measure of Cardio-Respiratory Performance”)一文。

35. 详见 W. P. 利里(W. P. Leary)和 C. H. 温德姆(C. H. Wyndham)于 1965 年在《南非医学杂志》(*South African Medical Journal*)第 29 期第 39 卷上发表的《世界级白人运动员和班图族运动员的最大体力能力》(“The Capacity for Maximum Physical Effort of Caucasian and Bantu Athletes of International Class”)一文。

36. 详见希尔的《人体肌肉运动》一书。

37. 详见 A. V. 希尔、C. N. H. 隆和 H. 勒普顿 1924 年在《皇家学会报告》B 刊第 97 卷（第 84—138 页）上发表的《肌肉运动、乳酸和氧气的供给与利用》一文。

38. 详见与迈克尔·乔伊纳的访谈，以及埃德·凯撒（Ed Caesar）所著的《两小时》一书（纽约：企鹅出版社，2015）。

39. 沃斯利的遗孀乔安娜·沃斯利（Joanna Worsley）说溃疡引发的感染最终夺去了他的生命：详见汤姆·罗利（Tom Rowley）2017 年 1 月 7 日在《每日电讯报》上发表的《探险家亨利·沃斯利的遗孀计划前往南极告别亡夫》（“Explorer Henry Worsley’s Widow Plans Antarctic Voyage to Say a ‘Final Goodbye’”）一文。

40. 详见吉尔·荷马（Jill Homer）2016 年 1 月 26 日在《卫报》上发表的《亨利·沃斯利和生死关头的耐力心理学》（“Henry Worsley and the Psychology of Endurance in Life or Death Situations”）一文。

41. 详见希尔的《人体肌肉运动》一书。

42. 详见我 2010 年拜访位于开普敦的诺克斯实验室的记录。

第 3 章　大脑的控制力

1. 详见麦肯齐·洛比·哈维（Mackenzie Lobby Havey）2014 年 12 月 12 日发表于《大西洋月刊》（*The Atlantic*）上的《远离癫痫》（“Running from the Seizures”）一文；以及克里斯·格雷格提曼斯（Chris Gragtmans）在《蓝岭户外》（*Blue Ridge Outdoors*）杂志上发表的《戴安·范·黛伦创造山

海步道越野赛新纪录》（“Diane Van Deren's Record-Setting MST Run”）一文。关于黛伦的背景故事，参见比尔·唐纳休（Bill Donahue）在《跑者世界》杂志上发表的《修复黛伦的大脑》（“Fixing Diane's Brain”）一文；约翰·布兰奇（John Branch）2009 年 7 月 8 日在《纽约时报》上发表的《大脑手术解放了跑者，但也增加了障碍》（“Brain Surgery Frees Runner, but Raises Barriers”）一文；以及欧塔·科比（Hoda Kotb）所著的《十年之后》（*Ten Years Later*）一书（纽约：西蒙与舒斯特出版社，2013）。

2. 大部分自传细节都来自我对他的采访，其他一些细节来自 2012 年他与迈克尔·威利斯马斯（Michael Vlismas）合著的回忆录《充满挑战的信念》（*Challenging Beliefs*）一书。

3. 详见 1977 年《纽约科学院年鉴》第 301 卷上关于“马拉松：生理学、医学、流行病学及心理学研究大会”（The Marathon: Physiological, Medical, Epidemiological, and Psychological Studies）的会议记录。

4. 详见诺克斯对该事例的最初报道，即发表于《圣安东尼奥跑步者》（*SA Runner*）杂志上的《战友马拉松比赛又一次创造医学历史》（“Comrades Makes Medical History—Again”）一文。而该事例第一次出现在科学刊物上是 1985 年《体育运动科学与医学》第 3 期第 17 卷上刊登的由蒂姆·诺克斯等人所著的《水中毒：耐力运动中可能出现的症状》（“Water Intoxication: A Possible Complication During Endurance Exercise”）一文。

5. 尽管在耐力运动中由低钠血症造成的确切死亡人数很难统计，但是 2007 年的一项研究统计了 8 例被证实了的死亡案例及 4 例未被证实的死亡案例：详见米切尔·罗斯内（Mitchell Rosner）和贾斯汀·科尔文（Justin Kirven）2007 年在《美国肾脏病学会临床杂志》（*Clinical Journal of the American*

Society of Nephrology）第 1 期第 2 卷上发表的《由运动引起的低钠血症》（“Exercise-Associated Hyponatremia”）一文。

6. 详见蒂姆 · 诺克斯 1988 年发表于《体育运动科学与医学》第 4 期第 20 卷上的《预测运动员能力的运动测试启示：当代观点》（“Implications of Exercise Testing for Prediction of Athletic Performance: A Contemporary Perspective”）一文。

7. 该书经过多次再版，出版于 2002 年的第 4 版共有 944 页。

8. 详见发表于 1997 年《体育运动科学与医学》第 5 期第 29 卷的《充满挑战的信念：非洲总会带来新发现》（“Challenging Beliefs: Ex Africa Semper Aliquid Novi”）一文。

9. 详见 1868 年《马萨诸塞州医学协会论文集》（*Publications of the Massachusetts Medical Society*）第 3 期第 2 卷上发表的《“铁棍刺穿头部后的恢复 》（“Recovery from the Passage of an Iron Bar through the Head”）一文。

10. 详见哈维的《远离癫痫》一文。

11. 详见欧塔 · 科比所著的《十年之后》。

12. 详见《国家地理》杂志 2009 年 12 月和 2010 年 1 月发表的安德里亚 · 梅纳塞克（Andrea Minarcek）的《永不放弃》（“Going the Distance”）一文。

13. 战友马拉松赛创办于 1921 年，2010 年因 16 480 名参赛者中有 14 343 名在 21 小时内完赛入选了吉尼斯世界纪录。根据其官方网站 www.comrades.com 的记录，在载入吉尼斯世界纪录之前，仅 2000 年就有超过 20 000 人完赛。

14. 在1998年《体育运动科学与医学》第9期第30卷中发表的《最大氧气摄取："传统"理论与"当代"理论：反驳》("Maximal Oxygen Uptake: 'Classical' versus 'Contemporary' Viewpoints: A Rebuttal")一文里，诺克斯写道："新提出的生理理论模式认为，骨骼肌的运动是由某一'中枢管理机制'控制的，这一机制会预防在最大强度的运动中骨骼肌出现厌氧运动之前出现的心肌缺血症状。"

15. 详见蒂姆·诺克斯、艾伦·圣克莱尔·吉布森和E. V. 兰伯特(E. V. Lambert)2004年在《英国运动医学杂志》第4期第38卷上发表的《从灾难到复杂理论：人类运动中吃力和疲劳的综合中枢神经控制新模式》("From Catastrophe to Complexity: A Novel Model of Integrative Central Neural Regulation of Effort and Fatigue During Exercise in Humans")一文。

16. 详见 2004年《比较生物化学与生理学——第二部分》(*Comparative Biochemistry and Physiology - Part B*)第4期第139卷上发表的《运动引发的低钠血症的预期调节及危害避免》("Anticipatory Regulation and Avoidance of Catastrophe During Exercise-Induced Hyperthermia")一文。

17. 详见B. 尼尔森(B. Nielsen)等人于1993年在《生理学期刊》第460卷(第467—485页)上发表的《适应高温和在炎热、干燥环境下运动的人体循环和体温调节》("Human Circulatory and Thermoregulatory Adaptations with Heat Acclimation and Exercise in a Hot, Dry Environment")一文；J. 冈萨雷斯-阿隆索(J. González-Alonso)等人于1999年在《应用生理学杂志》第3期第86卷上发表的《高温长时间运动中体温对疲劳产生的影响》("Influence of Body Temperature on the Development of Fatigue During

Prolonged Exercise in the Heat”）一文。

18. 详见罗斯·塔克等人于 2004 年在《欧洲生理学期刊》（*Pflügers Archiv*）第 4 期第 448 卷上发表的《高温中运动能力降低与骨骼肌运动的预见性降低有关》（“Impaired Exercise Performance in the Heat Is Associated with an Anticipatory Reduction in Skeletal Muscle Recruitment”）一文。

19. 详见蒂姆·诺克斯 2009 年在《应用生理学杂志》第 106 卷（第 737—738 页）上发表的《骨骼肌补充的减少解释在高海拔运动中出现乳酸盐悖论观点的证据》（“Evidence That Reduced Skeletal Muscle Recruitment Explains the Lactate Paradox During Exercise at High Altitude”）一文。

20. 详见 J. M. 卡特（J. M. Carter）等人于 2004 年在《体育运动科学与医学》第 12 期第 36 卷上发表的《碳水化合物漱口对 1 小时自行车计时赛表现的影响》（“The Effect of Carbohydrate Mouth Rinse on 1-h Cycle Time Trial Performance”）一文。

21. 详见卢卡斯·贝斯（Lukas Beis）等人在《临床运动医学杂志》（*Clinical Journal of Sports Medicine*）第 3 期第 22 卷上发表的《优秀男性马拉松运动员在比赛中的补水行为》（“Drinking Behaviors of Elite Male Runners During Marathon Competition”）一文。

22. 详见 A. R. 梅杰等人于 2010 年在《应用生理学杂志》第 1 期第 108 卷上发表的《对乙酰氨基酚对自行车计时赛成绩的影响》（“Influence of Acetaminophen on Performance During Time Trial Cycling”）一文。

23. 详见罗斯·塔克等人于 2006 年在《国际运动生理学与运动表现期刊》第 3 期第 1 卷上发表的《创造世界纪录的男子田径比赛中配速策略的分析》

（“An Analysis of Pacing Strategies During Men’s World-Record Performances in Track Athletics”）一文。

24. 这一细节和其他细节来自米克尔莱特 2015 年 9 月在肯特大学耐力研究会议上的发言。

25. 详见多米尼克·米克尔莱特等人 2012 年在《体育运动科学与医学》第 2 期第 44 卷上发表的《不同年龄和认知水平的学龄儿童的配速策略不同》（“Pacing Strategy in Schoolchildren Differs with Age and Cognitive Development”）一文。

26. 详见埃里克·艾伦（Eric Allen）等人 2016 年在《管理科学》杂志第 6 期63卷上发表的《有据可依的倾向：来自马拉松运动员的证据（“Reference-Dependent Preferences: Evidence from Marathon Runners”）一文。

27. 详见蒂姆·诺克斯 2008 年在《英国运动医学杂志》第 7 期第 42 卷上发表的《最大摄氧量测试产生了一套愚蠢的人类运动表现理论模型》（“Testing for Maximum Oxygen Consumption Has Produced a Brainless Model of Human Exercise Performance”）一文。

28. 详见罗伊·谢帕德 2010 年在《运动医学》第 1 期第 40 卷（*Sports Medicine*）上发表的《作者的回复》（“The Author’s Reply”）一文。

29. 详见比尔·吉福德（Bill Gifford）2016 年 12 月 8 日在《户外》杂志上发表的《一位反对低碳水饮食者的噤声》（“The Silencing of a Low-Carb Rebel”）一文。

30. 详见 E. B. 方特斯（E. B. Fontes）等人于 2015 年在《英国运动医学杂志》第 8 期第 49 卷上发表的《自行车运动中的大脑活动和吃力感：一项功能性核

磁共振成像研究》(“Brain Activity and Perceived Exertion During Cycling Exercise: An fMRI Study”)一文。

31. 详见 L. 赫尔提(L. Hilty)等人 2011 年在《欧洲神经科学杂志》(*European Journal of Neuroscience*)第 12 期第 34 卷上发表的《自行车运动中由疲劳引起的中 / 前脑岛和运动皮层之间的皮层联系的增强》(“Fatigue-Induced Increase in Intracortical Communication Between Mid/Anterior Insular and Motor Cortex During Cycling Exercise”)一文。

第 4 章　心理疲劳与主动放弃

1. 我在《跑者世界》杂志 2013 年 10 月刊中记录了这次旅程及我参加马卡拉大脑耐力训练的相关经历。

2. 详见尼古拉斯 · 巴卡勒(Nicholas Bakalar)2009 年 3 月 9 日在《纽约时报》上刊登的《行为:心理疲劳能够引发身体疲劳》(“Behavior: Mental Fatigue Can Lead to Physical Kind”)一文;塞缪尔 · 马卡拉等人 2009 年在《应用生理学杂志》第 3 期第 106 卷上发表的《心理疲劳会阻碍人类身体表现》(“Mental Fatigue Impairs Physical Performance in Humans”)一文。

3. 详见古纳 · 柏格 1982 年在《体育运动科学与医学》第 5 期第 14 卷上发表的《吃力感的心理物理学基础》(“Psychophysical Bases of Perceived Exertion”)一文。

4. 详见《行为实验分析杂志》1986 年第 1 期第 46 卷上刊登的《金钱与痛苦:人类矛盾的实验性研究》(“Money Versus Pain: Experimental Study of a Conflict in Humans”)一文。

5. 详见塞缪尔·马卡拉和沃尔特·斯塔亚诺 2010 年在《欧洲应用生理学杂志》第 4 期第 109 卷上发表的《人类运动耐力极限：大脑控制肌肉？》（"The Limits to Exercise Tolerance in Humans: Mind over Muscle?"）一文。

6. 详见克里斯·阿比斯（Chris Abbiss）和保罗·劳尔森（Paul Laursen）2005 年在《运动医学》第 10 期第 35 卷上发表的《解释长时间自行车运动疲劳的理论模式》（"Models to Explain Fatigue During Prolonged Cycling"）一文。

7. 参见《疲劳》1904 年的英文译本。细节参见卡米洛·迪·朱里奥（Camillo Di Giulio）等人 2006 年在《生理学教育进展》第 2 期第 30 卷上发表的《安吉罗·莫索和肌肉疲劳：第一届生理学家大会召开的 116 年后：国际生理科学联合会庆典》（"Angelo Mosso and Muscular Fatigue: 116 years After the First Congress of Physiologists: IUPS Commemoration"）一文。

8. 蒂姆·诺克斯认为莫索的观点被 A. V. 希尔的观点代替了。详见 2012 年 4 月 11 日在《生理学前沿》上发表的《疲劳是由大脑驱动的情感，它调控运动来确保身体的内稳态》（"Fatigue Is a Brain-Derived Emotion That Regulates the Exercise Behavior to Ensure the Protection of Whole Body Homeostasis"）一文。

9. 详见尼克·乔伊斯（Nick Joyce）和戴维·贝克（David Baker）2008 年发表在《美国心理学会通讯》（*Monitor on Psychology*）7 月和 8 月刊上的《运动心理学的早期》（"The Early Days of Sports Psychology"）一文。

10. 详见《美国心理学杂志》1898 年第 4 期第 9 卷上发表的《配速制定和竞争中的动力因素》（"The Dynamogenic Factors in Pacemaking and Competition"）一文。

11. 详见弗里茨·斯特劳克（Fritz Strack）等人 1988 年在《人格与社会心理学杂志》（*Journal of Personality and Social Psychology*）第 5 期第 54 卷上发表的《人类微笑的抑制和促进条件：面部反馈假设的非强制性测试》（“Inhibiting and Facilitating Conditions of the Human Smile: A Nonobtrusive Test of the Facial Feedback Hypothesis”）一文。

12. H. M. 德莫里（H. M. de Morree）和塞缪尔·马卡拉 2010 年在《生物心理学》第 3 期第 85 卷上发表的《吃力的面孔：皱眉肌肉活动反映出身体运动的吃力情况》（“The Face of Effort: Frowning Muscle Activity Reflects Effort During a Physical Task”）一文，以及 2012 年在《欧洲应用生理学杂志》第 5 期第 112 卷上发表的《持续自行车运动中的皱眉肌肉活动和吃力感》（“Frowning Muscle Activity and Perception of Effort During Constant-Workload Cycling”）一文。

13. 详见黄鼎豪（Ding-Hau Huang）等人 2014 年在《体育科学与医学杂志》（*Journal of Sports Science and Medicine*）第 4 期第 13 卷上发表的《皱眉和牙关紧闭肌肉活动反映了强度逐渐增加的蹬骑运动中的吃力感》（“Frowning and Jaw Clenching Muscle Activity Reflects the Perception of Effort During Incremental Workload Cycling”）一文。

14. 详见特克斯·莫尔（Tex Maule）1959 年 6 月 15 日在《体育画报》上发表的《痛苦既带来沮丧又带来希望》（“It’ s Agony, Upsets and Hopes”）一文。

15. 详见 A. 布兰奇菲尔德（A. Blanchfield）等人在 2014 年 12 月 11 日《人类神经科学前沿》（*Frontiers in Human Neuroscience*）上发表的《与情感和行动有关的无意识视觉提示能改变吃力感和耐力表现》（“Non-Conscious Visual Cues Related to Affect and Action Alter Perception of Effort and

Endurance Performance”）一文。

16. 详见 A. 布兰奇菲尔德等人 2014 年在《体育运动科学与医学》第 5 期第 46 卷上发表的《自我鼓励消除精疲力竭：自我鼓励对耐力表现的影响》（“Talking Yourself Out of Exhaustion: The Effects of Self-Talk on Endurance Performance”）一文。

17. 详见 F. C. 沃德纳（F. C. Wardenaar）等人 2017 年在《国际运动营养学和训练新陈代谢杂志》（*International Journal of Sport Nutrition and Exercise Metabolism*）第 1 期第 2 卷上发表的《荷兰优秀运动员与普通运动员的营养品使用：日常饮食咨询有用吗？》（“Nutritional Supplement Use by Dutch Elite and Sub-Elite Athletes: Does Receiving Dietary Counseling Make a Difference?”）一文。

18. 详见沃尔特 · 米歇尔等人 1989 年在《科学》杂志第 4907 期第 244 卷上发表的《儿童的延迟满足》（“Delay of Gratification in Children”）一文；以及 B. J. 凯西（B. J. Casey）等人 2011 年在《美国国家科学院院刊》第 36 期第 108 卷上发表的《40 年后延迟满足行为和神经相关性》（“Behavioral and Neural Correlates of Delay of Gratification 40 Years Later”）一文。

19. 详见 B. 帕若（B. Pageaux）等人 2014 年在《欧洲应用生理学杂志》第 5 期第 114 卷上发表的《反应抑制有损于随后进行的自我配速的耐力表现》（“Response Inhibition Impairs Subsequent Self-Paced Endurance Performance”）一文。

20. 详见 K. 马丁（K. Martin）等人 2016 年在《公共科学图书馆 · 综合》第 7 期第 11 卷上发表的《职业公路自行车运动员优秀的抑制控制和抵抗心理疲劳的能力》（“Superior Inhibitory Control and Resistance to Mental Fatigue in

Professional Road Cyclists”）一文。

破 2　2016 年 11 月 30 日

1. 详见《跑者世界》杂志 2017 年 6 月刊登的我对耐克公司马拉松“破 2”项目准备工作的详细报道文章《登月计划》（“Moonshot”）。

2. 该测试由罗杰·卡拉姆领导的研究小组进行：详见沃特·胡格卡莫等人 2017 年 5 月 31 日在丹佛举行的美国运动医学会年会上展示的《新款跑鞋可以减少跑步中的能量消耗》（“New Running Shoe Reduces the Energetic Cost of Running”）一文。

3. 详见 C. T. 戴维斯（C. T. Davies）1980 年在《应用生理学杂志》第 4 期第 48 卷上发表的《风的助力和阻力对于跑者向前跑步的影响》（“Effects of Wind Assistance and Resistance on the Forward Motion of a Runner”）一文。

4. 详见 L. G. C. E. 皮尤（L. G. C. E. Pugh）1971 年在《生理学期刊》第 213 卷（第 255—276 页）上发表的《跑步和步行中风阻的影响及面临水平和垂直阻力时运动的力学效能》（“The Influence of Wind Resistance in Running and Walking and the Mechanical Efficiency of Work Against Horizontal or Vertical Forces”）一文。

5. 大卫·爱泼斯坦在《运动基因》（*The Sports Gene*）一书（纽约：卡伦特出版社，2013）中提到了弗拉纳甘和霍尔早期在高海拔地区生活的经历。

6. 国际田径联合会路跑赛事手册规定：“为运动员提供饮水的合理距离间隔为 5 000 米。”

第 5 章　疼痛

1. 参见肯尼·佩尔德（Kenny Pryde）2014 年 7 月 5 日在《骑行周刊》上发表的《马塞尔·基特尔取得环法赛开门红》（“Marcel Kittel Wins Opening Stage of Tour de France”）一文。

2. 详见《骑行周刊》2014 年 9 月 17 日刊登的《延斯·沃伊特：尝试打破自行车 1 小时赛纪录的那个男人》（“Jens Voigt: The Man Behind the Hour Attempt”）一文。

3. 详见沃尔夫冈·弗罗因德等人 2013 年在《疼痛实践》（*Pain Practice*）第 7 期第 13 卷上发表的《超级马拉松运动员们各不相同：对 2009 年参加横跨欧洲竞走赛的运动员们的疼痛忍受和性格特点的调查》（“Ultra-Marathon Runners Are Different: Investigations into Pain Tolerance and Personality Traits of Participants of the TransEurope FootRace 2009”）一文。

4. 出自延斯·沃伊特的《只管拼命骑！》一书（伦敦：伊布里出版社，2016）。

5. 详见迈克尔·哈钦森 2015 年 4 月 15 日在《骑行周刊》上发表的《1 小时赛：一场标志性壮举的复杂史》（“Hour Record: The Tangled History of an Iconic Feat”）一文，以及迈克尔·哈钦森记录自己挑战失败经历的《1 小时赛》（*The Hour*）一书（伦敦：黄色领骑衫出版社，2006）。

6. 详见欧文·马尔霍兰（Owen Mulholland）1991 年 3 月在《自行车指南》（*Bicycle Guide*）上发表的《艾迪与 1 小时赛》（“Eddy and the Hour”）一文；威廉·福斯林翰姆（William Fotheringham）所著的《默克斯：人和自行车各一半的功劳》（*Merckx: Half Man, Half Bike*）一书（芝加哥评论

出版社，2012）；帕特里克·布拉迪（Patrick Brady）2011 年在《自行车手》（*Peloton*）杂志 2 月和 3 月刊上发表的《最伟大的一个赛季》（“The Greatest Season Ever”）一文。

7. 详见西蒙·厄斯本 2015 年 5 月 30 日在《独立报》上发表的《布拉德·威尔金斯爵士计划打破 1 小时赛纪录——我们的同胞进行了世界上最艰难的赛道挑战》（“As Sir Bradley Wiggins Attempts to Smash the Hour Record—Our Man Takes On the World's Toughest Track Challenge”）一文。

8. 详见薇薇安·斯科特（Vivien Scott）和卡雷尔·吉斯波斯（Karel Gijsbers）1981 年在《英国医学杂志》第 283 卷（第 91—93 页）上发表的《优秀游泳运动员的疼痛感知》（“Pain Perception in Competitive Swimmers”）一文。

9. 详见马丁·莫里斯等人 2017 年 6 月 2 日在丹佛举行的美国运动医学会年会上展示的《学习忍受疼痛：高强度而非中度的训练会增加疼痛忍受力——来自一项随机研究的结果》（“Learning to Suffer: High-But Not Moderate-intensity Training Increases Pain Tolerance: Results from a Randomized Study”）一文。

10. 详见杰西·托马斯 2015 年 8 月 12 日在《铁人三项》（*Triathlete*）杂志上发表的《伤害控制》（“Damage Control”）一文。

11. 详见 A. R. 梅杰等人 2010 年在《应用生理学杂志》第 1 期第 108 卷上发表的《对乙酰氨基酚对自行车计时赛成绩的影响》（“Influence of Acetaminophen on Performance During Time Trial Cycling”）一文。

12. 出自达姆·范里斯（Daam Van Reeth）和丹尼尔·约瑟夫·拉尔森（Daniel Joseph Larson）编辑的《职业公路自行车赛中的经济学》（*The Economics*

of Professional Road Cycling）一书（施普林格国际出版公司，2016）。

13. 关于里维埃的故事有好几个版本的描述，比如尼克·布朗利（Nick Brownlee）的《环法万岁！环法赛中的精彩故事》（*Vive le Tour! Amazing Tales of the Tour de France*）一书中的描述（伦敦：门廊出版社，2010）。

14. 详见马库斯·阿曼等人 2009 年在《生理学期刊》第 1 期第 587 卷上发表的《阿片类药物影响的肌肉传输神经阻碍了中枢运动驱动并限制了人体外围肌肉疲劳的出现》（"Opioid-Mediated Muscle Afferents Inhibit Central Motor Drive and Limit Peripheral Muscle Fatigue Development in Humans"）一文。

15. "疲劳是一种疼痛——利用新的神经生理学手段来理解疲劳和疼痛的关系"（2013 年 5 月 13 日）。

16. 详见 A. H. 阿斯托科奇（A. H. Astokorki）等人 2017 在《欧洲应用生理学杂志》第 3 期第 117 卷上发表的《经皮神经电刺激能够减少运动疲劳并改善运动表现》（"Transcutaneous Electrical Nerve Stimulation Reduces Exercise-Induced Perceived Pain and Improves Endurance Exercise Performance"）一文；A. H. 阿斯托科奇 2015 年在肯特大学举办的耐力研究大会上展示的《关于经皮神经电刺激和干扰电疗法对运动性疼痛的镇痛作用和对运动改善的调查》（"An Investigation into the Analgesic Effects of Transcutaneous Electrical Nerve Stimulation and Interferential Current on Exercise-Induced Pain and Performance"）一文。

17. 详见沃尔特·斯塔亚诺 2015 年在肯特大学举办的耐力研究大会上展示的《运动耐力的感官极限：疼痛还是吃力？》（"The Sensory Limit to Exercise Tolerance: Pain or Effort?"）一文。

18. 详见L. 安吉斯（L. Angius）等人2015年在《欧洲应用生理学杂志》第11期第115卷上发表的《皮层运动区经颅直流电刺激对运动疼痛的影响》（“The Effect of Transcranial Direct Current Stimulation of the Motor Cortex on Exercise-Induced Pain”）一文。

19. 详见大卫·爱泼斯坦2011年8月8日在《体育画报》上发表的《关于疼痛的真相：大脑起决定作用》（“The Truth About Pain: It’s in Your Head”）一文。

20. 塞拉斯·韦尔·米切尔（Silas Weir Mitchell）在一家特殊的医院治疗“截肢和患有神经疾病”的士兵，并对幻肢症和神经痛进行了重要的观察。

第6章 肌肉

1. 详见亚历克西斯·胡克基亚（Alexis Huicochea）2006年7月28日在《亚利桑那每日星报》上发表的《路人将车抬起救下被困的骑车人》（“Man Lifts Car off Pinned Cyclist”）一文；更加详细的信息参见杰夫·怀斯（Jeff Wise）所著的《极度恐惧：大脑科学处于威胁之中》（*Extreme Fear: The Science of Your Mind in Danger*）一书（纽约：帕尔格雷夫·麦克米伦出版社，2009）。

2. 关于历史上的测试手段，请参见S. C. 甘德维亚（S. C. Gandevia）2001年在《生理学评论》第4期第81卷上发表的《人体肌肉疲惫的脊椎和脊椎上因素》（“Spinal and Supraspinal Factors in Human Muscle Fatigue”）一文。

3. 详见猪饲道夫和阿瑟·斯坦豪斯1961年在《应用生理学杂志》第1期第16

卷上发表的《改变人类力量表现的若干因素》（“Some Factors Modifying the Expression of Human Strength”）一文。

4. 详见《明镜周刊》2013 年 5 月 30 日发表的《冰毒的德国先祖》（“The German Granddaddy of Crystal Meth”）一文；以及安德烈亚斯·乌尔里希（Andreas Ulrich）2005 年 5 月 6 日在《明镜周刊》上发表的《希特勒的服药士兵》（“Hitler’s Drugged Soldiers”）一文。

5. 详见伊斯雷尔·霍尔珀林等人 2014 年在《欧洲应用生理学杂志》第 7 期第 114 卷上发表的《在重复最大自主肌肉收缩中的配速策略》（“Pacing Strategies During Repeated Maximal Voluntary Contractions”）一文。

6. 创造纪录的标准有很多，这取决于起重带等装备的使用，而麦基并没有遵照这些标准。目前国际力量举联合会的纪录为 397.5 千克（约 876 磅）；英国大力士艾迪·霍尔 2016 年在世界硬拉锦标赛上提起了 500 千克（约 1 102 磅），随后他出现了脑血管破裂症状。

7. 1967 年第一代科迈罗汽车的重量达到了 2 920 磅；到 2010 年，整车重量达到了 3 737 磅。详见穆瑞里·马丁（Murilee Martin）2009 年 1 月 28 日在汽车测评博客 *Jalopnik* 上发表的《车型增重：科迈罗汽车如何在 37 年里增重 827 磅》（“Model Bloat: How the Camaro Gained 827 Pounds Over 37 Model Years”）一文。

8. 详见扎齐奥尔斯基 1992 年在《美国国家体能协会期刊》第 5 期第 14 卷上发表的《体能训练强度的事实和理论：俄罗斯与东欧方法》（“Intensity of Strength Training Facts and Theory: Russian and Eastern European Approach”）一文。

9. T. E. 汉森（T. E. Hansen）和 J. 林哈德（J. Lindhard）1923 年在《生理学期刊》第 5 期第 57 卷上发表的《论人类肌肉尤其是肘屈肌的最大负荷》（“On the Maximum Work of Human Muscles Especially the Flexors of the Elbow”）一文。

10. 详见帕特里克·默顿 1954 年在《生理学期刊》第 3 期第 123 卷上发表的《自主力量和疲劳》（“Voluntary Strength and Fatigue”）一文；艾伦·J. 迈克马斯（Alan J. McComas）所著由查尔斯·蒂普顿编辑的《运动生理学：人与理念》（*Exercise Physiology: People and Ideas*）（牛津大学出版社，2003）一书中《神经肌肉系统》（“The Neuromuscular System”）一文；约翰·罗斯韦尔（John Rothwell）和伊恩·格林（Ian Glynn）2006 年在《英国皇家学会院士传记回忆录》第 52 卷（第 189—201 页）上发表的《帕特里克·安东尼·默顿 1920 年 10 月 8 日至 2013 年 6 月 13 日：1979 年当选为皇家学会院士》（“Patrick Anthony Merton. 8 October 1920—13 June 2000: Elected FRS 1979”）一文。

11. 关于克劳德在意大利“巨人之旅”的比赛中的不幸遭遇的描述请参见 2011 年 10 月 4 日其在博客中发布的《2001 年巨人之旅比赛——第二版——9 月 11 日至 14 日》（“Tor de Geants 2001—Edizione 2—11/14 sept”）一文。克劳德的一些数据与吉约姆·米列特自己参加“巨人之旅”比赛的数据一起包含在米列特 2015 年 9 月参加肯特大学耐力研究会议上所进行的名为“疲劳与超级耐力表现”的展示中。全部的科学研究成果发布在由乔纳斯·索契（Jonas Saugy）等人 2013 年在《公共科学图书馆·综合》第 6 期第 8 卷上发表的《参加世界上最具挑战性的山地超级马拉松之后的神经肌肉功能变化情况》（“Alterations of Neuromuscular Function after the World’s Most Challenging Mountain Ultra-Marathon”）一文中。

12. 详见克里斯蒂安·弗洛伊德等人 2016 年在《体育运动科学与医学》第 6 期第 48 卷上发表的《不同时长运动中中枢调节和神经肌肉疲劳》（“Central Regulation and Neuromuscular Fatigue During Exercise of Different Durations”）一文。

13. 详见体育科学网站上 2008 年 8 月 22 日刊登的《男子 800 米比赛：所有运动员的配速和对 800 米比赛配速的生理学讨论》（“Men’s 800m: Anyone’s Race and a Discussion of 800m Pacing Physiology”）一文。

14. 西蒙·P. 卡尼斯（Simeon P. Cairns）2006 年在《运动医学》第 4 期第 36 卷上发表的《乳酸和运动表现》（“Lactic Acid and Exercise Performance”）一文。从绝对意义上说，乳酸盐的最高浓度可能在进行 30~120 秒的全力运动之后的几分钟之内出现；详见马修·古德温（Matthew Goodwin）等人 2007 年在《糖尿病科学与技术杂志》第 4 期第 1 卷上发表的《运动中血乳酸盐的测量和分析：临床医生指南》（“Blood Lactate Measurements and Analysis During Exercise: A Guide for Clinicians”）一文。但按照运动员的观点来看，赛后发生的事情并不重要。

15. 详见吉娜·克拉塔（Gina Kolata）2006 年 5 月 16 日在《纽约时报》上发表的《乳酸不是肌肉的敌人，而是肌肉的燃料》（“Lactic Acid Is Not Muscles’ Foe, It’s Fuel”）一文。

16. 详见 K. A. 波拉克（K. A. Pollak）等人 2014 年在《实验生理学》第 2 期第 99 卷上发表的《协同注射外源性肌肉代谢物能够引发人类受试者肌肉的疲劳和疼痛》（“Exogenously Applied Muscle Metabolites Synergistically Evoke Sensations of Muscle Fatigue and Pain in Human Subjects”）一文。

17. 详见《体育画报》2012 年 3 月 12 日刊登的《长跑选手里安农· 赫尔》（“Distance Runner Rhiannon Hull”）一文。

第 7 章　氧气

1. 详见新西兰电视台对该次挑战的直播录像，以及新西兰广播电台 2016 年 7 月 22 日播出的《特鲁布里奇打破世界徒手潜水纪录》（“Trubridge Breaks World Free Diving Record”）的节目。

2. 详见利亚姆· 希斯洛普（Liam Hyslop）2014年 12月 3日在网站 Stuff.co.nz 上发表的《新西兰徒手潜水运动员威廉· 特鲁布里奇打破纪录失败》（“Kiwi Freediver William Trubridge Fails Record Attempt”）一文。

3. 详见米歇尔· 休伊森（Michele Hewitson）2014年 10月 25日在《新西兰先驱报》上发表的《米歇尔· 休伊森访谈：威廉· 特鲁布里奇》（“Michele Hewitson Interview: William Trubridge”）一文；以及尼古拉斯· 罗西耶（Nicolas Rossier）2012 年 9 月 6 日在《赫芬顿邮报》上发表的《一口气：威廉· 特鲁布里奇的故事》（“One Breath: The Story of William Trubridge”）一文。

4. 出自尼古拉斯· 罗西耶 2012 年拍摄的短片《一口气：威廉· 特鲁布里奇的故事》。

5. 詹姆斯· 内斯特（James Nestor）2014 年出版的《深海：徒手潜水、叛逆的科学及海洋对我们自身的解释》（“Deep: Freediving, Renegade Science, and What the Ocean Tells Us About Ourselves”）一书对徒手潜水的历史、心理和文化进行了很好的解读。

6. 关于布赫潜水的细节有很多版本。此处来源于内斯特的《深海：徒手潜水、叛逆的科学及海洋对我们自身的解释》一书。

7. 详见史蒂芬·维伦（Stephan Whelan）2013 年 6 月 6 日在 DeeperBlue.com 网站上发表的《赫伯特·尼特奇谈论决定其命运的下潜和康复》（“Herbert Nitsch Talks About His Fateful Dive and Recovery”）一文。

8. 详见克利斯朵夫·勒雷（Christophe Leray）在 Freedive-Earth 网站上发表的《静态屏气的新世界纪录》（“New World Record Static Apnea”）一文。

9. 详见史蒂芬·维伦（Stephan Whelan）2016 年 3 月 6 日在 DeeperBlue.com 网站上发表的《难以置信的新吉尼斯世界纪录——吸氧协助下实现 24 分钟屏气》（“Incredible New Guinness World Record—24 Minute O2 Assisted Breath-Hold”）一文。

10. 详见劳拉·莫里斯（Laura Maurice）2015 年 4 月 2 日在《法国洛林共和报》上发表的《斯特凡纳·米夫萨德，静态屏气世界纪录的保持者：探触绝境》（“Stéphane Mifsud recordman du monde d'apnée: ‘Là où la vie s'arrête”）一文；以及纪尧姆·莫拉里特（Guillaume Mollaret）2009 年 6 月 9 日在《费加罗报》上发表的《渔夫米夫萨德的 11 分钟潜水》（“Onze minutes en apnée pour Mifsud, l'homme poisson”）一文。

11. 详见夏尔·里歇 1899年在 《生理学和普通病理学杂志》（Journal de physiologie et de pathologie générale）（第 641—650 页）上发表的《鸭子挣扎到窒息》（“De la résistance des canard a l'asphyxie”）一文。

12. 详见简·德克·布洛姆的《幻觉字典》（*A Dictionary of Hallucinations*）一书（纽约：施普林格出版社，2010）。

13. 详见佩尔·施兰德 1963 年在《科学美国人》第 209 卷（第 92—106 页）上发表的《生命之阀门》（“The Master Switch of Life”）一文。

14. 根据关于韦德尔氏海豹的一次研究中对 87 次海豹潜水的观察，有 86 次的潜水时间为 45 分钟或稍短，只有一次明显地为 82 分钟。详见迈克尔·卡斯泰利尼（Michael Castellini）等人 1992 年在《实验生物学杂志》（第 181—194 页）上发表的《韦德尔氏海豹自由潜水的新陈代谢率：氧气储存、游泳速度和下潜时间的相互关系》（“Metabolic Rates of Freely Diving Weddell Seals: Correlations with Oxygen Stores, Swim Velocity and Diving Duration”）一文。

15. 详见 C. 罗伯特·奥尔森（C. Robert Olsen）1962 年在《应用生理学杂志》第 3 期第 17 卷上发表的《屏息和水下屏息潜水对人类心脏节律的若干影响》（“Some Effects of Breath Holding and Apneic Underwater Diving on Cardiac Rhythm in Man”）一文。

16. 他在陆地上训练时记录的脉搏为 27 下，但他在潜水时并没有实际测量到相似的数据（来自个人交谈）。

17. 详见 W. 迈克尔·潘纳通（W. Michael Panneton）2013 年在《生理学》期刊第 5 期第 28 卷上发表的《哺乳动物潜水反应：一种求生的神秘本能反应？》（“The Mammalian Diving Response: An Enigmatic Reflex to Preserve Life?”）一文。

18. 详见莎拉·米尔顿（Sarah Milton）2004 年在《实验生物学杂志》第 207 卷上发表的《来吧，发挥你脾脏的功能吧！》（“Go Ahead, Vent Your Spleen!”）一文。

19. 详见达里娅 · 巴克维奇（Darija Baković）等人 2003 年在《应用生理学杂志》第 4 期第 95 卷上发表的《脾脏容积和对反复屏息的血流反应》（“Spleen Volume and Blood Flow Response to Repeated Breath-Hold Apneas”）一文。

20. 详见潘纳通的《哺乳动物潜水反应：一种求生的神秘本能反应？》一文。

21. 关于高山症的历史描述请参见约翰 · 韦斯特所著的《高山生活：高山生理学和医学史》（*High Life: A History of High-Altitude Physiology and Medicine*）一书（纽约：牛津大学出版社，1998）。

22. 诺顿的经历在莱茵霍尔德 · 梅斯纳尔所著的 1979 年关于他自己和哈伯勒的名为《珠穆朗玛峰：终极探险》（*Everest: Expedition to the Ultimate*）一书中被重新描述。

23. 详见《纽约时报》1923 年 3 月 18 日刊登的《攀登珠穆朗玛峰是超人的工作》（“Climbing Mount Everest Is Work for Supermen”）一文。

24. 出自梅斯纳尔的《珠穆朗玛峰：终极探险》一书。

25. 珠穆朗玛峰登顶的确切人数取决于你相信谁的话。这一人数还包括来自 1960 年中国探险队的 3 名成员（当时这一声明饱受质疑）；这一人数中不包括米克 · 伯克（Mick Burke），人们最后一次见到他是 1975 年在距离峰顶还有几百米远的地方，但是他再也没有回来。

26. 出自韦斯特所著的《高山生活：高山生理学和医学史》一书。

27. 详见《户外》杂志 2002 年 10 月刊登的《莱茵霍尔德才不在乎你怎么想》（“Reinhold Don't Care What You Think”）一文。

28. 详见雷蒙德·A. 索科洛夫（Raymond A. Sokolov）1979 年 10 月 7 日在《纽约时报》上刊登的《孤独的胜利》（“The Lonely Victory”）一文。

29. 详见阿兰·阿尼特（Alan Arnette）2016 年 12 月 30 日在 AlanArnette.com 网站上发表的《珠穆朗玛峰登顶人数：2017 年版本》（“Everest by the Numbers: 2017 Edition”）一文。

30. 详见 2000 年《纽约科学院年鉴》第 889 卷（第 15—27 页）上发表的《人类缺氧的极限：攀登珠穆朗玛峰的生理挑战》（“Human Limits for Hypoxia: The Physiological Challenge of Climbing Mt. Everest”）一文。

31. 例如，2012 年《应用生理学杂志》第 1 期第 112 卷上刊登的《运用常压缺氧方法在高海拔生活在低海拔训练：双盲对照研究》（“Live High-Train Low’ Using Normobaric Hypoxia: A Double-Blinded, Placebo-Controlled Study”）一文。

32. 详见 C. J. 戈尔（C. J. Gore）等人 1996 年在《应用生理学杂志》第 6 期第 80 卷上发表的《训练有素的自行车运动员在海拔 580 米的全力运动中动脉血氧饱和度的增加》（“Increased Arterial Desaturation in Trained Cyclists During Maximal Exercise at 580 m Altitude”）一文。

33. 详见 K. 克斯坦蒂尼（K. Constantini）等人 2017 年在《体育运动科学与医学》第 5 期第 49 卷上发表的《海平面高度长跑运动员出现运动导致的动脉血氧低下现象的盛行》（“Prevalence of Exercise-Induced Arterial Hypoxemia in Distance Runners at Sea Level”）一文。

34. 详见本·朗德里（Ben Londeree）1986 年在《运动医学》第 3 卷（第 201—213 页）上发表的《实验室测试结果在长跑运动员身上的应用》（“The

Use of Laboratory Test Results with Long Distance Runners”）一文。

35. 详见尼尔斯·沃拉德（Niels Vollaard）等人 2009 年在《应用生理学杂志》第 5 期第 106 卷上发表的《对有氧能力的适应和次最大能量新陈代谢的系统性分析为认识人类有氧表现的决定因素提供了独特看法》（“Systematic Analysis of Adaptations in Aerobic Capacity and Submaximal Energy Metabolism Provides a Unique Insight into Determinants of Human Aerobic Performance”）一文。

36. 详见 1983 年《欧洲应用生理学和职业生理学期刊》（European Journal of Applied Physiology and Occupational Physiology）第 1 期第 52 卷上刊登的《优秀与非优秀男女马拉松运动员的有氧能力及其分段使用》（“Aerobic Capacity and Fractional Utilisation of Aerobic Capacity in Elite and Non-elite Male and Female Marathon Runners”）一文。

37. 详见托马斯·豪根（Thomas Haugen）等人 2017 年 9 月 5 日在《国际运动生理学与运动表现期刊》上发表的《人类能力新纪录》一文。

38. 详见谢恩·斯托克斯（Shane Stokes）2012 年 9 月 25 日在 Velonation.com 网站上发表的《如果一切顺利的话，那么青年世锦赛冠军奥斯卡·斯文森在将来大有可为》（“If All Goes to Plan, Big Future Predicted for Junior World Champion Oskar Svendsen”）一文；以及雅勒·弗莱德格斯维克（Jarle Fredagsvik）2014 年 9 月 18 日在 Procycling.no 网站上发表的《奥斯卡·斯文森暂别自行车运动》（“Oskar Svendsen tar pause frasyklingen”）一文。

39. 详见 C. J. 戈尔 1997 年在《欧洲应用生理学和职业生理学期刊》第 2 期第 75 卷上发表的《男女运动员在海拔 580 米地区的运动表现下降》（“Reduced

Performance of Male and Female Athletes at 580 m Altitude”）一文。

40. 详见杰雷·朗文（Jeré Longman）2016 年 5 月 11 日在《纽约时报》上发表的《人类与马拉松：一位科学家为帮助一名运动员实现马拉松“破 2”的堂吉诃德式的追求》（“Man vs. Marathon: One Scientist' s Quixotic Quest to Propel a Runner Past the Two-Hour Barrier”）一文。

41. 详见 F. 比劳特（F. Billaut）等人 2010 年在《生理学报》第 4 期第 198 卷上发表的《大脑氧合作用降低但不会有损自我配速的激烈运动表现》（“Cerebral Oxygenation Decreases but Does Not Impair Performance During Self-Paced, Strenuous Exercise”）一文；以及 J. 桑托斯-孔塞耶罗（J. Santos-Concejero）等人 2015 年在《应用生理学杂志》第 2 期第 118 卷上发表的《肯尼亚优秀运动员在最大自我配速运动中保持的大脑氧合作用》（“Maintained Cerebral Oxygenation During Maximal Self-Paced Exercise in Elite Kenyan Runners”）一文。

42. 详见吉约姆·米列特等人 2012 年在《应用生理学杂志》第 8 期第 112 卷上发表的《严重缺氧可以独立于输入性反馈和末梢疲劳而影响运动表现》（“Severe Hypoxia Affects Exercise Performance Independently of Afferent Feedback and Peripheral Fatigue”）一文。

43. 详见 D. B. 迪尔所著的《生命、高温和海拔》（*Life, Heat, and Altitude*）一书（马萨诸塞州剑桥市：哈佛大学出版社，1938）；韦斯特所著的《高山生活：高山生理学和医学史》一书；莎拉·W. 特雷西 2012 年在《医学史通报》第 86 期（第 627—660 页）上发表的《极端生理学：安塞尔·凯斯和 1935 年国际高海拔探险》（“The Physiology of Extremes: Ancel Keys and the International High Altitude Expedition of 1935”）一文。

44. 详见蒂姆·诺克斯 2009 年在《应用生理学杂志》第 106 卷（第 737—738 页）上发表的《骨骼肌运动参与的减少解释了在高海拔运动中出现乳酸盐悖论观点的证据》（“Evidence That Reduced Skeletal Muscle Recruitment Explains the Lactate Paradox During Exercise at High Altitude”）一文。

45. 详见 M. J. 麦克尼斯（M. J. MacInnis）和 M. S. 科勒（M. S. Koehle）2016 年在《高海拔医学与生物学》第 4 期第 17 卷上发表的《支持和反对急性和慢性高原病的遗传易感性的证据》（“Evidence for and Against Genetic Predispositions to Acute and Chronic Altitude Illnesses”）一文。

第 8 章　高温

1. 麦克斯·吉尔平的死亡和随后对杰森·斯汀森的审讯受到了广泛且有时相互矛盾的媒体报道。而本书中的描述的重要信息源为：罗德尼·多尔蒂（Rodney Daugherty）所著的《不为人知的事实：让教练和橄榄球运动受审的悲剧》（*Factors Unknown: The Tragedy That Put a Coach and Football on Trial*）一书 [密苏里州莫利市：赞誉出版社（Acclaim Press），2011]；托马斯·莱克（Thomas Lake）2010 年 12 月 6 日在《体育画报》上发表的《死于橄榄球运动的男孩》（“The Boy Who Died of Football”）一文；关于法庭记录，网上的汇总请参见《路易斯维尔信使报》（*Louisville Courier-Journal*），该报的记者对该事件及其后果进行了报道。

2. 出自莱克的文章。

3. 出自莱克的文章。

4. 出自莱克的文章。

5. 详见全美州立高中协会联合会（National Federation of State High School Associations）发布的《2009—2010 年高中运动参与情况调查》（“2009—2010 High School Athletics Participation Survey”）一文。

6. 详见乔·施瓦茨（Joe Schwarcz）所著的《猴子、神话和分子》（*Monkeys, Myths, and Molecules*）一书（多伦多：ECW 出版社，2015）。

7. 详见佛朗西斯·班尼迪克（Francis Benedict）和爱德华·卡斯卡特（Edward Cathcart）1913 年在华盛顿特区发表的《肌肉工作：特别是关于人体机器效能的代谢研究》（*Muscular Work: A Metabolic Study with Special Reference to the Efficiency of the Human Body as a Machine*）。

8. 详见 1964 年《柳叶刀》第 7344 期第 283 卷上发表的《1964 年 3 月 14 至 15 日四家旅馆竞走比赛中出现的死亡事件》（“Deaths from Exposure on Four Inns Walking Competition, March 14—15, 1964”）一文。

9. 详见安德鲁·扬（Andrew Young）和约翰·卡斯特拉尼（John Castellani）2007 年在《应用生理学、营养学和新陈代谢》（Applied Physiology, Nutrition, and Metabolism）第 32 期（第 793—798 页）上发表的《运动性疲劳和冷暴露：登山者失温症的发病机制》（“Exertional Fatigue and Cold Exposure: Mechanisms of Hiker's Hypothermia”）一文。

10. 尼莎·查科迪安（Nisha Charkoudian）2003 年在《梅奥诊所学报》（*Mayo Clinic Proceedings*）第 78 卷（第 603—612 页）上发表的《成人体温调节中的皮肤血液流动：如何工作、何时停止工作及原因》（“Skin Blood Flow in Adult Human Thermoregulation: How It Works, When It Does Not, and Why”）一文。

11. 关于综合评论请参见马修·克莱默（Matthew Cramer）和奥利·杰伊（Ollie Jay）2016 年在《自主神经科学：基础与临床》（*Autonomic Neuroscience: Basic and Clinical*）第 196 卷（第 3—13 页）上发表的《从生物物理学角度看热应激下人类的体温调节》（"Biophysical Aspects of Human Thermoregulation During Heat Stress"）一文。

12. 详见 J. D. 皮雷亚德（J. D. Périard）等人 2015 年在《斯堪的纳维亚运动医学和运动科学杂志》第 S1 期第 25 卷上发表的《人类热适应的调节和机制：竞技运动员和运动中的应用》（"Adaptations and Mechanisms of Human Heat Acclimation: Applications for Competitive Athletes and Sports"）一文。

13. 关于历史回顾，请参见查尔斯·蒂普顿编辑的《运动生理学史》一书（伊利诺伊州香槟市：人体运动出版社，2014）。

14. 详见奥尔多·德莱奥斯蒂（Aldo Dreosti）1935 年 11 月在《南非化学、冶金及采矿学会期刊》（*Journal of the Chemical, Metallurgical and Mining Society of South Africa*）上发表的《对威特沃特斯兰德盆地深层采矿引发的健康问题的调查结果》（"The Results of Some Investigations into the Medical Aspect of Deep Mining on the Witwatersrand"）一文。

15. 详见锡德·罗宾逊（Sid Robinson）等人 1943 年在《美国生理学杂志》第 140 卷（第 168—176 页）上发表的《对炎热气候下工作的快速适应》（"Rapid Acclimatization to Work in Hot Climates"）一文。

16. J. 冈萨雷斯-阿隆索等人在 1999 年《应用生理学杂志》第 3 期第 86 卷上发表的《高温长时间运动中体温对疲劳产生的影响》一文。

17. 详见亚力克斯·哈钦森 2010 年 1 月 12 日在《海象》杂志上发表的《更快、更高、更神秘》(“Faster, Higher, Sneakier”)一文。

18. 详见罗德尼·西格尔(Rodney Siegel)等人 2010 年在《体育运动科学与医学》第 4 期第 42 卷上发表的《冰沙摄入能够增加身体核心温度调节能力和高温下的跑步时间》(“Ice Slurry Ingestion Increases Core Temperature Capacity and Running Time in the Heat”)一文。

19. 详见 N. B. 莫里斯(N. B. Morris)等人 2014 年在《应用生理学杂志》第 8 期第 116 卷上发表的《冷热液体摄入带来的排汗短暂变化是由胃部独立调节而非口腔温度调节机制调节的证据》(“Evidence That Transient Changes in Sudomotor Output with Cold and Warm Fluid Improves Self Paced Cycling in Hot, Humid Conditions”)一文。

20. 详见 P. C. 卡斯尔(P. C. Castle)等人 2012 年在《欧洲应用生理学杂志》第 1 期第 112 卷上发表的《对环境和身体核心温度的欺骗可以提高在炎热潮湿环境中按照自我配速进行的自行车蹬骑的成绩》(“Deception of Ambient and Body Core Temperature Improves Self Paced Cycling in Hot, Humid Conditions”)一文。

21. 详见罗斯·塔克等人 2004 年在《欧洲生理学期刊》第 4 期第 448 卷上发表的《高温下运动表现受损和参与运动的骨骼肌数量预期降低有关》(“Impaired Exercise Performance in the Heat Is Associated with an Anticipatory Reduction in Skeletal Muscle Recruitment”)一文。

22. 详见 A. 马克(A. Marc)等人 2014 年在《运动科学期刊》(*Journal of Sports Sciences*)第 6 期第 32 卷上发表的《马拉松进步：人口统计学、形态学和环境》(“Marathon Progress: Demography, Morphology and

Environment”）一文。

23. 详见 2000 年《欧洲生理学期刊》第 2—3 期第 441 卷上发表的《较小身体重量在温暖潮湿环境下进行长距离跑步的优势》（“Advantages of Smaller Body Mass During Distance Running in Warm , Humid Environments”）一文。

24. 详见 A. J. 格兰德斯坦（A. J. Grundstein）等人 2012 年在《国际生物气象学杂志》第 1 期第 56 卷上发表的《对体温过高致死的美国橄榄球球员的回顾性分析》（“A Retrospective Analysis of American Football Hyperthermia Deaths in the United States”）一文。

25. 详见斯蒂芬·张和汤姆·麦克莱伦（Tom McLellan）1998 年在《应用生理学杂志》第 5 期第 84 卷上发表的《高温适应、有氧能力及水合作用在不可补偿性热应力条件下对耐力的影响》（“Heat Acclimation, Aerobic Fitness, and Hydration Effects on Tolerance During Uncompensable Heat Stress”）一文；P. J. 华莱士（P. J. Wallace）等人 2017 年在《体育运动科学与医学》第 1 期第 49 卷上发表的《自我鼓励式谈话对高温下耐力和认知表现的影响》（“Effects of Motivational Self-Talk on Endurance and Cognitive Performance in the Heat”）一文。

26. 详见艾伯德利察克·博扎玛（Abderrezak Bouchama）和詹姆斯·诺切尔（James Knochel）2002 年在《新英格兰医学杂志》第 25 期第 346 卷上发表的《中暑》（“Heat Stroke”）一文。

27. 详见《应用生理学杂志》2010 年第 6 期第 109 卷上刊登的《中暑：全身炎症反应的作用》（“Heat Stroke: Role of the Systemic Inflammatory Response”）一文。

28. 详见威廉·福瑟林汉姆（William Fotheringham）所著的《快将我扶回自行车上》（*Put Me Back on My Bike*）一书（伦敦黄色领骑衫出版社，2006）。

29. 详见澳联社 1967 年 8 月 2 日发表的《岁月》（“Age”）一文中引用的 J. L. 曼宁（J. L Manning）1967 年 7 月 31 日在《每日邮报》上发表的文章中的话。

30. 详见琳迪·卡斯特尔（Lindy Castell）2011 年 4 月 7 日在《英国运动医学杂志》博客中发表的《文学硕士、理学博士埃里克·纽斯霍姆教授（剑桥大学哲学博士和理学博士）讣告》[“Obituary for Professor Eric Arthur Newsholme, MA, Dsc, (PhD, ScD Camb)”]一文；巴特·罗兰斯（Bart Roelands）和罗梅因·缪森 2010 年在《运动医学》第 3 期第 40 卷上发表的《神经递质的药理学控制在正常和高温环境下对中枢疲劳的改变》（“Alterations in Central Fatigue by Pharmacological Manipulations of Neurotransmitters in Normal and High Ambient Temperature”）一文。

31. 详见罗梅因·缪森 2010 年在澳大利亚堪培拉举行的雀巢营养科学院运动营养会议（Nestlé Nutrition Institute Sport Nutrition Conference）上的发言。

32. 详见安德鲁·沃尔夫森（Andrew Wolfson）2009 年 3 月 8 日在《路易斯维尔信使报》上发表的《专家表示快乐岭公园高中橄榄球球员并非死于脱水》（“PRP Player Who Died Wasn't Dehydrated, Experts Say”）一文。

33. 详见格兰德斯坦等人的《对体温过高致死的美国橄榄球球员的回顾性分析》一文；以及塞缪尔·祖维卡斯（Samuel Zuvekas）和贝内托德·维迪耶罗（Benedetto Vitiello）2012 年在《美国精神病学杂志》第 2 期第 169 卷上发表的《美国儿童中枢神经兴奋剂的使用：12 年的回顾》（“Stimulant Medication Use among U.S. Children: A Twelve-Year Perspective”）一文。

34. 出自莱克的文章。

第 9 章　口渴

1. 详见威廉 · J. 麦基 1906 年在《州际医学杂志》（*Interstate Medical Journal*）第 30 卷（第 1—23 页）上发表的《作为疾病的沙漠口渴症状》（“Desert Thirst as Disease”）一文，该文于 1988 年与比尔 · 布罗伊尔斯（Bill Broyles）的评论文章《威廉 · J. 麦基的“作为疾病的沙漠口渴症状”》（“W. J. McGee’s ‘Desert Thirst as Disease’”）一同在《美国西南地区杂志》第 2 期第 30 卷上重新发表。这一例子在蒂姆 · 诺克斯的《耐力运动中补水过多的危害》（伊利诺伊州香槟市：人体运动出版社，2012）一书中被讨论。

2. 详见罗伯特 · 肯尼菲克（Robert Kenefick）等人所著由保罗 · 阿尔巴克（Paul Auerbach）编辑的《野外医疗》（*Wilderness Medicine*）一书中的“脱水与补水”（“Dehydration and Rehydration”）一章（费城：莫斯比 · 爱思唯尔出版社，2012）。

3. 详见《汉堡晚报》1979 年 11 月 6 日刊登的《忘记被关押人员的警官被判有罪》（“Beamte vergaßen Häftling in der Zelle: Verurteilt”）一文；以及 2003 年的吉尼斯世界纪录。

4. 详见蒂姆 · 诺克斯所著由罗伊 · 谢帕德和 P. O. 艾斯唐德（P. O. Astrand）编辑的《运动耐力》（*Endurance in Sport*）一书的“体温过高、体温过低和水合作用的问题”（“Hyperthermia, Hypothermia and Problems of Hydration”）一章（牛津：布莱克威尔出版公司，2000）。

5. 详见安比 · 波夫特 2008 年 5 月在《跑者世界》杂志上发表的《畏惧跑步》

（“Running Scared”）一文。

6. 详见佛罗里达大学萨缪尔·普罗克特（Samuel Procter）口述史整理中收录的1996年4月22日萨缪尔·普罗克特对詹姆斯·罗伯特·凯德（James Robert Cade）进行口头采访的文稿；以及里查德·伯内特（Richard Burnett）1994年4月16日在《奥兰多前哨报》上发表的《佳得乐创立者：我的成功建立在运气和汗水之上》（“Gatorade Inventor: My Success Based on Luck and Sweat”）一文。

7. 详见达伦·罗维尔（Darren Rovell）所著的《解渴首创：佳得乐如何将出汗科学变成一种文化现象》（*First in Thirst: How Gatorade Turned the Science of Sweat into a Cultural Phenomenon*）一书（纽约：美国管理协会，2005）。

8. 详见V. A. 孔维尔蒂诺（V. A. Convertino）等人1996年在《体育运动科学与医学》第1期第28卷上发表的《美国运动医学会立场：运动和体液补充》（“American College of Sports Medicine Position Stand: Exercise and Fluid Replacement”）一文。

9. 详见蒂姆·诺克斯的《耐力运动中补水过多的危害》一书。

10. 详见吉娜·克拉塔2003年5月6日在《纽约时报》上发表的《对跑者的新建议：不要饮水》（“New Advice to Runners: Don’t Drink the Water”）一文。

11. 详见A. 罗特施泰因（A. Rothstein）等人所著由爱德华·F. 阿道夫编辑的《沙漠中人体的生理机能》一书中的“自愿性脱水”（“Voluntary Dehydration”）一章［纽约：哈夫纳出版社（Hafner），1948］。

12. 详见C. H. 温德姆和N. B. 斯特德姆（N. B. Strydom）1969年在《南非医

学杂志》第 29 期第 43 卷上发表的《马拉松比赛中补水不足的危害》（“The Danger of an Inadequate Water Intake During Marathon Running”）一文；以及 D. L. 科斯迪尔（D. L. Costill）1970 年在《环境健康档案》（*Archives of Environmental Health*）第 4 期第 21 卷上发表的《长跑中的液体摄入》（“Fluid Ingestion During Distance Running”）一文。

13. 详见 E. N. 克雷格（E. N. Craig）和 E. G. 卡明斯（E. G. Cummings）1966 年在《应用生理学杂志》第 2 期第 21 卷上发表的《脱水和肌肉工作》（“Dehydration and Muscular Work”）一文。

14. 详见大卫·爱泼斯坦 2015 年 6 月 3 日在 ProPublica 网站上发表的《赛道之外：前队伍成员指责著名教练艾尔伯托·萨拉扎尔违反禁药规则》（“Off Track: Former Team Members Accuse Famed Coach Alberto Salazar of Breaking Drug Rules”）一文。

15. 详见艾尔伯托·萨拉扎尔和约翰·勃兰特（John Brant）合著的《14 分钟：一个传奇跑者的生死历程》（*14 Minutes: A Running Legend's Life and Death and Life*）一书（宾夕法尼亚州埃玛于斯市：罗德尔公司，2013）。

16. 详见约翰·勃兰特所著的《太阳下的决斗：艾尔伯托·萨拉扎尔、迪克·比尔兹利及美国最伟大的马拉松比赛》（*Duel in the Sun: Alberto Salazar, Dick Beardsley, and America's Greatest Marathon*）一书（宾夕法尼亚州埃玛于斯市：罗德尔公司，2006）。这一叫法首先出现在尼尔·艾姆德尔（Neil Amdur）在 1982 年 4 月 20 日《纽约时报》上发表的《萨拉扎尔赢得波士顿马拉松比赛的最快速度》（“Salazar Wins Fastest Boston Marathon”）一文。

17. 详见劳伦斯·阿姆斯特朗等人 1986 年在《医师与运动医学》（*Physician and Sportsmedicine*）第 3 期第 14 卷上发表的《帮助艾尔伯托·萨拉扎尔备战将

要在高温下举行的1984年奥运会马拉松比赛》（“Preparing Alberto Salazar for the Heat of the 1984 Olympic Marathon”）一文。

18. 详见托马斯·波斯威尔（Thomas Boswell）1982年4月20日在《华盛顿邮报》上发表的《萨拉扎尔创造波士顿马拉松比赛纪录》（“Salazar Sets Record in Boston Marathon”）一文。

19. 详见海沃德·纳什（Heyward Nash）1985年在《医师与运动医学》第7期第13卷上发表的《治疗热损伤：争议四起》（“Treating Thermal Injury: Disagreement Heats Up”）一文。

20. 详见康涅狄格州公共广播电台（WNPR）2016年5月26日的《科林·麦肯罗秀》（*The Colin McEnroe Show*）。

21. 详见卢卡斯·贝斯等人在《临床运动医学杂志》第3期第22卷上发表的《优秀男性马拉松运动员在比赛中的补水行为》一文。

22. 详见哈桑·扎哈尔（Hassane Zouhal）等人2011年在《英国运动医学杂志》第14期第45卷上发表的《643名42千米马拉松运动员的体重比变化和完赛时间的反向关系》（“Inverse Relationship Between Percentage Body Weight Change and Finishing Time in 643 Forty-Two-Kilometre Marathon Runners”）一文。

23. 详见卡梅伦·安莱（Cameron Anley）2010年在《英国运动医学杂志》第45卷（第1113—1118页）上发表的《在处理运动引发的直立性低血压中两种治疗方法的对比：一次随机临床试验》（“A Comparison of Two Treatment Protocols in the Management of Exercise-Associated Postural Hypotension: A Randomised Clinical Trial”）一文。

24. 详见 M. N. 索卡（M. N. Sawka）和蒂姆·诺克斯 2007 年在《体育运动科学与医学》第 8 期第 39 卷上发表的《补水会有损运动表现吗？》（“Does Hydration Impair Exercise Performance？”）一文。

25. 详见切沃伦特（Cheuvront）的《生理学基础》（“Physiologic Basis”）一文。

26. 详见海因里希·诺尔特（Heinrich Nolte）等人 2011 年在《运动科学期刊》第 12 期第 29 卷上发表的《受过训练的人可以通过自主饮水而在干燥炎热的环境下安全运动》（“Trained Humans Can Exercise Safely in Extreme Dry Heat When Drinking Water Ad Libitum”）一文。

27. 详见诺尔特等人的《受过训练的人可以通过自主饮水而在干燥炎热的环境下安全运动》一文。

28. 详见 R. J. 摩恩（R. J. Maughan）等人 2007 年在《运动科学期刊》第 7 期第 25 卷上发表的《根据体重变化估计水合状态的错误》（“Errors in the Estimation of Hydration Status from Changes in Body Mass”）一文；尼古拉斯·塔姆等人 2011 年在《临床运动医学杂志》第 3 期第 21 卷上发表的《运动员在不限制饮水的 21.1 千米和 56 千米比赛中体内总水量的变化》（“Changes in Total Body Water Content During Running Races of 21.1 km and 56 km in Athletes Drinking Ad Libitum”）一文。

29. 详见马丁·霍夫曼（Martin Hoffman）等人 2017 年在《国际运动生理学与运动表现期刊》第 S1 期第 12 卷上发表的《不要在超级耐力赛中失去 2% 的体重。真是这样的吗？》（“Don’t Lose More than 2% of Body Mass During Ultra-Endurance Running. Really？”）一文。

30. 详见 J. P. 杜加斯（J. P. Dugas）等人 2009 年在《欧洲应用生理学杂志》

第 1 期第 105 卷上发表的《在湿热环境下具备良好的对流冷却时进行长时间运动时液体吸收率能够改变配速但不能改变体温调节反应》（"Rates of Fluid Ingestion Alter Pacing but Not Thermoregulatory Responses During Prolonged Exercise in Hot and Humid Conditions with Appropriate Convective Cooling"）一文。

31. 详见 E. D. 古利特（E. D. Goulet）2013 年在《英国运动医学杂志》第 11 期第 47 卷上发表的《运动引发的脱水对耐力表现的影响：使用元分析方法评估运动方案对运动结果的影响》（"Effect of Exercise-Induced Dehydration on Endurance Performance: Evaluating the Impact of Exercise Protocols on Outcomes Using a Meta-Analytic Procedure"）一文。

32. 详见斯蒂芬·张等人 2015 年在《斯堪的纳维亚运动医学和运动科学杂志》第 25 卷（第 104—111 页）上发表的《高温下脱水和渴觉对运动表现的不同及综合影响》（"Separate and Combined Effects of Dehydration and Thirst Sensation on Exercise Performance in the Heat"）一文。

33. 详见 M. 凯瑟琳·费加罗（M. Kathleen Figaro）和加里·W. 麦克（Gary W. Mack）1997 年在《美国生理学杂志》第 41 期第 272 卷上发表的《脱水人群的液体摄入管理：口咽刺激的作用》（"Regulation of Fluid Intake in Dehydrated Humans: Role of Oropharyngeal Stimulation"）一文。

34. 详见 G. 阿纳欧蒂斯（G. Arnaoutis）等人 2012 年在《体育运动科学与医学》第 1 期第 44 卷上发表的《相比漱口，水的摄入能够改善脱水对象的表现》（"Water Ingestion Improves Performance Compared with Mouth Rinse in Dehydrated Subjects"）一文。

35. 详见亚力克斯·哈钦森 2015 年 5 月 31 日在《环球邮报》上发表的《你需要喝多少水？研究正在改变我们对液体需求的认识》（“How Much Water Should You Drink? Research Is Changing What We Know About Our Fluid Needs”）一文。

36. 详见亚力克斯·哈钦森 2013 年 11 月 8 日在《跑者世界》杂志上发表的《海勒·格布雷西拉西耶破纪录马拉松比赛的能量补给计划》（“Haile Gebrselassie’s World Record Marathon Fueling Plan”）一文。

37. 详见格雷戈尔·布朗（Gregor Brown）2016 年 12 月 5 日在《骑行周刊》上发表的《顶级医疗顾问表示脱水能够让你爬坡速度更快》（“Dehydration Could Make You Climb Faster’ Says Top Team Medical Consultant”）一文。

第 10 章　燃料

1. 详见亚力克斯·哈钦森 2016 年 3 月 9 日在《户外》杂志上发表的《低碳水、高脂肪饮食的最新情况》（“The Latest on Low-Carb, High-Fat Diets”）一文，以及亚力克斯·哈钦森 2017 年 1 月 26 日在《环球邮报》上发表的《加拿大竞走运动员伊万·邓菲参加高脂肪饮食研究》（“Canadian Race Walker Evan Dunfee Taking Part in Study on High-Fat Diets”）一文。

2. 详见乔·弗里尔（Joe Friel）所著的《50 岁后依然很快》（*Fast After 50*）一书（科罗拉多州博尔德市：VeloPress 出版社，2015）。

3. 详见露易丝·伯克等人 2017 年在《生理学期刊》第 9 期第 595 卷上发表的《低碳水、高脂肪饮食有损运动经济性，无法让优秀的竞走运动员从高强度训练中获得能力提升》（“Low Carbohydrate, High Fat Diet Impairs Exercise Economy and Negates the Performance Benefit from Intensified Training in Elite Race Walkers”）一文。

4. 详见杰西卡·哈姆扎娄（Jessica Hamzelou）2010 年 4 月 14 日在《新科学家》上发表的《精疲力竭：在不吃不喝的条件下你能生存多久？》（“Maxed Out: How Long Could You Survive Without Food or Drink?”）一文。

5. 详见 W. K. 斯图尔特（W. K. Stewart）和劳拉·弗莱明（Laura W. Fleming）1973 年在《研究生医学期刊》（*Postgraduate Medical Journal*）第 49 卷（第 203—209 页）上发表的《一次长达 382 天的治疗型绝食的特征》（“Features of a Successful Therapeutic Fast of 382 Days' Duration”）一文。

6. 详见 D. J. 克雷顿（D. J. Clayton）等人 2015年在《体育运动科学与医学》第 12 期第 47 卷上发表的《不吃早饭对能量摄取和晚间运动表现的影响》（“Effect of Breakfast Omission on Energy Intake and Evening Exercise Performance”）一文。

7. 详见塔克所著的《伟大的饥饿实验》（*The Great Starvation Experiment*）一书。

8. 详见加藤弘之（Hiroyuki Kato）等人 2016 年在《公共科学图书馆·综合》第 6 期第 11 卷上发表的《指示剂氨基酸氧化法认为耐力运动员运动后对蛋白质的要求增高》（“Protein Requirements Are Elevated in Endurance Athletes After Exercise as Determined by the Indicator Amino Acid Oxidation Method”）一文。

9. 详见安德鲁·科根（Andrew Coggan）收录在查尔斯·M. 蒂普顿编辑的《运动生理学史》一书中的《代谢系统：底物利用》（“Metabolic Systems: Substrate Utilization”）一文。

10. 详见 M. J. 奥布莱恩（M. J. O’Brien）1993 年在《体育运动科学与医学》第 9 期第 25 卷上发表的《在马拉松比赛中对碳水化合物的依赖》（“Carbohydrate Dependence During Marathon Running”）一文。

11. 详见乔纳斯·贝格斯特罗姆和埃里克·赫尔特曼 1966 年在《自然》杂志第 5033 期第 210 卷上发表的《运动之后的肌糖原：位于人体肌肉细胞中的强化因素》（“Muscle Glycogen after Exercise: an Enhancing Factor Localized to the Muscle Cells in Man”）一文，以及约翰·霍利 2015 年发表在《细胞代谢》期刊第 1 期第 22 卷上的《运动新陈代谢：历史角度》（“Exercise Metabolism: Historical Perspective”）一文。

12. 详见本杰明·拉伯伯特（Benjamin Rapoport）2010 年在《公共科学图书馆·计算生物学》（*PLoS Computational Biology*）第 10 期第 6 卷上发表的《限制马拉松运动员表现的新陈代谢因素》（“Metabolic Factors Limiting Performance in Marathon Runners”）一文。

13. 详见《国际运动营养和运动新陈代谢杂志》2005 年第 6 期第 14 卷上刊登的《优秀的肯尼亚长跑运动员的食物和大量营养素摄入》（“Food and Macronutrient Intake of Elite Kenyan Distance Runners”）一文。

14. 详见卢卡斯·贝斯等人 2011 年在《国际运动营养和运动新陈代谢杂志》第 7 期第 8 卷上发表的《优秀的埃塞俄比亚长跑运动员的食物和大量营养素摄入》（“Food and Macronutrient Intake of Elite Ethiopian Distance Runners”）一文。

15. 详见威廉·吉尔德（William Gilder）1881 年所著的《施瓦特卡的搜寻：跋涉北极寻找富兰克林探险队记录》（*Schwatka's Search: Sledging in the Arctic in Quest of the Franklin Records*）一书；以及罗纳德·萨维特（Ronald Savitt）2008 年在《极地研究记录》（*Polar Record*）第 230 期第 44 卷上发表的《弗雷德里克·施瓦特卡和寻找富兰克林探险队记录》（"Frederick Schwatka and the Search for the Franklin Expedition Records"）一文。

16. 详见比尔·布莱森（Bill Bryson）所著的《日晒之地》（*In a Sunburned Country*）一书（纽约：兰登书屋出版社，2001）。

17. 详见威廉·吉尔德 1881 年所著的《施瓦特卡的搜寻：跋涉北极寻找富兰克林探险队记录》一书。

18. 详见弗雷德里克·施瓦特卡所著，E. 斯塔克波尔（E. Stackpole）编辑并于 1965 年重印的《漫长的北极搜寻》（*The Long Arctic Search*）一书，被斯蒂芬·菲尼 2004 年在《营养和新陈代谢》（*Nutrition & Metabolism*）第 2 期第 1 卷上发表的《生酮饮食和身体表现》（"Ketogenic Diets and Physical Performance"）一文引用。

19. 详见斯坦范舍（Vilhjalmur Stefansson）1935 年 12 月在《哈珀杂志》（*Harper's Magazine*）上发表的《饮食探秘（第二部）》["Adventures in Diet (Part II)"] 一文。

20. 详见沃尔特·S. 麦克莱伦（Walter S. McClellan）和尤金·F. 杜·波依斯（Eugene F. Du Bois）1930 年在《生物化学杂志》第 87 卷（第 651—668 页）上发表的《长期肉类饮食与肾功能和酮症研究》（"Prolonged Meat Diets with a Study of Kidney Function and Ketosis"）一文。

21. 来自 R. M. 卡克（R. M. Kark）1945 年 6 月发表的《干肉饼作为步兵紧急口粮的缺陷》（“Defects of Pemmican as an Emergency Ration for Infantry Troops”）一文，在 1945 年 10 月《营养总览》（*Nutrition Reviews*）的总结中被引用。

22. 详见《新陈代谢》期刊第 8 期第 32 卷上刊登的《无热量限制的慢性酮症的人体新陈代谢反应：通过减少碳水化合物氧化率保持次最大运动能力》（“The Human Metabolic Response to Chronic Ketosis Without Caloric Restriction: Preservation of Submaximal Exercise Capability with Reduced Carbohydrate Oxidation”）一文。

23. 详见拉伯伯特的《限制马拉松运动员表现的新陈代谢因素》一文。

24. 详见杰夫·沃莱克等人 2014 年在《欧洲体育科学杂志》（*European Journal of Sport Science*）第 1 期第 15 卷上发表的《对于脂肪作为耐力运动燃料的重新思考》（“Rethinking Fat as a Fuel for Endurance Exercise”）一文。

25. 详见 L. 哈维曼（L. Havemann）等人 2006 年在《应用生理学杂志》第 1 期第 100 卷上发表的《适应高脂肪饮食后碳水化合物负荷使高强度冲刺表现打折扣》（“Fat Adaptation Followed by Carbohydrate Loading Compromises High-Intensity Sprint Performance”）一文；露易丝·伯克和 B. 凯恩斯（B. Kiens）2006 年在《应用生理学杂志》第 1 期第 100 卷上发表的《为运动表现进行的高脂肪饮食适应：盖棺定论了吗？》（“Fat Adaptation’ for Athletic Performance: The Nail in the Coffin?”）一文；T. 斯特林沃夫（T. Stellingwerff）等人 2006 年在《美国生理学杂志：内分泌学与新陈代谢》（*American Journal of Physiology—Endocrinology and Metabolism*）第 2 期第 290 卷上发表的《在高脂肪饮食适应和碳水化合物

饮食恢复后运动中丙酮酸脱氢酶活力和肝糖原分解降低》(“Decreased PDH Activation and Glycogenolysis During Exercise Following Fat Adaptation with Carbohydrate Restoration”)一文。

26. 详见 R. L. 詹特延斯(R. L. Jentjens)2004 年在《应用生理学杂志》第 4 期第 696 卷上发表的《运动中葡萄糖和果糖混合摄入的氧化反应》(“Oxidation of Combined Ingestion of Glucose and Fructose During Exercise”)一文。

27. 详见 N. 奥尔登布莱德(N. Ørtenblad)等人 2013 年在《生理学期刊》第 18 期第 591 卷上发表的《肌肉糖原储存和疲劳》(“Muscle Glycogen Stores and Fatigue”)一文。

28. 详见伊恩·罗洛(Ian Rollo)等人 2008 年在《国际运动营养和运动新陈代谢杂志》第 18 卷(第 585—600 页)上发表的《用碳水化合物漱口对 30 分钟跑步机跑步运动的影响》(“The Influence of Carbohydrate Mouth Rinse on Self-Selected Speeds During a 30-min Treadmill Run”)一文。

29. 详见 J. M. 卡特等人 2004 年在《体育运动科学与医学》第 12 期第 36 卷上发表的《碳水化合物漱口对 1 小时自行车计时赛表现的影响》一文。

30. 详见 E. S. 钱伯斯(E. S. Chambers)等人 2009 年在《生理学期刊》第 8 期第 587 卷上发表的《口腔对碳水化合物的感知:对运动表现和大脑活动的影响》(“Carbohydrate Sensing in the Human Mouth: Effects on Exercise Performance and Brain Activity”)一文。

31. 详见 T. 阿泰德 - 席尔瓦(T. Ataide-Silva)等人 2016 年在《体育运动科学与医学》第 9 期第 48 卷上发表的《碳水化合物漱口能够在体内碳水化合物储存较

低时改善神经肌肉反应》(“CHO Mouth Rinse Ameliorates Neuromuscular Response with Lower Endogenous CHO Stores”)一文。

32. 详见德罗西·金德勒(Dorsey Kindler)2013 年 6 月 18 日发表的《原始饮食的新追随者》(“Paleo’s Latest Converts”)一文。

33. 详见杰夫·沃莱克等人在《新陈代谢》期刊第 3 期第 65 卷上发表的《转用高脂肪饮食的超级耐力运动员的新陈代谢特点》(“Metabolic Characteristics of Keto-Adapted Ultra-Endurance Runners”)一文。

34. 详见亚力克斯·哈钦森 2014 年 11 月在《户外》杂志上发表的《跑者的高脂肪饮食》(“The High-Fat Diet for Runners”)一文。

35. 详见西蒙·维特菲尔德 2008 年 8 月 1 日在 SimonWhitfield.com 上发表的《维特菲尔德的饮食》(“Whitfield: What Do You Eat?”)一文。

36. 详见露易丝·伯克、本·迪斯博文(Ben Desbrow)和劳伦斯·斯普里耶(Lawrence Spriet)合著的《咖啡因和运动表现》(*Caffeine and Sports Performance*)一书(伊利诺伊州香槟市:人体动力学出版社,2014)。

37. 详见伯克的《低碳水、高脂肪饮食有损运动经济性,无法让优秀的竞走运动员从高强度训练中获得能力提升》一文。

38. 详见 L. A. 马凯(L. A. Marquet)等人 2016 年在《体育运动科学与医学》第 4 期第 48 卷上发表的《通过分时段摄入碳水化合物强化运动表现:“低睡眠”策略》(“Enhanced Endurance Performance by Periodization of Carbohydrate Intake: ‘Sleep Low’ Strategy”)一文;以及 L. A. 马凯 2016 年在《营养素》杂志第 12 期第 8 卷上发表的《分时段碳水化合物摄入:对运动表现的短期影响》(“Periodization of Carbohydrate Intake: Short-

Term Effect on Performance”）一文。

39. 详见玛丽莎·斯蒂芬森（Marissa Stephenson）2017 年 5 月 27 日在《男士期刊》上发表的《艾德里安·巴林杰是如何在不携带氧气的条件下登顶珠穆朗玛峰的》（“How Adrian Ballinger Summited Everest Without Oxygen”）一文；以及凯尔·麦考尔（Kyle McCall）2017 年 6 月 7 日在 Strava Stories 网站上发表的《无氧攀登珠穆朗玛峰：第二起成功登顶》（“Everest No Filter: The Second Ascent”）一文。

40. 详见马克·德怀特的《尝试》（“Have At It”）一文，发表于其 2000 年征服斯洛伐克迪莱克特线路之后。

破 2　2017 年 3 月 6 日

1. 详见亚力克斯·哈钦森 2017 年 5 月 24 日在《跑者世界》杂志上发表的《特斯拉领跑车帮助埃鲁德·基普乔格取得 2 分 25 秒的马拉松成绩了吗？（“Did the Tesla Pace Car Aid Eliud Kipchoge’s 2:00:25 Marathon?”）一文。

2. 详见罗杰·班尼斯特所著的《四分钟一英里》（*The Four-Minute Mile*）一书（纽约：多德·米德出版公司，1955）。

3. 详见莱茵霍尔德·梅斯纳尔所著的《珠穆朗玛峰：极限攀登》（*Everest: Expedition to the Ultimate*）一书（纽约：牛津大学出版社，1979）。

4. 详见杰雷·朗文 2017 年 3 月 8 日在《纽约时报》上发表的《耐克新鞋赋予了跑者不公平的优势吗？》（“Do Nike’s New Shoes Give Runners an Unfair Advantage?”）一文。

5. 详见皮特·宁戈（Peter Njenga）2017 年2 月12 日在《民族日报（*Daily Nation*）上发表的《马拉松之王力图打破“不可能”的纪录》（“Marathon King on a Mission to Break ‘Impossible’ Record”）一文。

6. 详见法新社 2017 年 4 月 3 日发表的《肯尼亚马拉松明星准备疯狂的“破 2”尝试》（“Kenyan Star Prepares ‘Crazy’ Sub-2 Marathon Bid”）一文。

第 11 章　大脑耐力训练

1. 详见艾伦·圣克莱尔·吉布森等人 2003 年在《运动医学》第 3 期第 33 卷上发表的《疲劳感的意识感知》（“The Conscious Perception of the Sensation of Fatigue”）一文。

2. 详见罗斯·塔克 2009 年在《英国运动医学杂志》第 6 期第 43 卷上发表的《表现的预期调节：配速策略的生理基础和运动表现的知觉模型的发展》（“The Anticipatory Regulation of Performance: The Physiological Basis for Pacing Strategies and the Development of a Perception-Based Model for Exercise Performance”）一文。

3. 这是一个让人感兴趣的生理学问题，但是对本书讨论的研究没有多大的实际影响。在肌肉疲劳时很难运动，因为肌肉会给大脑发送紧急信号，或者大脑会向肌肉发出更强烈的指令以获得相同的肌肉反应。在大多数时候，这两种情况的结果是一样的。我认为这两种情况会同时出现。关于更多的相关讨论请参见马库斯·阿曼和 N. H. 塞彻尔（N. H. Secher）2009 年在《应用生理学杂志》第 2 期第 108 卷上发表的《观点：来自疲劳运动肌肉的传入性反馈是耐力运动表现的一个重要决定性因素》（“Point: Afferent Feedback from Fatigued Locomotor Muscles is an Important Determinant of Endurance Exercise

Performance”）一文，以及 H. M. 德莫里和塞缪尔·马卡拉在《自我调节的行为方法手册》（*Handbook of Biobehavioral Approaches to Self-Regulation*）一书（纽约：施普林格出版社，2015）中“身体活动中吃力感的心理学”（“Psychobiology of Perceived Effort During Physical Tasks”）一章。

4. 详见埃莫·菲利普斯 2005 年 9 月 29 日在《卫报》上发表的《关于上帝的最好的笑话——也是我的！》（“The Best God Joke Ever—and It's Mine!”）一文。

5. 我访问肯特大学和进行脑力训练的经历第一次发表在 2013 年 10 月的《跑者世界》杂志上名为《如何锻炼脑力肌肉》（“How to Build Mental Muscle”）的文章里。

6. 详见梅杰和 N. 斯库索普（N. Sculthorpe）2012 年在《英国运动医学杂志》第 1 期第 46 卷上发表的《测试最大摄氧量的新方案允许在最大增量运动中进行自我配速》（“A New VO_2max Protocol Allowing Self-Pacing in Maximal Incremental Exercise”）一文。

7. 详见费尔南多·贝尔特拉米等人 2012年在《英国运动医学杂志》第1期第46卷上发表的《传统的测试方法测试出最大摄氧量的次高值》（“Conventional Testing Methods Produce Submaximal Values of Maximum Oxygen Consumption”）一文。

8. 详见克里斯·瓦格斯塔夫 2014 年在《运动与运动心理学杂志》（*Journal of Sport and Exercise Psychology*）第 4 期第 36 卷上发表的《情感管理和运动表现》（“Emotion Regulation and Sport Performance”）一文。

9. 详见沃尔特·斯塔亚诺等人 2015 年在《体育运动科学与医学》第 5S 期第 47 卷上发表的《减少耐力运动疲劳的大脑耐力训练随机测试》(“A Randomized Controlled Trial of Brain Endurance Training (BET) to Reduce Fatigue During Endurance Exercise”)一文。

10. 详见丹尼尔·西蒙斯(Daniel Simons)等人 2016 年在《公共利益心理科学》(*Psychological Science in the Public Interest*)第 3 期第 17 卷上发表的《“大脑训练”项目有作用吗? 》(“Do ‘Brain-Training’ Programs Work?”)一文。

11. 我第一次描写伊萨科维奇和保罗斯的研究是在 2014 年 2 月发表于《户外》杂志的《解密运动员的大脑》(“Cracking the Athlete’s Brain”)一文中。

12. 详见马丁·保罗斯等人 2012 年在《公共科学图书馆·综合》第 1 期第 7 卷上发表的《给优秀运动员制造吸入性呼吸负荷展示出极端环境下最佳表现者的行为和神经特点》(“Subjecting Elite Athletes to Inspiratory Breathing Load Reveals Behavioral and Neural Signatures of Optimal Performers in Extreme Environments”)一文。

13. 详见罗莉·哈泽等人 2016 年在《社会认知与情感神经科学》第 1 期第 11 卷上发表的《基于冥想的大脑训练减弱了岛叶对反感的内感受性挑战的反应 》(“Mindfulness-Based Training Attenuates Insula Response to an Aversive Interoceptive Challenge”)一文。

14. 见罗莉·哈泽 2015年在《行为神经科学前沿》(*Frontiers in Behavioral Neuroscience*)第 229 期第 9 卷上发表的《对优秀运动员在冥想训练后神经处理变化的实验性研究》(“A Pilot Study Investigating Changes in Neural Processing After Mindfulness Training in Elite Athletes”)一文;以及亚力

克斯·哈钦森2015年9月15日在《户外》杂志上发表的《冥想训练能够让你成为一名更优秀的运动员吗？》（“Can Mindfulness Training Make You a Better Athlete?”）一文。

15. 详见克里斯蒂娜·约翰逊（Christina Johnson）2014年6月5日在加利福尼亚大学圣迭戈分校新闻中心网站上发表的《冥想训练项目可以帮助奥运会运动员达到能力巅峰》（“Mindfulness Training Program May Help Olympic Athletes Reach Peak Performance”）一文。

第12章　激发隐藏耐力

1. 详见我2014年8月2日在《户外》杂志上发表的关于红牛公司耐力项目的《使用大脑兴奋剂技术时你身体的表现》（“Your Body on Brain Doping”）一文。

2. 详见C. I. 萨尔米恩托（C. I. Sarmiento）等人2016年在《心理医学》第3259期第46卷上发表的《经颅直流电刺激简史：从电鱼到微控制器》[“Brief History of Transcranial Direct Current Stimulation (tDCS): From Electric Fishes to Microcontrollers”]一文。

3. 详见安德烈·帕伦特（André Parent）2004年在《加拿大神经学杂志》（*Canadian Journal of Neurological Sciences*）第31卷（第576—584页）上发表的《乔瓦尼·阿尔迪尼：从动物电到人类大脑刺激》（“Giovanni Aldini: From Animal Electricity to Human Brain Stimulation”）一文。

4. 详见D. 卡斯基（D. Kaski）等人2014年在《神经科学快报》（*Neuroscience Letters*）第568卷（第39—43页）上发表的《对跳探戈舞的帕

金森病患者使用正极经颅直流电刺激》(“Applying Anodal tDCS During Tango Dancing in a Patient with Parkinson's Disease”)一文。

5. 详见文森特·克拉克(Vincent Clark)等人2012年在《神经影像》第1期第59卷上发表的《经颅直流电刺激方法指导下运用功能性磁共振成像技术显著提升了学习发现隐藏目标的能力》(“TDCS Guided Using fMRI Significantly Accelerates Learning to Identify Concealed Objects”)一文。

6. 详见艾米莉·安德伍德(Emily Underwood)2016年4月20日在《科学》杂志上发表的《尸体研究对刺激大脑能改善情绪和缓解疼痛的作用产生怀疑》(“Cadaver Study Casts Doubts on How Zapping Brain May Boost Mood, Relieve Pain”)一文。

7. 详见L. 赫尔提(L. Hilty)等人2011年在《人类大脑图谱》(*Human Brain Mapping*)第12期第32卷上发表的《在引起肌肉疲劳的握力训练中体能表现的限制受到丘脑-岛叶皮层活动的影响》(“Limitation of Physical Performance in a Muscle Fatiguing Handgrip Exercise Is Mediated by Thalamo-Insular Activity”)一文。

8. 详见《欧洲神经科学杂志》2011年第12期第34卷上刊登的《自行车运动中由疲劳引起的中/前脑岛和运动皮层之间的皮层沟通增强》一文。

9. 详见F. 科加曼尼(F. Cogiamanian)等人2007年在《欧洲神经科学杂志》第1期第26卷上发表的《对人类大脑运动皮层进行经颅直流电刺激后等距离耐力的提高》(“Improved Isometric Force Endurance After Transcranial Direct Current Stimulation over the Human Motor Cortical Areas”)一文。

10. 详见亚历山大·冈野等人2015年在《英国运动医学杂志》第18期第49卷

上发表的《大脑刺激能够调节自主神经系统、吃力感等级和最大运动表现》（“Brain Stimulation Modulates the Autonomic Nervous System, Rating of Perceived Exertion and Performance During Maximal Exercise”）一文。

11. 详见 C. V. 罗伯逊（C. V. Robertson）和弗兰克·马里诺 2016 年在《应用生理学杂志》第 4 期第 120 卷上发表的《前额皮质在运动忍耐力和运动终止中的作用》（“A Role for the Prefrontal Cortex in Exercise Tolerance and Termination”）一文。

12. 详见亚力克斯·哈钦森 2016 年 6 月 15 日在《纽约客》上发表的《对于金州勇士队来说，大脑刺激可以带来优势》（“For the Golden State Warriors, Brain Zapping Could Provide an Edge”）一文。

13. 详见卢卡·安吉斯等人 2017年 2月 14日在《生理学前沿》上发表的《经颅直流电刺激对运动表现的增强作用》（“The Ergogenic Effects of Transcranial Direct Current Stimulation on Exercise Performance”）一文。

14. 详见 A. 安塔尔（A. Antal）等人 2017 年 6 月 19 日在《临床神经生理学》（*Clinical Neurophysiology*）上发表的《低强度经颅电刺激：安全、伦理、法律管理和应用指导》（“Low Intensity Transcranial Electric Stimulation: Safety, Ethical, Legal Regulatory and Application guidelines”）一文。

15. 详见卢卡·安吉斯等人 2016 年在《神经科学》（*Neuroscience*）第 339 卷（第 363—375 页）上发表的《经颅直流电刺激改善了膝盖伸展肌的等距疲劳时间》（“Transcranial Direct Current Stimulation Improves Isometric Time to Exhaustion of the Knee Extensors”）一文；以及卢卡·安吉斯等人在《生理学会学报》（*Proceedings of The Physiological Society*）第

C03 期第 35 卷上发表的《经颅直流电刺激改善了健康人的自行车骑行表现》（“Transcranial Direct Current Stimulation Improves Cycling Performance in Healthy Individuals”）一文。

第 13 章　信念效果

1. 详见我于 2012 年在《海象》杂志 7 月和 8 月刊上发表的关于库赛特此次马拉松比赛的《与时间赛跑》（“The Race Against Time”）一文。

2. 详见亚力克斯·哈钦森 2006 年 5 月 28 日在《渥太华公民报》上发表的《每个周末，任何一场比赛》（“Any Race, Every Weekend”）一文。

3. 详见 2013 年 2 月 9 日在 www.reidcoolsaet.com 网站发布的《不畏强手》（“Trampled Under Foot”）一文。

4. 详见休纳·哈尔森和戴维·马丁 2013 年在《运动生理学和表现》（*Sports Physiology and Performance*）第 8 卷（第 597—599 页）上发表的《哄骗获胜——安慰剂和运动科学》（“Lying to Win—Placebos and Sport Science”）一文。

5. 详见 J. 里德（J. Leeder）2012 年在《英国运动医学杂志》第 4 期第 46 卷上发表的《冷水浸泡和剧烈运动后的恢复：一项元分析》（“Cold Water Immersion and Recovery from Strenuous Exercise: A Meta-Analysis”）一文。

6. 详见 J. R. 布洛奇（J. R. Broatch）等人 2014 年在《体育运动科学与医学》第 11 期第 46 卷上发表的《运动后的冷水浸泡功效不过是安慰剂效果罢了》（“Postexercise Cold Water Immersion Benefits Are Not Greater than

the Placebo Effect”）一文。

7. 详见 J. D. 莱文（J. D. Levine）等人 1978年在《柳叶刀》第 8091期第 2 卷上发表的《安慰剂止痛的原理》（“The Mechanism of Placebo Analgesia”）一文。

8. 详见苏马蒂·雷迪（Sumathi Reddy）2016 年 7 月 18 日在《华尔街日报》上发表的《为什么安慰剂能真的起作用：最新研究》（“Why Placebos Really Work: The Latest Science”）一文。

9. 详见凯瑟琳·霍尔（Kathryn Hall）等人 2012年在《公共科学图书馆·综合》（*PLoS One*）第 7期第 10卷上发表的《儿茶酚 -O-甲基转移酶 val158met 的多态性能预测安慰剂对肠道易激综合征的效果》（“Catechol-O-Methyltransferase val158met Polymorphism Predicts Placebo Effect in Irritable Bowel Syndrome”）一文。

10. 详见克里斯·比迪（C. J. Beedie）等人 2006 年在《体育运动科学与医学》第 12 期第 38 卷上发表的《咖啡因对自行车骑行表现的安慰剂作用》（“Placebo Effects of Caffeine on Cycling Performance”）一文。

11. 详见林恩·达米希等人 2010 年在《心理科学》（*Psychological Science*）第 7 期第 21 卷上发表的《双手合十！迷信是如何改善运动表现的》（“Keep Your Fingers Crossed! How Superstition Improves Performance”）一文。

12. 详见 I. 斯多特（I. Stoate）等人 2012 年在《运动科学期刊》第 8 期第 30 卷上发表的《期望强化能改善跑者的运动效率》（“Enhanced Expectancies Improve Movement Efficiency in Runners”）一文。

13. 详见 B. T. 克鲁泽（B. T. Crewther）和 C. J. 库克（C. J. Cook）2012年在《心理学与行为》（*Physiology & Behavior*）第 4 期第 106 卷上发表

的《不同的赛后恢复干预对随后运动员的荷尔蒙水平和运动表现的影响》（“Effects of Different Post-Match Recovery Interventions on Subsequent Athlete Hormonal State and Game Performance”）一文。

14. 详见科特·格雷（Kurt Gray）2010年在《社会心理和人格科学》（*Social Psychological and Personality Science*）第3期第1卷上发表的《道德转变：向好和行恶能让弱者变得强大》（“Moral Transformation: Good and Evil Turn the Weak into the Mighty”）一文。

15. 详见2008年11月17日在Letsrun.com网站上刊登的经典文章《满怀仇恨地去跑800米比赛》（“Running the 800 on Pure Hate”）。

16. 详见安比·波夫特2011年6月12日在《跑者世界》杂志上发表的《奶昔、里程重复和你的大脑：美妙的组合》（“Milkshakes, Mile Repeats, and Your Mind: A Delicious Combination”）一文。

17. 详见E. L. 威廉姆斯（E. L. Williams）2014年在《体育运动科学与医学》第7期第46卷上发表的《控制中枢行为调节因素的欺骗研究：回顾》（“Deception Studies Manipulating Centrally Acting Performance Modifiers: A Review”）一文。

18. 详见G. P. 杜克罗克（G. P. Ducrocq）2017年在《体育运动科学与医学》第8期第49卷上发表的《在自行车计时赛中欺骗反馈的增加会引起疲劳反应的增强》（“Increased Fatigue Response to Augmented Deceptive Feedback During Cycling Time Trial”）一文。

19. 详见www.reidcoolsaet.com网站2012年1月27日发表的《你像一只瞪羚一样奔跑》（“You Were Springing Like a Gazelle”）一文。

20. 详见戴维·加德纳 2006 年在《马兽医杂志》(*Equine Veterinary Journal*)第 6 期第 38 卷上发表的《赛马和人类在比赛中的表现的历史进程》("Historical Progression of Racing Performance in Thoroughbreds and Man")一文。

21. 详见埃德蒙·格蒂尔(Edmund Gettier)1963 年在《分析》(*Analysis*)期刊第 6 期第 23 卷上发表的《合理的信念是知识吗?》("Is Justified True Belief Knowledge?")一文。

22. 乔伊纳 2016 年 2 月 3 日在发给我的邮件中提到了这三句训练箴言,此后便被人们广为引用。

23. 详见 scienceofrunning.com 网站 2016 年 2 月 8 日刊登的《跟着感觉跑步——生态心理学让你放弃 GPS》("A Case for Running by Feel—Ditching Your GPS Because of Ecological Psychology")一文。

24. 详见 A. 麦考密克(A. McCormick)2015 年 9 月在肯特大学耐力研究会议上名为《自我鼓励对超级马拉松表现的影响》("The Effects of Self-Talk on Performance in an Ultramarathon")的展示。

破 2　2017 年 5 月 6 日

1. 详见亚力克斯·哈钦森 2017 年 5 月 6 日在《跑者世界》杂志上发表的《在接近取得马拉松"破 2"的尝试后,下一步该如何呢?》("After a Near Sub-2 Marathon, What's Next?")一文。

2. 详见胡格卡莫的《新款跑鞋》("New Running Shoe")一文。